걱정말고
기도하라

* 이 도서의 국립중앙도서관 출판예정도서목록(CIP)은 서지정보유통지원시스템 홈페이지 (http://seoji.nl.go.kr)와 국가자료공동목록시스템(http://www.nl.go.kr/kolisnet)에서 이용하실 수 있습니다. (CIP제어번호 : CIP2017024418)

걱정말고 기도하라

석법안 지음

도서출판 안심

책을 내며

제대로 기도하면
반드시 다 이루어진다

"스님께서는 또 열심히 기도하라고만 말씀하시겠죠……"

한두 차례 상담을 한 적이 있는 어느 불자가 종무소에서 또 다시 개인 상담을 요청하고는 차례를 기다리다가 눈물을 훔치면서 이렇게 푸념을 하더라는 소리를 전해 들었다. 얼마나 일이 안 풀리면, 오죽 답답하면 그럴까 해서 이번에는 먼저 따뜻한 위로의 말이라도 건넬까 하는 생각이 언뜻 들기도 했다. 하지만 그 불자가 안으로 들어와 앉아 막 하소연을 하려고 하는 찰나, 오히려 나는 자리를 박차고 일어나 다그쳐 물었다.

"제가 말씀드린 대로 기도하셨습니까? 그렇게 열심히 했는데도 좋은 변화가 일어나지 않더란 말씀입니까? 그럴 리가 결코 없습니다. 이건 분명 기도를 제대로 하지 않았기 때문에 벌어진 일입니다. 얼른 집에 가셔서 제가 일러드린 사항을 다시 하나하나 재점검하시고 한 치의 어김도 없이, 또 열심히, 그리고 간절하게 기도에 임하세요. 그러면 반드시 다 이루어집니다."

 나도 안다. 내 언사가 무정하고, 또 무모하다고 할 만큼 단정적이라는 것을. 그러나 나는 백번 천번이라도 이렇게 말할 수밖에 없다. 왜냐하면 제대로 기도하면 반드시 이루어지는 사례를 늘 보면서 살고 있기 때문이다. 기적 또는 소원성취는 생각보다 가까이 있다.

 몸이 아파 한약을 먹을 때는 음식 조심을 해야 소위 약발이 잘 듣는다. 마시지 말라는 술과 먹지 말라는 각종 음식을 계속해서 즐기면서 약효가 제대로 빨리 발휘되기를 바라는 것은 그야말로 도둑놈 심보다. 기도 역시 마찬가지다. 몸조심, 입조심 그리고 마음조심을 유지해야 성취를 볼 수 있는 것이다. 몸조심과 입조심은 기도인의 가장 기본적인 자세이므로 따로 더 말할 것도 없다. 관건은 마음조심이다. 기도성취의 가장 큰 적은 바로 '될까? 이루어질까?' 하는 의심이기 때문이다. 이 의심이라는 석이 마음에 똬리를 틀지 못하게 하는 것이 바로 마음조심이다. 이렇게 하지 못하면 그것은

"안 돼라, 안 돼라!"라고 주문을 외우는 것이나 다름없다. 그러니 기도가 성취될 리가 만무한 것이다. 다시 말해 성취를 위한 기도가 아니라 어느새 자기도 모르게 안 되기 위한 기도를 하고 있는 셈이 된다.

　사실 제대로 기도하면 다 이루어진다는 말은 그저 밑도 끝도 없는 믿음에 불과한 것이 아니다. 그것은 광신이 아니라 어찌보면 하나의 과학이다. 왜냐하면 여기에는 엄연한 이치가 내재되어 있기 때문이다. 제대로 기도를 한다는 것은 몸조심, 입조심 그리고 마음조심을 철저하게 한다는 것이다. 그것은 바로 엄격한 자기개조 또는 자기변혁을 의미한다. 적어도 불교의 입장에서 볼 때, 우리를 절망케 하는 각종 문제는 다른 사람이 아닌 자기 자신이 초래한 것이다. 다시 말해 함부로 행동하고 내뱉고 마음을 못되게 써온 까닭에 어느덧 스스로 감당하고 극복하기 어려운 문제가 발생하게 된 것이다. 그러므로 제대로 기도를 함으로써 세 가지 조심해야 할 것을 습관화하고 이전의 자신을 변화시킬 때 문제는 자연스레 해결되기 시작한다. 이것을 우리는 성취라 부르고, 그것이 눈 깜짝할 사이, 즉 아주 짧은 순간에 이루어지면 '기적'이라고 부르며 놀라워할 따름이다.

불보살님은 선인과 악인을 구별하지 않고 평등하게 사랑하신다. 모든 중생을 하나같이 외동딸, 외동아들처럼 한없이 어여삐 여기신다. 그래서 이 우주 법계에는 불보살님의 가피력이 바늘끝만큼의 빈틈도 허용하지 않고 가득 차 있다. 이렇듯 불보살님의 자비가 폭우처럼 시도때도 없이 도처에 쏟아지고 있으니 비록 우리가 그동안 무슨 잘못을 저질렀다고 해도 그 폭우가 우리만 비켜가며 내릴 일은 결코 없다. 그 자비의 폭우에 흠뻑 젖어 흔들리지 않는 행복을 누리고자 한다면 '과연 될까?' 하는 의심의 우산을 당장 걷어치우기만 하면 된다.

그러니 푸념 말고, 하소연 말고, 값싼 동정 받을 생각 말고. 그저 아무 걱정 말고 기도하라! 할!

나모소재연수약사유리광여래
임진년 생전예수재를 앞두고
석법안 합장

차례

첫 번째 법문	운명은 정해져 있으나 바꿀 수 있다	11
두 번째 법문	신심에는 불가능이 없다	27
세 번째 법문	기도는 왜 하는가?	39
네 번째 법문	업장을 녹이면 행복해진다	54
다섯 번째 법문	제사와 영가공양	65
여섯 번째 법문	몸도 마음도 편안한 길	75
일곱 번째 법문	성공하는 마음 자세	91
여덟 번째 법문	복은 있는데 운이 없는 사람	104
아홉 번째 법문	부부는 은인인가 원수인가	120
열 번째 법문	기도의 육하원칙	134
열한 번째 법문	부처님께서는 이 땅에 왜 오셨는가?	147
열두 번째 법문	잘살아야 한다	162

열세 번째 법문	기도 성취와 마장	175
열네 번째 법문	노블레스 오블리주	190
열다섯 번째 법문	합심 기도와 나 홀로 기도	203
열여섯 번째 법문	기도 성취를 빠르게 하는 법	214
열일곱 번째 법문	구하면 얻으리라	226
열여덟 번째 법문	불교와 풍수지리, 길일 택일	238
열아홉 번째 법문	좋은 이름, 좋은 방향	250
스무 번째 법문	불교의 관점에서 본 궁합	262
스물한 번째 법문	수계불자와 염주	275
스물두 번째 법문	기도를 올리면 길흉이 무의미해진다	286
스물세 번째 법문	기도는 기적을 낳는다	299
스물네 번째 법문	불가사의한 불보살님의 위신력	313

첫 번째 법문

운명은 정해져 있으나
바꿀 수 있다

두 갈래 길

세상을 살다보면 제 뜻대로 되는 경우가 사실 그리 많지 않습니다. 갑작스러운 사고나 순간의 실수로 인해 자기 자신의 힘만으로는 감당할 수 없는 일을 당하는 경우가 종종 있습니다. 딱히 내가 잘못한 것도 아닌데 그런 억울한 일을 당하고 보면 도대체 인생이란 게 뭔지 종잡을 길이 없고 한숨만 나오게 되지요. 어디 그뿐입니까. 몸이 불편하거나 아픈 자식 때문에, 혹은 건강하게 태어났지만 내 마음대로 안 되는 자식 때문에 속을 끓이는 부모도 많습니다.

이처럼 한 개인의 능력만으로는 도무지 피할 수 없는 일들을 우리는 '운명'이라고 부릅니다. 이미 정해져 있으므로 어쩔 도리가 없다는 겁니다. 누구든지 행복을 찾고 있지만 대부분의 사람들이 이처럼 어려운 일을 당하면 '운명'이려니 하고 체념하고 그 운명에 굴복하며 수동적으로 살아가는 방법을 택합니다. 그러나 한편에는 자신의 운명을 좋은 방향으로 바꾸기 위해 적극적으로 노력하는 사람들도 있습니다. 이처럼 우리가 운명 앞에서 어떤 태도를 취하느냐에 따라 인생이 확연히 달라집니다.

수동적인 삶을 사는 이들의 모습은 길바닥에 이리저리 굴러다니는 돌멩이나 바람 부는 대로 떠도는 낙엽처럼 처량하기만 합니다. 반면 적극적인 삶의 자세를 지닌 이들은 삶의 목표를 세우고 이를 이루기 위해 힘차게 걸어 나감으로써 마침내 성취의 기쁨을 맛보게 되지요. 운명에 대한 체념과 개척, 이 두 갈래 길 앞에서 우리는 과연 어느 길을 택해야 할까요?

《법구경法句經》에 이런 이야기가 나옵니다.

부처님 당시에 키사코타미라고 하는 여인이 있었어요. 가난했지만 아름답고 똑똑한 처녀였지요. 키사코타미는 좋은 집으로 시집가서 행복하게 살고 있었는데 젊은 나이에 갑자기 남편이 죽고, 얼마 지나지 않아 복이 없었던지 데리고 살던 외동아들마저 죽고 말았답니다. 그녀는 의사란 의사는 다 찾아가 아이를 살려 달라고 애걸했지만 의사들의 대답은 한결같았습니다.

"죽음이란 무엇인가요? 우선 숨이 멈추는 것입니다. 그리고 심장 박동이 멈추는 것이고, 모든 세포가 신진대사를 멈추는 것입니다. 이 아이의 숨이 멎었고, 심장도 뛰지 않고, 신진대사를 멈췄으니 이제는 우리도 어쩔 수 없습니다."

키사코타미도 죽음이 무엇인지는 알고 있었어요. 그러나 의사가 아무리 설득을 해도 아이의 죽음을 받아들이지 못했어요. 알고는 있지만 사실을 현실로 받아들일 수 없었던 것이지요. 의사를 다 찾아다녀도 소용이 없자 그녀는 철학자에게 달려갔습니다.

철학자는 한눈에 그녀가 심리적으로 불안하다는 사실을 알아채고 처방을 내려 주었어요.

"인생이란 한번 오면 반드시 가게 되어 있습니다. 남녀노소를 불구하고, 부귀빈천을 막론하고 누구든지 결국엔 죽게 되어 있지요. 그러니 받아들이십시오."

그래도 키사코타미는 아이의 죽음을 받아들일 수 없었어요. 그래서 상해 가는 아이의 시신을 안고 울며불며 뛰어다녔답니다. 그 모습을 보다 못한 어떤 이가 말했어요.

"석가모니 부처님이란 분이 계시는데 그분에게 가 보세요."

키사코타미는 죽은 아이를 안고 부처님을 찾았습니다.

"부처님, 제발 우리 아이 좀 살려 주세요! 이렇게 빌어요."

부처님께서 말씀하셨죠.

"내가 살려 주마. 그런데 조건이 있다. 가서 겨자씨를 딱 한 알만 얻어 오거라. 다만 아직까지 사람이 한 번도 죽은 적이 없는 집안에 가서 얻어 와야 한다."

당시 인도에는 우리 가정마다 소금이 있는 것처럼 집집마다 겨자씨가 있었어요. 발에 불이 나게 이집 저집 다 뛰어다니며 부탁하니 겨자씨는 모두 주었지만 사람이 아직 한 번도 죽은 적이 없는 집은 찾을 수 없었답니다.

그제야 키사코타미는 부처님 말씀의 참뜻을 깨닫고 부처님께로 와서 설법을 들었지요. 알면서도 받아들이기 어려웠던 슬픔을 알게 된 것이지요. 후에 그녀는 출가하여 수행한 끝에 마침내 아라한阿羅漢: 번뇌를 끊고 이치를 깨달아 사람들의 존경을 받을 만한 공덕을 쌓은 성자이 되었다고 합니다.

🌿 기적을 일구다

우리는 살면서 어려운 문제들을 수없이 만납니다. 하지만 이를 알면서도 실제로 재앙을 맞닥뜨리고 나면 그것을 쉽게 받아들일 수 없는 게 현실입니다.

우리 범부중생의 현실은 항상 힘들고 어려운 고난의 연속이지요. 우리는 어떤 부분에서는 키사코타미보다 훨씬 더 어려운 상황들을 직면하며 살아갑니다. '험난한 이 세계를 어떻게 헤쳐 나갈 것인가?' 이것이 키사코타미가 우리에게 전달해주는 메시지입니다.

가장 안타까운 사실은 어려운 상황에서 누군가에게 매달리고 싶고 때로는 부처님 앞에서 통곡하고 의지하고 싶은데, 어느 때부턴가 우리 불교에서 그런 기능이 사라져 간다는 것이지요. 그러다 보니 어려우면 혼자 방황하다 개종을 해 버리는 경우들이 많습니다.

왜 그럴까요? 우리가 부처님을 단지 '깨달은 분'으로만 바라본다는 것이 문제입니다. 부처님께서는 만고의 진리를 깨달은 분이며, 또한 광대무변한 우주의 모든 일을 주재하는 절대자인데, 많은 불자들이 부처님을 그냥 마음이나 편하게 해 주는 존재로 생각하고 있는 것 같아요.

삼계三界의 대도사大道師이시고 사생四生의 자부慈父이신 부처님께서는 모든 것을 굽어살피십니다. 그러므로 우리는 온갖 괴롭고 힘든 것을 부처님께 모두 맡긴 다음 간절히 달라고 기도해야 하지요.

제가 고등학교 시절 육군사관학교 입학시험을 봤는데 다행히 합격을 했습니다. 육사에선 체력검사도 중요한데 당시엔 2킬로미터 달리기가 있었어요. 그걸 뛰다가 갑자기 이상이 발견됐는데, 폐결핵에 걸렸던 것입니다. 그 뒤로 7년이란 세월을 폐결핵과 싸워야 했지요. 고통스런 세월이었어요. 그때만 해도 폐결핵은 무서운 병이었으니까요. 그때 한 지인이 말하더군요.

"관세음보살님께 정성껏 기도하면 소원대로 다 들어준다."

천 곳이든 만 곳이든 부르기만 하면 오셔서 들어주신다는 것이었지요. 그래서 정신을 모아 미친 듯이 기도를 드렸어요. 그때는 오직 살려는 일념뿐이었지요.

기도를 할 때는 안 이루어지면 어쩌나, 중간에 무슨 일이라도 생기면 어쩌나, 하는 생각이 없어야 해요. 분별심을 버리고, 무식無識 알음알이가 없음해야 하지요. 절실한 기도만 있으면 소망을 성취할 수 있어요. 무조건과 무식 두 무無만 있으면 무조건 성취하는 거예요.

나도 7년간 앓았던 폐결핵이 3일 만에 씻은 듯 나아 몸에서 결핵균이 없어져 버렸어요. 약을 먹은 것도 아니고 오로지 관세음보살님만 불렀는데 깨끗이 나았으니 참으로 신통했지요. 나중에 곰곰이 관찰해 본 결과 불보살님들의 이름 자체에 불가사의한 힘이 있어, 지극정성으로 그 이름을 부르면 생명 에너지와 연결된다고 확신하게 되었답니다. 다행히 젊은 시절에 병의 괴로움을 통해 부처님께 다가설 수 있었기 때문에 그 이후로는 어떤 어려운 일이 있건 슬픈 일이 있건 부처님께 이 문제를 해결해주십사고 매달려 기도할 수 있었습니다. 내 힘으로 할 수 없는 것을 해결해주는 분이 있다는 사실을 병의 괴로움을 통해서 알게 된 것이지요.

실상 자신만의 힘으로 할 수 있는 건 별로 없어요. 하물며 숨 쉬는 일조차 마음대로 통제가 안 될 때가 많지요. 그런데도 범부중생들은 작디작은 자기 혼자만의 세계 속에서 어떻게든 원하는 바를 이루기 위해 발버둥치고 있어요.

인생의 고달픈 길 앞에 서면 우리는 운명에 대해 생각하게 되지요. 운명이 어디 있냐고 부정하는 이들도 많은데, 실상 운명은 저마다 정해져 있어요. 그렇다고 누구나 타고난 운명대로 살아야 할까요? 만약 그렇다면 엄청 억울하겠지요. 평생 폐결핵을 앓으면서 살아야 한다면 아마 죽는 일보다 더 못하지 않겠어요? 그러니 누군가에게 매달려야 되는데, 나는 부처님을 택했습니다. 아니, 내가 부처님을 택한 줄 알았는데 나중에 기도하다 보니까 부처님이 나를 택한 거였죠. 나를 불러들이셔서 병고로부터 해방시켜 주신 겁니다. 이게 바로 부처님과의 만남이에요.

그러면 이런 일이 나만 가능할까요?

아닙니다. 불교는 지극히 보편적인 종교예요. 보편적이라는 것은 누구든지 하면 이룰 수 있음을 의미하지요.

유일한 길

기도는 정해진 운명을 바꿀 수 있는 유일한 길이에요. 그래서 우리는 수행인이건 신앙인이건 간에 우선 부처님께 기도의 제목을 정해서 지극하게 매달릴 필요가 있지요. 매달려야 됩니다. 많은 불자들이 불교는 수행하는 종교라고 하는데, 이를 부정할 생각은 없어요. 다만 현실의 고통을 어떻게 해결할지가 문제겠지요.

의사들이나 철학자들은 제 나름대로 '죽음이란 이런 것이다' 하고 정의를 내리지만, 죽음이란 그런 의학적, 철학적 분석만으로는 해결이 안 될 수 있어요. 나는 20년 동안 많은 불치병, 난치병 환자들과 같이 기도를 해 왔어요. 지금도 마찬가지고요. 한번은 스물세 살 먹은 난소암 환자가 찾아왔는데 의학적으로는 도저히 살

길이 없다고 하더군요. 수술대에 오르기 전 의사 선생님이 살 가망이 없다고 말씀했다더군요.

여러분이라면 이 환자에게 뭐라고 말하겠어요?

"인생은 어차피 한번 왔다 가는 것이니까 그냥 받아들이고 죽으세요."

이렇게 말할까요? 아니면,

"의사가 뭐라고 했건 한번 최선을 다해 살 방도를 찾아봅시다."

이렇게 말할까요?

나는 그 환자와 함께 기도를 드리기로 했어요. 사실 내가 해 줄 수 있는 건 별로 없었어요. 내가 화타 같은 명의도 아니고 그저 힘없는 수행승에 불과한데 말이죠. 하지만 시쳇말로 내겐 '든든한 빽'이 있지 않나, 하는 생각이 들더군요. 부처님 앞에서 내가 열심히 빌어 주면 그 환자가 나을 수도 있지 않을까, 하는 믿음으로 온 정성을 다해 빌었더니, 아! 놀랍게도 기적처럼 살아나지 뭡니까.

많은 불자들이 부처님께 기도했는데 왜 해결이 되지 않느냐고 물어요. 왜 안 되는지 불평만 하지 말고 그 이유를 찾아야 하지요. 그러려면 일상생활을 차분히 살펴 운세의 흐름을 아는 게 중요해요. '지금은 어떤 운이며 앞으로 어떻게 변할까?' 그리고 '나는 지금도 부처님 덕을 많이 받고 있는데 조금만 더 기도하면 어떨까?' 생각해 본 다음 용기를 갖고 정진해 나가는 자세가 필요합니다.

나와 함께 열심히 기도하여 어려움을 극복하고 새로운 삶을 시작한 이야기입니다. 캄보디아에 살고 있는 분인데 우리 '안심카페'에서 활동을 열심히 하고 있어요.

　지장경 독송 천독을 마치고 나니 기쁘기도 하지만 '이제부터 시작이다'라는 마음이 들어서 인생 2막을 시작한다고 생각하고 2천독을 시작했답니다. 대부분의 사람들이 자신에게 어려운 일이 닥치면 자신이 세상에서 제일 운이 나쁘고, 가여운 사람이라고 스스로들 생각하잖아요. 저도 불교를 만나고 기도를 시작하기 전에는 제가 세상에서 제일 불쌍한 여자라고 생각했어요. 시련이 닥치면 세상을 원망하며 어렵게 살았는데 부처님을 만나니 세상이 바뀌더군요.
"만약 당신에게 큰 시련이 주어졌다면, 당신은 분명히 기뻐해야 한다. 당신이 갖고 있는 복그릇이 너무 작아 그것을 깨버리고 더 큰 복을 주기 위한 부처님의 가르침이다!" 1년간 쉬지 않고 기도를 하다보니 이 말씀의 의미를 저절로 알게 되더군요. 기도가 힘을 받는다는 것을 느끼게 되었어요. 800독을 넘기고 나니 기도하는 것 자체가 큰 기쁨이 되었어요. 어디로 가야할지 방향도 잡히게 되었고, 그 많던 걱정과 근심이 사라지고, 늘 희망이 차오르며 모든 것이 잘 될 거라는 확신이 점점 커졌습니다. 제가 고통을 받을 때 남편은 얼마나 괴로웠겠어요. 그런데 남편도 어느 날부턴가 다시 희망을 찾기 시작하더니 꽉 막혔던 일들이 술술 풀리게 되더군요. 다른 식구들도 똘똘 뭉쳐서 힘을 더해주었고요. 이제 부처님의 가피로 어려운 일을 거의 극복하고 되돌아보니 이게 바로 행복이 아닌가 하는 생각이 들더군요.

《약사경藥師經》에는 "누구든지 좋아하는 것을 구하라隨所樂求, 그러면 모든 것이 다 이루어진다一切皆遂." 기도하면 이루어지는 것을 네 가지로 나눠 구체적으로 설명하고 있어요.

"건강 장수하기를 원하면 건강 장수하게 되고求長壽得長壽, 부귀와 풍요를 구하면 부귀와 풍요를 얻게 되고求富饒得富饒, 직업이라든지 인간관계가 좋아지기를 원하면 그대로 얻게 되고求官位得官位, 좋은 자녀를 구하면 좋은 자녀를 얻는다求子女得子女."

우리나라 불교계에서는 부처님께 뭔가를 달라고 하면 '거지 신앙'이라고들 손가락질합니다. 하지만 부처님께서는 우리 모두가 어차피 거지들이라고 말씀하셨어요. 태국이나 미얀마에서는 요즘도 탁발이라고 해서 스님들이 밥을 빌어먹지요. 그리고 위로는 부처님의 깨달음을 구걸한단 말이에요. 우리는 부처님께 복을 비는 것입니다. '저에게 복을 주세요. 부족하니까 좀 주세요. 부처님, 제가 받아가지고 저만 잘 먹고 잘사는 데 그치지 않고 이웃과 나눠 쓰겠습니다. 시주도 많이 하겠습니다.' 간절하게 빌면 이루어집니다. 그런데 나눈다고 하고서 받고 나서는 입을 싹 씻으면 그건 반칙이지요.

얼마 전에 빚을 너무 많이 져서 어렵게 산다는 그런 불자의 글이 게시판에 올라왔더군요. 안타까운 마음에 "우선 오세요." 그랬더니 절에 갈 차비가 없다지 뭡니까. 그래서 법우님 한 분이 가서 데리고 왔어요. 그리고 섣달 그믐날부터 2박 3일 기도를 시작했지요. 기도를 하기 전에 "부처님 전에 매달려서 온 기력을 다해 기도하세요." 했더니 "저 같은 사람도 희망이 있습니까?" 하며 처음에는 망설이는 거예요. 누구에게나 희망은 있습니다. 운이 안 좋다고 죽을 수야 없잖습니까.

낭떠러지에 위태롭게 서 있는 사람은 달리 매달릴 게 없지요. 여태까지 불교를 믿어 본 적도 없고 절에도 처음 온 거지만 그 불자에게는 간절한 마음이 있었어요. 갖고 싶어서 가진 것이 아니라 저절로 생긴 겁니다. 다른 길이 없으니 간절할 수밖에요.

초이튿날 아침에 가겠다고 인사하러 들어왔기에 다독거려서 보냈더니 며칠 후 그 불자에게서 전화가 왔어요. 진실한 마음으로 간절하게 원하니까 기적처럼 모든 게 편해졌데요. 살아갈 자신도 생기고 무슨 일이라도 해서 성공해야겠다는 희망도 생겼다고 하더군요. 이렇듯 기도의 첫 번째 조건은 스스로 좋아지려는 의지라는 걸 알아 두기 바랍니다.

우리는 모두 건강과 부귀와 풍요를 누리고 살아야 해요. 건강과 부귀와 풍요를 못 누리고 산다면 불자로서 아주 잘못된 것이지요. 부처님께서는 한 번도 우리더러 노숙자가 되라거나 가난하게 살라고 하신 적이 없어요. 또 번영, 행복, 성공을 비난하지도 않으셨지요. 나쁜 건 혼자 잘되려는 욕심을 부리는 일이지, 돈 벌어 본인도

우리 자신의 마음속에 불법승佛法僧 삼보三寶가 들어 있는 게 아니라
탐내고 성내고 어리석은 삼독심, 악마의 마음이 들어 있다는 점을 깨닫게 되면
우리가 할 일이 정확하게 드러나지요. 기도를 하는 이유도 분명해지고요.

잘 쓰고 남들도 풍요롭게 만들어 준다면 그보다 좋은 일이 어디 있겠어요.

많은 사람들이 불교를 염세주의 종교라고 오해하는데, 불교는 세상에서 가장 긍정적인 종교예요. 부처님의 고행은 죽음을 위한 것이 아니라 진정한 행복을 위한 것이었지요. 끼사고따미가 아이를 잃고 괴로워하는 것까지만 알면 염세와 비관이지만, 그녀는 마침내 도를 깨달아 생사의 바다를 뛰어 넘어 열반의 행복으로 들어갑니다. 한 번 웃고 한 번 슬퍼하는 그런 행복이 아니라 영원한 행복으로 들어간 겁니다. 그게 아라한이 되는 거예요.

약한 인간을 강하게 만드는 기도

오래전 어느 대학의 불교학생회장이 찾아온 일이 있어요.

"스님, 저는 너무 괴로워요. 마음이 곧 부처라고 배웠는데 제 마음 속에는 아무리 헤아려 봐도 부처가 안 들어 있는 것 같아요. 제 생각 속에는 탐내고 성내고 어리석고 교만하고 의심하는 일밖에는 들어 있지 않아요."

울면서 고백하는 그 학생에게 나는 그게 당연하다고 얘기해 주었지요.

사실 범부중생이 제 마음속을 아무리 들여다봐야 부처님은 안 보일 겁니다. 원효 대사가 깨달은 바가 있다면 자신의 마음속에 중생심밖에 안 들어 있다는 점이었어요. 원효 대사는 깨달음을 통해 인간 내면의 실상을 바라본 겁니다. 그러니 대단한 분이지요. 비록 마음속에 탐내고 성내고 어리석은 것밖에는 안 들어 있다는 걸 깨달았지만 바로 그게 대단한 겁니다. 그렇게 함으로써 우리는 철저하게 중생이라는 사실을 깨우칠 수 있게 되니까요.

그런데 깨닫고 보니 중생으로만 살기에는 너무 억울합니다. 그게 억울해서 부처님을 닮아 가려고 노력하는 것이지요. 그 방법이 바로 수행인과 신앙인에게 있어서 기도입니다. 내 힘으로 수행이 안 되니까 부처님께 매달려 호소하는 겁니다. 불자들이 절에 찾아와서 살려 달라고 피눈물을 흘리는데 "그게 네 팔자소관이니까 흘려라." 이렇게 대답해 줄 수는 없지 않습니까. 그 사람이 비록 잘못을 했든 안 했든 상관없어요. 현재 당면한 그 문제의 해결을 통해서 부처님의 위신력을 체험하면 새사람으로 거듭 날 수 있으니까요. 불자는 부처님이라는 '빽'을 이용한다면 어떤 문제라도 해결하고, 또 이전보다 더욱 멋진 삶을 누릴 수 있지요. 그래서 살판나는 사람들이 많이 늘어나는 겁니다. 불교란 본래 이렇게 열반의 언덕에서 신나게 사는 것을 목표로 삼는 종교예요.

우리 자신의 마음속에 불법승佛法僧 삼보三寶가 들어 있는 게 아니라 탐내고 성내고 어리석은 삼독심, 악마의 마음이 들어 있다는 점을 깨닫게 되면 우리가 할 일이 정확하게 드러나지요. 기도를 하는 이유도 분명해지고요.

기도를 하기 전에는 책을 읽고 공부를 해서 정확하게 알고 시작하길 권합니다. 먼저 불보살님의 은혜를 정확히 알아야 제대로 기도를 할 수 있겠지요. 돈이 필요한데 빈털터리에게 사정해 봐야 소용없는 일 아니겠어요. 또한 기도를 할 때는 목표를 뚜렷하게 세우는 것이 중요해요. 달나라를 걸어서 가는 일 따위의 허황된 목표가 아니라 현실에서 우리에게 절실히 필요한 것이라야 하지요. 앞으로 하고 싶은 일, 가고 싶은 곳, 되고 싶은 모습, 갖고 싶은 것, 이웃과 함께 나누고 싶은 것, 이렇게 다섯 가지를 기준으로 삼아 구체적으로 목표를 정하십시오.

값진 인생을 함부로 살아선 안 돼요. 목표를 바로 세워 그때부터 정진해야 하지요. 특히 새벽 기도는 더욱 좋지요. 새벽에는 마음속으로 바라는 소망이 가장 깨끗하고 선명하게 떠오르기 때문이에요. 뿐만 아니라 기도한 내용이 머릿속뿐만 아니라 잠재의식에까지 쏙쏙 새겨집니다. 기도는 순수한 마음으로 기억하는 행위라고도 할 수 있어요. 부처님께서도 가장 중요한 것은 기억하는 일이라고 말씀하셨지요.

사업에 실패한 어느 분이 기도를 시작하고부터 무척 후덕해졌지요. 전에는 무조건 '남의 것도 내 것, 내 것도 내 것' 했는데 어느 때부터 '내가 갖고 싶으면 남도 갖고 싶을 것'이라면서 남에게 덕을 베풀기 시작했다고 하더군요. 그러자 저절로 사업도 번창하더라나요. 부자가 된 방법을 물어보았더니 남에게 이익을 돌려주는 것이 비법이라고 대답하더군요. 누가 물건을 만들어 와서 사 달라고 부탁하면 480원짜리인데 530원을 주었답니다. 그러자 물건을 더 잘 만들어 오고 납기도 잘 맞추게 되었다 하네요. 소문이 나자 그때부터는 그냥 앉아서 돈을 벌게 되었다니, 기도가 마음을 변화시켜 자기도 잘되고 남도 잘되게 한 자리이타自利利他의 본보기라 할 수 있을 겁니다.

　기도로써 바라는 것을 얻었다 하더라도 혼자만 잘 먹고 잘살면 그 다음부터는 부처님께서 복을 주시지 않아요. 그러니까 내가 받은 복을 주위에 나누어 주는 것을 생활화해야 해요. 그것을 우리는 보리심이라고 하고 깨달음이라고 하지요. 복을 나누면 상대방도 잘되고 나도 잘되고, 결국 세상이 맑아지고 좋아집니다. 그리고 그것이 바로 불국정토佛國淨土를 이 세상에 건설하여 부처님의 크나큰 은혜에 보답하는 길이지요. 그 첫걸음은 기도를 통해 내 운명부터 개선해 나가는 것입니다.

두 번째 법문

신심에는
불가능이 없다

🏵 좋은 복을 구하라

우리는 현실이 좋아지게 하기 위해 기도를 합니다. 어떻게 좋아질까요. 좋아지는 방법이 세 가지가 있습니다. 기도를 정성껏 하다 보면 불보살님들의 감응이 얻게 됩니다. 불보살님들이 우리가 원하는 것을 들어주시는 거죠. 두 번째로는 하늘, 그러니까 천지신명의 감응을 얻게 됩니다. 언젠가 조계사에 타 종교인들이 와서는 "부처님은 비도 못 내리게 한다."고 비판했다는데 그건 잘못 알고 하는 이야기예요. 우리 부처님께서는 우주의 진리를 깨달았을 뿐만 아니라 그 진리를 현실에 구체적으로 드러내실 줄도 압니다. 다시 말해 부처님께서는 우주 그 자체와 한 몸인 분이지요. 그러므로 우리가 지극하게 기도하면 천지신명이 자연히 감응하게 됩니다. 내 마음이 지극해졌을 때 우주법계와 연계되는 것을 감응이라고 합니다. 한겨울에 효자가 부모님의 소원을 들어주기 위해 애쓰다가 눈밭에서 죽순을 구한다든가, 잉어를 먹어야 병환이 낫는다고 하여 맨 살로 얼음을 녹이니 잉어가 나오더라는 얘기는 바로 천지신명이 감응하여 이룬 기적이지요. 또한 우리들이 열심히 기도를 하면 대중들이 감응을 합니다. 오늘날 우리 사회가 분열되고 소통이 안 되는 것은 대중들이 따라주지 않아서 그렇습니다. 대중들이 따라 주지 않는 건 뭔가 부족하기 때문이겠지요. 정치하는 사람들이건 각계의 지도자들이건 간에 대중들이 감응해서 따라 줄 만한 포용력이나 의사소통이 부족하다는 얘기입니다. 복은 있어서 각계의 지도자가 됐는지 몰라도 덕이 부족하니 대중들이 감응을 하지 않는 그런 상황이 일어나는 것이지요. 모든 국민들이 합심할 수 있는 그런 감응도 기도를 통해서 나옵니다.

우리 불자들은 복을 좋아하면서도 그렇지 않은 척하는 경향이 있는 것 같아요. '기도'라 함은 빌 '기祈' 자에 빌 '도禱' 자를 써 '빌고 계속 빌다' 라는 뜻이지요. 뭘 빌까요? 그냥 빌어서는 안 되고 확실한 목표가 있어야 합니다. 복을 비는 것입니다. 복에 관련된 단어가 많아요. 기복, 축복, 행복…. 복을 바라는 게 기복이고, 복을 비는 게 축복이고, 그렇게 해서 복을 얻은 상태가 행복이지요.

그런데 우리는 다른 건 다 돼도 유독 '기복祈福'만은 안 된다고 말합니다. 기복은 왜 안 될까요? 기복은 빌 '기祈' 자에 복 '복福' 자를 써요. 축복도 빌 '축祝'자에 복 '복福'자를 쓰니 축복이나 기복이나 똑같은 말인데, 축복은 되고 기복은 안 된다? 재미있는 얘기이지요.

언젠가 '기복 불교를 하면 안 된다'는 주제로 세미나가 열린 일이 있어요. 거기서 내가 "기복은 안 된다고 하시는데 도대체 복이라는 게 무슨 뜻입니까?" 하고 물었더니 아무도 대답을 못 하더군요. 이를테면 복의 정의가 무엇인가에 대한 문제인데, 이걸 정확히 모르니 축복은 돼도 기복은 안 된다는 이상한 논리가 생겨난 겁니다.

많은 불자들이 살면서 고민이 생겨도 왠지 스님들에게 물으면 안 된다는 생각을 갖고 있는 것 같아요. 불교를 스님에게 묻지 않으면 대체 누구에게 물을까요? 번민하는 불자가 스님에게 상담하는 것은 지극히 당연한 일이에요. 설법에는 여러 불자들을 대상으로 하는 대중 강의가 있는가 하면, 각 불자의 문제를 놓고 그 근기나 처한 상황에 맞는 개인상담격인 대기 설법도 있지요. 불자들에게는 불교의 전문가인 스님들을 찾아가 상담할 권리가 있어요. 그러니 고민만 하지 말고 적극적으로 찾아가시기 바랍니다.

좋은 인연

복이라 함은 좋은 인연선연善緣을 뜻해요. "그 사람 돈 복이 있어."라고 하면 좋은 돈과 좋은 인연이 있다는 뜻이지요. 나쁜 돈과의 나쁜 인연이 아닙니다. 요즘 부정축재로 온 나라가 난리인데 그런

돈은 복이 아니란 얘기예요. 먹어도 목에 안 걸리고, 좋은 데 쓸 수 있는 좋은 돈이라야 복입니다. 그래서 축복이든 기복이든 좋은 복을 바라는 것은 나쁜 게 아닙니다.

복이라는 의미를 정확히 해석하면 '좋은 기회'가 돼요. 우선 '좋다' 는 뜻을 살펴봅시다. 처음만 좋으면 안 되고, 처음도 좋고 중간도 좋고 끝도 좋아야 좋은 복이라 할 수 있습니다.

거액의 복권에 당첨됐다고 좋아하다가 술에 취해 강에 빠져 죽었다면 그건 좋다가 만 것이지 복이 아니지요. 미국에서 조사를 해보니 거액의 복권에 당첨된 사람들의 경우 5년 안에 망가질 확률이 자그마치 83퍼센트나 되었다고 해요. 마약을 하거나 폭행죄로 교도소에 가는 등 폐인이 된 경우가 많다니 그들에게 있어 복권 당첨은 복이 아니라 최악의 저주인 셈입니다.

앞에서 복은 좋은 인연이라고 했지요? 인연이란 과거에 지은 업과 현재의 행동이 모여서 이루어지지요. 재물복이 많다 함은 과거에 지은 복보福報와 관련 있어요. 중국에서는 '복'이 아니라 '복보'라고 해요. 과거 전생의 과보를 받고 누린다는 뜻이지요. 하지만 복보가 아무리 많이 있어도 현세에 노력이 없으면 안 됩니다. 과거에 내가 지은 좋은 인연과 현세에 내가 지은 좋은 인연들이 모여서 복으로 다가 오는 것이지요. 다시 말해 인연은 우리가 조합하는 것이라고도 할 수 있습니다.

또 '인'과 '연'은 남과 나의 관계를 만들어 줍니다. 나만 좋고 남이 나빠서는 안 돼요. 남이 나를 속인다면 한 번 속지 두 번 속아 넘어가겠습니까. 의기투합하여 동업을 했는데 혼자 다 차지하고 나한테는 찌꺼기만 준다면 그 사업이 성공할 리 있을까요.

한국 불교는 참선을 통한 스스로의 깨달음을 너무 중시하다 보니 현실 생활에서 재가불자들이 행복과 기쁨을 찾아 누리는 방법에 대해서는 등한시하는 경향이 있어요. 자칫 인간미가 없다는 느낌마저 들지요. 그동안 불교 교단은 생명력이 넘치고 감정이 풍부한 그런 인재들을 길러 내는 일에는 소홀했던 것 같아요. 불교가 정말 그렇게 목석같은 종교인가요? 법당에 모셔진 불상의 재질이 목석이라고 해서 부처님의 마음까지 목석은 아니지요.

불교가 현실에서 생명이 없고 이웃에 무관심한 그런 목석같은 종교가 되어서는 안 돼요. 부처님의 자비가 생활 속에 살아서 실천으로 꽃을 피워야 하지요. 그리하여 넘치는 생명력으로 모두가 아름답고 풍요롭게 살 수 있도록 이끌어야 합니다.

진리에 맞는 삶

우리의 운명을 아름답고 풍요롭게 바꾸어 나가기 위해서는 먼저 진리에 합치되는 인생관과 우주관을 지녀야 해요. 부처님 당시에 삼종외도三種外道, 즉 세 가지 사마외도邪魔外道들이 주장했던 이론은 부처님의 바른 법에 의해 논파되었지만, 오늘날에도 많은 사람들이 그런 그릇된 것을 믿고 있어요. 여기서 하나씩 살펴볼까요.

첫 번째로 천지창조론天地創造論은 하늘에 신이 있어서 내 운명을 좌지우지한다고 말합니다. 모든 일이 신의 뜻이지요. 교통사고가 나도 신의 뜻, 부자가 되어도 신의 뜻. 그런데 도무지 해결이 안 되는 문제가 하나 있어요. 아무리 신의 뜻이라고 해도 일단 사고가 나면 교도소에 가는 것은 사고를 저지른 사람이지 신이 아닙니다. 이러한 맹점 때문에 천지창조론은 부처님이 나오신 후 사라져 버렸지요. 하지만 아직도 인류의 90퍼센트가 이 사상을 믿고 있어요. 심지어 전쟁을 하면서도 신의 뜻을 들먹이지요. 독일과 프랑스가 전쟁을 할 때 그들은 똑같은 신에게 자기 나라가 이기게 해 달라고 빌었어요. 이것은 결코 진리에 합치되지 않아요.

두 번째로 숙명론宿命論은 과거 전생의 업을 바꾸려고 하면 안 된다고 말합니다. 모두가 자기 팔자소관이니 바꾸려 하지 말고 그대로 받아들여야 한다는 것이지요. 이것도 진리를 바로 보지 못하는 삿된 소견이에요.

마지막으로 단멸론斷滅論은 모든 것이 원인도 결과도 없으니 되는 대로 막 살고 죽으면 그뿐이라고 주장합니다.

그런데 삼종외도들의 이런 세 가지 주장은 어떤 사람이 범죄를 저질렀을 경우 문제가 생기게 되지요. 신의 뜻이라고 해도, 팔자소관이라고 해도, 아니면 이도저도 아닌 그저 우연이라고 해도, 결국에 가서는 범죄를 저지른 이가 그 일의 중심에 놓이게 돼요. 그래서 그 자신의 윤리나 도덕적인 문제가 전혀 해결되지 않는 겁니다.

진리에는 믿는 자에게만 통하는 '신앙적 진리'와 모든 사람에게 다 통하는 '진리적 신앙'이 있어요. 신앙적 진리는 신앙이 없어지면 진리의 체계 또한 사상누각처럼 무너져 버리지만, 진리적 신앙은 우주 법계의 진리와 함께 영원하지요. 신앙적 진리는 결국엔 사이비 종교의 광신자를 낳지만, 진리적 신앙은 우리의 인생을 한 걸음 성장시킵니다. 그러므로 우리는 언제 어디서나 모두에게 통하는 참다운 진리를 선택해야 하지요.

그렇다면 부처님께서는 운명에 대해 어떻게 설명하셨을까요?

운명은 과보에 의해 이루어져요. 즉 내가 짓고 내가 받는 것이지요. 나의 운명은 나의 삶에 항상 작용해요. 업보에는 번뇌장煩惱障: 중생의 몸과 마음을 번거롭게 하여 열반을 방해하는 일. 업장業障: 말, 동작, 또는 마음으로 지은 악업으로 인한 장애. 보장報障: 악업으로 받은 지옥, 아귀, 축생 따위의 과보 때문에 불법을 들을 수 없는 장애이 있는데, 이것이 모여 업력이 되어 사람의 눈을 가리고 끌고 갑니다. 이러한 업의 장애에 의해 우리의 운명이 결정되는 겁니다.

번뇌를 물리친 지혜

인간의 마음속에 든 탐진치貪瞋癡: 탐욕과 분노와 무지. 곧 탐내어 그칠 줄 모르는 욕심과 노여움과 어리석음로 인해 어떤 엄청난 일이 벌어질 수 있는지 경고 하는 이야기가 경전에 나옵니다.

먼 옛날, 만물이 풍요로워 곡물과 과일이 넘쳐나고 온갖 재보가 가득하여 태평성대를 구가하는 나라가 있었어요. 상업 역시 번성하여 부족한 물건이 없었지만 국왕은 이에 만족하지 않았어요.

어느 날 국왕이 대신에게 말했어요.

"유능한 사신을 외국에 보내 우리나라에 없는 물건을 사 오도록 하시오."

이렇게 해서 사신 한 사람이 외국으로 떠났지요.

외국에 도착한 사신은 시장에 나가 보았으나 살 만한 물건이 없었어요. 눈에 보이는 것들은 모두 자기 나라에도 있는 물건들이었지요. 실망한 사신은 자기 나라로 돌아갈 생각을 하다가 시장 구석에 한 노인이 빈손으로 앉아 있는 모습을 보게 되었어요. 이상히 여긴 사신이 그 노인에게 다가가 물었어요.

"물건도 팔지 않으면서 빈손으로 이곳에 앉아 무얼 하고 있는 겁니까?"

노인은 웃으면서 대답했지요.

"장사를 하고 있는 중이오."

더욱 이상한 생각이 든 사신이 노인의 주위를 둘러보았으나 팔 만한 물건은 보이지 않았어요.

"아무것도 없는데 대체 무엇으로 장사를 한단 말입니까?"

"나는 이곳에서 지혜를 팔고 있소."

"그렇다면 노인장이 팔고 있다는 지혜가 도대체 무엇입니까? 또 값은 얼마입니까?"

노인은 사신을 한번 훑어보고는 태연하게 말했어요.

"내 지혜는 5백 냥이오. 돈을 내면 내 지혜를 알려 주리다."

지혜를 사다니 희한하다는 생각이 들었지만, 자기 나라 시장에서는 본 일이 없으므로 사 가지고 돌아가도 괜찮겠다고 생각한 사신은 5백 냥을 노인에게 주었어요. 노인은 돈을 챙긴 뒤 한마디를 해 주었지요.

"일을 당하면 여러 번 생각하고 되도록 화를 내지 말라. 오늘 비록 쓰지 않는다고 해도 유용할 때가 있으리."

사신은 5백 냥을 낭비했다는 생각이 들었지만, 어쨌든 거래는 이루어진 것이라 그 말을 깊이 새기고 본국으로 돌아왔지요.

본국으로 돌아온 사신은 우선 자기 집에 들렀어요. 마침 한밤중이라 모든 식구들이 잠들어 있었지요. 대문을 열고 들어가 달빛을 빌려 얼핏 보니 아내의 침실 앞에 신발이 두 켤레 놓여 있는 게 아니겠어요.

자신이 없는 틈을 타 아내가 간통을 저질렀다고 생각하니 사신은 화가 치밀어 견딜 수 없었지요. 허리에 차고 있던 칼을 뽑아 든 사신은 캄캄한 침실로 당장 뛰어들어 가서 간통한 연놈들을 죽이려고 했어요. 그때 노인에게 들은 말이 문득 떠올랐어요.

'일을 당하면 여러 번 생각하고 되도록 화를 내지 말라.'

사신은 문고리를 잡은 채 망설였지요. 그러는 사이 인기척을 느꼈는지 침실 안쪽에서 누군가의 목소리가 흘러나왔어요.

"밖에 누가 왔느냐?"

놀랍게도 그 목소리는 바로 어머니의 것이었지요. 사신은 문을 열었어요. 그러자 아내의 곁에 누워 있던 어머니가 일어나 앉으면서 아들을 반가이 맞아주는 게 아니겠어요.

"네가 돌아왔구나. 네 아내가 몸이 아파 내가 간병해 주다가 깜빡 잠이 들고 말았구나. 한데 칼은 왜 들고 있는 게냐? 집에 도둑이라도 든 게냐?"

사신은 들고 있던 칼과 어머니를 번갈아 바라보다가 하늘을 우러르며 크게 외쳤지요.

"정말 싸구나! 정말 싸!"

이를 의아하게 여긴 어머니가 물었어요.

"외국에 무언가 사러 간다더니, 싸다는 게 대체 무슨 말이냐?"

사신은 어머니의 손을 잡고 기뻐하며 말했어요.

"내 아내와 어머니는 1만 냥을 준다 해도 바꿀 수 없는데, 5백 냥짜리 지혜의 말로 두 분을 지키게 되었으니 이 어찌 싼 게 아니겠습니까?"

다행히 노인에게서 산 지혜 덕분에 별일은 일어나지 않았지만, 순간의 오해에서 비롯된 분노로 말미암아 정말 끔찍한 일이 벌어질 뻔 했지요.

우리가 사는 현실에서도 탐진치로 인한 순간적인 오해와 착각 때문에 끔찍한 사건이 빈번히 일어나는 것 같아 안타깝습니다.

소도둑이 된 까닭

모든 업은 자기가 짓고 자기가 받습니다. 죄를 지을 때는 즐거울지 모르지만 벌을 받을 때는 참 괴롭지요. 저는 20여년 동안 교도소를 방문하며 교화 활동을 했는데, 그 과정에서 느낀 점이 참 많아요. 한 수감자에게 어쩌다가 들어왔는지 물었더니 이렇게 대답하더군요.

"길을 지나가다가 새끼줄이 땅에 떨어져 있기에 끌고 갔는데, 뒤에 소가 한 마리 달려 있었어요. 그래서 소도둑이 되고 말았지요. 새끼줄에 소가 달려 있었을 뿐이지 내 탓이 아니에요. 그런데 잡히고 나니 무척 괴롭네요."

우리 범부중생들은 새끼줄을 끌고 갔다가 소도둑이 된 이 수감자처럼 의식이 반쯤 잠든 상태에서 제 기분대로 행동하고 죄를 짓기도 합니다. 결과를 보고서야 뉘우치게 되니 안타까운 일이 아닐 수 없지요.

괴로움은 번뇌장煩惱障입니다. 평소에 탐내고 성내고 어리석고 교만하고 의심이 많으면 번뇌장에 빠지게 돼요. 처음에는 탐진치에 의해 시작됐는데 그것이 업으로 변해 발동이 걸린 것이지요. 몸으로 짓고 입으로 지은 업들이 현실에서 열매를 맺어 삶을 지옥으로 바꾸어 놓게 돼요. 결국 탐내고 성내고 어리석고 교만하고 의심 많은 그런 습관이 번뇌장을 이루어 운명을 만드는 겁니다.

운명은 우선 한 개인의 성격으로 나타나지요. 사람들 각각의 개성이 그의 운명인 셈이에요. 성격은 습관과 통하고 습관은 체질이 되어 그 사람의 환경을 만듭니다. 성격이 어두운 사람은 컴컴한 지하실을 좋아하는 것과 같아요. 먼저 성격부터 좋게 바꾸면 운명 또한 좋게 바뀌게 되지요.

부처님께서는 '운명은 정해져 있으나 바꿀 수 있다'고 하셨어요. 운명을 바꾼다, 즉 인과 연으로 인해 생기는 결과를 의도적으로 바꾼다는 얘기예요. 내가 미소를 지으면 상대도 미소로 답하듯이 일상생활에서 인과 연을 조금만 바꾸어도 아주 다른 결과가 나올 수 있지요. 화낼 일도 조금만 참고 덕을 베풀면 그게 다 내 복으로 변하는데, 그게 쉽지 않으니 우리는 기도를 통해 부처님께 의지하는 겁니다.

부처님께서는 사람이 전생에 지은 선업으로 인해 현실에서 다섯 가지 복덕이 생긴다고 말씀하셨어요. 신체가 건강해지고, 모든 일이 뜻대로 이루어지고, 앞길이 늘 순조롭고, 가족이 모두 편안하고, 합법적인 재산을 지니고 행복하게 사는 게 그 다섯 가지 복덕이에요. 그렇다고 해서 그 복을 누리기만 해서는 안 된다고 하셨어요. 늘 꾸준히 노력하면서 더 많은 선업을 쌓아 복덕을 더욱 키우고 넓히라고 덧붙이셨지요. 또한 현세에 복이 없다 하여 포기하지 말고 앞날을 위해 미리 선업을 쌓으라고 조언하셨습니다.

세 번째 법문

기도는
왜 하는가?

청정한 믿음

기도는 참된 믿음과 간절한 소원眞信切願이 있어야 합니다. 습관적으로 미적지근하게 믿는 것보다는 짧더라도 간절하게 믿고 기도하면 부처님의 감응을 훨씬 잘 받을 수 있지요. 마음가짐이 얼마나 중요한지 《법구경》 한 구절을 읽어볼까요. "모든 것은 마음이 앞서가고 마음이 이끌어가고 마음으로 이루어진다. 깨끗한 마음으로 말하고 행동하면 행복이 저절로 따르리라, 그림자가 나를 따르듯이"

부처님 당시에 어느 마을에 지독한 구두쇠가 살고 있었어요. 그 구두쇠에게는 맛다쿤달리라고 하는 아들이 있었지요. 맛다쿤달리란 '넓적하고 편편한 귀걸이를 달고 다니는 사람'이라는 뜻이에요. 구두쇠가 아들에게 황금 귀걸이를 선물했는데, 세공비가 아까워 황금을 그냥 망치로 두들겨 넓적하게 만들어 귀걸이라고 달아 주니 사람들이 그 아들을 맛다쿤달리라고 불렀답니다.

어느 날 맛다쿤달리가 황달에 걸렸어요. 병을 고쳐 주긴 해야겠는데 의사에게 가면 돈이 들어갈 게 걱정된 구두쇠는 마을 사람들에게 물어 황달에 좋다는 약재들을 대충 구해다가 푹 삶아 먹였지요. 하지만 약을 그런 식으로 쓰는데 병이 나을 리 있겠어요. 맛다쿤달리의 병세는 점점 더 악화되어 갔지요.

그제야 겁이 난 구두쇠는 의사를 찾아갔어요. 그런데 의사는 맛다쿤달리가 가망이 없다는 사실을 한눈에 파악하고는 살살 피하기만 했지요.

아무런 치료도 받지 못한 맛다쿤달리는 병세가 더욱 악화돼 마침내 사경에 빠졌습니다. 구두쇠가 가만히 생각해보니 장례를 치르려면 돈이 들 텐데 그게 또 아까운 생각이 들었지요. 그래서 장례를 치르지 않으려고 아직 숨이 붙어 있는 맛다쿤달리를 대문 밖에다 내놓았어요. 지독한 구두쇠를 아버지로 둔 죄로 맛다쿤달리는 차가운 땅바닥 위에서 죽어 가는 신세가 되었지요.

당시 부처님께서는 새벽마다 선정에 들어가셔서 그날 구제할 중생을 찾아보셨는데, 때마침 맛다쿤달리가 부처님의 천안통天眼通: 부처의 여섯 가지 신통 중 하나. 세간의 멀고 가까운 모든 고락의 모양과 갖가지 형과 색을 꿰뚫어 볼 수 있고, 자신과 남의 미래세에 관한 일을 내다볼 수 있는 신통한 능력에 포착되었어요. 부처님께서는 조금 있으면 숨이 끊어질 저 중생과 그 구두쇠 아버지를 어떻게 구제할지 두루 살피신 후 맛다쿤달리가 누워 있는 곳에 홀연히 나타나셨어요.

"나를 보아라."

부처님께서는 맛다쿤달리에게 큰 빛을 비추셨지요. 숨이 끊어지기 직전, 부처님을 대한 맛다쿤달리는 이렇게 생각했어요.

'저리도 고귀한 분이 계시다니!'

그 순간 일어난 환희심歡喜心이 맛다쿤달리를 천상 세계의 도리천忉利天으로 이끌었지요. 그 결과 그는 어마어마하게 넓은 궁전에서 천 명의 천녀들을 거느리고 사는 복을 누리게 되었어요.

한편 아들을 잃은 구두쇠는 뒤늦게 슬퍼하며 매일 화장장을 찾아가 눈물을 흘렸어요. 천상 세계에서 그 모습을 본 맛다쿤달리는 불쌍한 아버지를 구제하겠다는 마음이 들어, 어떤 청년의 몸으로 변신한 뒤 아버지의 옆에 서서 울었지요. 그러자 구두쇠가 물었어요.

"이보게, 왜 우는가?"

"제게 아주 큰 황금 마차가 있어요. 그런데 바퀴 두 개를 구할 수가 없어 우는 겁니다."

"그래? 내가 도와줄 테니 울지 말게. 황금으로든 은으로든 다 해 주겠네."

"그것 가지고는 안 되고, 하늘의 해와 달을 떼어다 붙여야 합니다."

"자네 미친 것 아닌가? 해와 달을 어떻게 떼어다 붙이나?"

"해와 달은 보이기나 하지만, 보이지도 않는 죽은 자식이 운다고 돌아오나요? 어르신은 왜 그렇게 날마다 우시는 건가요?"

그때야 구두쇠는 정신이 번쩍 들었어요.

"자네는 누군가?"

"제가 전생에는 어르신의 아들이었습니다. 저 때문에 슬퍼하지 마세요."

그 순간 구두쇠는 깨달음을 얻었지요. 아들 덕분에 부처님께 귀의한 구두쇠는 그 뒤로 남들에게 보시 공덕을 많이 지으며 살았다고 합니다.

맛다쿤달리는 임종할 때 잠깐 청정한 믿음을 낸 것만으로도 천상 세계의 도리천에 새로 태어났을 뿐만 아니라 지독한 구두쇠 아버지까지 구원했습니다. 아버지 또한 부처님 말씀을 믿고 수행한 결과 수다원과須陀洹果: 그릇된 견해나 진리에 대한 의심을 버리고 참된 믿음으로 얻는 성자의 지위를 얻었다고 하지요. 우리들 역시 부처님께 귀의한 것만으로도 천상 세계에 태어날 수 있어요. 즉, 진정한 구원을 받을 수 있다는 뜻이지요.

오늘날에도 많은 사람들이 주객이 전도된 행동을 하는데, 무엇이 더 중요한지를 구분하지 못하는 구두쇠 아버지와 다를 바 없어요. 흔히 불교는 구원의 종교가 아니라고들 하지만 《법구경》에 나오는 부처님의 말씀대로 열린 마음으로 믿으면 누구든 구원받을 수 있습니다.

믿음의 현실적 표현

올바른 믿음이 중요합니다. 그릇된 것을 믿는 사마외도들은 자신들이 믿는 것이 진리인 줄로 착각하여 인생을 잘못 살아가며 자신의 복을 까먹지요. 사이비 종교를 신봉하여 패가망신하는 안타까운 일이 요즘도 아주 많아요. 일단 그릇된 믿음이든 좋은 믿음이든 간에 그 믿음에 젖게 되면 세뇌가 되어 벗어날 수 없지요.

우리는 늘 내가 절대적으로 옳은가 생각해 봐야 해요. 그래서 늘 고쳐 나가고 나아지려고 노력하는 자세가 필요하지요. 최근 인터넷에 어느 유명한 기독교 신자가 '개신교 역사상 가장 타락한 시대가 현재의 한국'이라는 글을 올린 일이 있어요. 불교도 그 부분에서 예외는 아닌지 고민해 봐야 올바른 믿음을 유지할 수 있을 겁니다. 다행히 기독교는 그렇게 당당히 비판하고 나오는 지식인이 있어 좋다고 생각해요.

그릇된 사마외도를 믿느니 차라리 아무것도 안 믿는 편이 낫지요. 잘못된 믿음은 빠져나올 길이 없지만, 안 믿는 것은 그래도 앞으로 제대로 믿을 기회가 있다는 뜻이니까요. 할머니들, 어머니들이 장독대에 정화수를 떠 놓고 천지신명께 열심히 비는 것은 잘못된 믿음이 아니에요. 오히려 순수하고 아름다운 믿음이지요. 우리를 유혹하는 여건이 너무도 많은 이 법약마강法弱魔强의 시대에는 올바른 믿음을 유지해 나가는 것이 더욱 절실합니다.

그러면 믿음의 현실적 표현은 무엇일까요?

첫 번째는 공양이에요. 믿음은 공양을 올리는 데서부터 현실적으로 발현되지요. 공양에는 재물을 올리는 공양, 부처님 말씀을 이웃에게 전하는 법공양, 한 달에 한 번씩 불기를 닦고 대청소를 하는 노동공양 등이 있는데, 이러한 공양을 통해 우리의 믿음은 굳건해집니다. 그리고 무외시無畏施는 불보살님이 주로 하시는 공양으로 두려움을 없애주는 공양입니다.

두 번째는 법문을 듣는 일입니다. 우리 몸에 의식주가 필요하듯이 우리 마음에도 계정혜戒定慧: 불도에 들어가는 세 가지 요체인 계율, 선정, 지혜 삼학이 필요합니다. 《관무량수경觀無量壽經》에 보면, 온 지구가 불구덩이에 싸여 있어도 법문을 들으러 가라고 부처님께서 당부하십니다. 법문을 들어야 확실히 이해하고 마음에 변화가 일어나므로 이를 생활화하도록 하세요.

얼마 전에 어느 분이 자녀의 진로를 묻기 위해 찾아오신 일이 있어요. 자신의 삶에 대해서도 고민을 털어놓더군요. 들어보니 그분은 자신의 인생을 사는 것 같지가 않았어요. 사실 많은 이들이 남의 인생을 살곤 합니다. 무슨 얘기냐 하면 자신에게 벌어지는 모든 일의 원인을 남에게 둔다는 뜻이지요.

"저는 남편이 미워요. 그 양반이 사업에 실패해서 제가 이리 어렵게 살게 된 것 같아 볼수록 미워요."

"문제는 자신의 운명이 그런 고통을 받는 시기에 와 있다는 겁니다. 그렇게 생각해야 길이 열려요."

천상천하유아독존 ,
하늘 위 하늘 아래 내가 가장 존귀합니다. 바로 여러분이 말이에요.
부처님을 믿는 것만큼 스스로 존귀하다는 것을 믿으세요.

"제가 왜 이렇게 고통스럽게 살아야합니까? 남편 때문에 억울해요."

"그럼 법우님은 남편 인생을 삽니까? 이게 누구 사주팔자인데 법우님이 억울해요?"

"제 것이라도 저는 억울해요."

"남편은 어떻게 만나게 되셨나요?"

"남편이 꾀어서 만났어요."

"남편이 꾀어서 만난 게 아니에요. 자기 운명에 따라 만난 거예요. 어느 사람을 만나고 안 만나는 것도 다 자기 운명입니다. 그러니까 남편이 사업에 실패한 것도 법우님의 운명에 들어 있어요. 모두 자기 운명을 사는 것이지요. 그러니 남을 원망하거나 하늘을 원망할 필요가 없는 거예요. 나 아닌 다른 사람을 원망하는 게 기분 좋고 편리하니까 그렇게 남 탓을 하는 거지요. 하지만 궁극적으로는 아무것도 해결되지 않아요. 그러니 앞으로는 자신의 운명을 사세요. 열린 인생을 사세요."

"어떻게 사는 것이 제 운명을 사는 거예요?"

"남을 원망하거나 남편을 탓할 필요 없어요. 원망하는 것보다 더 좋은 방법이 있어요. 가르쳐 드릴까요?"

"네."

"그러면 《지장경地藏經》을 열심히 읽으세요. 그러면 불행 끝 행복 시작이고, 실패 끝 성공 시작이 돼요."

그 후 그분은 경전을 꾸준히 읽고 마음의 안정을 되찾게 되었지요.

믿음의 현실적 표현 중 세 번째는 기도를 하는 것입니다. 반드시 생활화해야만 합니다. 원효 대사는 "운명이 끄는 힘이 황소가 끄는 힘보다도 강하다."고 말씀하셨지요. 대부분의 사람은 운명이 끄는 대로 갈 수밖에 없어요. 거기에 저항해야 하는데, 저항할 수 있다는 생각조차 하지 못하는 게 범부중생들의 한계랍니다. 그러므로 우리는 기도를 통해 운명을 개척하는 힘을 길러야 해요.

새벽에 기도하세요. 새벽 기도는 성공의 시작이에요. 기도를 열심히 한다고 생각하는 사람들이 많이 묻습니다. "새벽에 안 하고 다른 시간에 하면 어떨까요?" 우주에는 일정한 기운이 있어요. 살아나는 기운도 있고 죽어가는 기운이 있단 말이에요. 죽어가는 기운의 대표적인 것이 황혼이지요. 지는 해를 바라보지 말고 뜨는 해를 바라보라 했어요. 새벽에 돋는 해는 기운을 가지고 있습니다. 그래서 기도를 새벽 인시寅時: 오전3시 30분에서 5시 30분 사이에 하라는 것입니다.

"새벽에 두 시간이나 어떻게 기도해요?"

"그럼 그냥 사세요. 인생 뭐 고치려고 해요. 그냥 어려운 대로 사세요."

기도는 어려운 것을 바꾸려고 하는 것입니다. 다른 길이 없어요.

믿음의 현실적 표현 중 네 번째로, 빼놓을 수 없는 것이 봉사 활동입니다. 받들 '봉奉'자에 섬길 '사仕'자예요. 남을 받들고 섬기는 게 봉사거든요. 부처님처럼 훌륭하고 위대한 분을 받들고 섬기는 것도 봉사고, 나보다 어려운 처지에 있는 사람을 섬기는 것도 봉사지요.

20년 전인가, 소쩍새마을이란 곳을 방문한 일이 있어요. 나를 찾아오는 불자들이 하도 못살겠다고 불평불만을 늘어놓으며 엄살을 피우기에 거기나 한번 가보자 하여 떠난 길이었지요. 우리는 거기에 있는 장애인 식당에 들어가 같이 식사를 했는데, 장애인들이 밥상에 있는 떡을 입까지 가져가지 못해 볼이나 눈이나 머리에 붙이는 모습을 보곤 가슴이 아렸어요. 돌아오는 길에 "아직도 자기 인생에 불평불만 있는 사람은 손들어 봐요."라고 했더니 아무도 없더군요.

사람은 높은 낭떠러지를 봐야 떨어질 위험을 알고 큰 바다에 가야 빠질 위험을 알듯, 실상은 너무 많은 복을 받았는데도 불평불만들을 하고 삽니다. 떡을 입에까지 못 가져가는 장애인들을 보고도 건강한 자신이 불행하다고 생각할 사람이 있을까요? 누구든 소쩍새마을에 다녀온 후에는 자기가 행복하다는 것을 깨달을 수밖에 없을 겁니다.

한번은 중풍 환자, 치매 환자들이 있는 노인병원에 목욕 봉사를 갔는데 함께 다녀온 불자들이 삼배를 하며 말하더군요.

"스님, 정말 고맙습니다. 거기 가 보니 제가 얼마나 행복한 사람인지 알게 되었습니다."

자신이 큰 축복을 받았다는 사실을 알게 됐다는 얘기지요.

우리는 봉사를 통해 자비를 알게 됩니다. 그러니 바쁘다고 빼지 말고 스스로 기회를 찾아 열심히 참여하세요. 인간은 누구나 남을 도울 수 있는 능력을 가지고 있지요. 진정으로 돕겠다는 생각이 없기 때문에 돕지 않는 것이지 능력이 없어서 못 도와주는 것이 아니에요. 봉사 활동을 통해 우리는 스스로를 성장시킬 수 있어요.

마지막으로 주위에 포교 전법을 행해야 합니다. 흔히들 불자들은 가족과 주변 사람들이 좌절과 실패를 겪지 않도록 기도합니다. 기도는 열심히 해주면서도 정작 그들과 함께 절을 찾겠다는 생각은 하지 않아요. 그 시간에 공부하고, 학원에 가고, 뭔가 다른 중요한 일을 할 수 있는데 시간을 손해 본다고 여기는 겁니다. 절을 찾는 일보다 더 중요한 일이 어디 있어요? 내 가족, 내 이웃부터 포교하는 일에 열심을 다하세요. 그게 바로 믿음의 현실적 표현입니다.

신앙의 이익

우리가 부처님을 믿는 까닭은 뭔가 얻을 수 있는 이익이 있기 때문이에요. 이 이익에는 현실적인 이익과 초월적인 이익이 있는데, 재가불자들은 일상생활 속에서 이 두 가지 이익을 서로 조화시켜 나가는 지혜가 필요하지요.

어느 날 부처님께서는 한 마을을 찾아가셨어요. 그곳에서 불법의 진리를 믿고 생사를 뛰어넘어 행복하게 살라고 열심히 말씀하셨지만, 마을 사람들은 선근 공덕이 작거나 없어서 부처님 말씀을 못 믿고 못 따르는 거예요. 이때 부처님은 쉽게 믿고 따르도록 방편을 대주십니다.

부처님께서는 강 건너편에 사는 불자 하나를 부르셨어요. 그 불자가 부처님 계신 곳으로 오려면 깊고 넓은 강을 건너야 했지요. 그 불자는 어떻게 강을 건널까 고민하던 중에 누군가가 "걱정 말고 건너가 보세요."라고 말하는 것을 들었습니다. 불자는 그 말을 믿고 물 위를 걸어갔어요. 그 불자는 신기하게도 물에 빠지지 않고 무사히 건널 수 있었지요. 그 모습을 본 사람들이 놀라서 물었어요?

"오랫동안 이 동네에 살았지만 물 위를 걸어 강을 건너오는 사람은 한 번도 본 적이 없소. 대체 당신은 어떤 도술을 배워 물 위를 걸어올 수 있었소?"

"놀랍기는 나도 마찬가지요. 나는 저 강의 남쪽에 사는 어리석고 고지식한 사람인데 부처님께서 여기서 설법하신다는 말을 듣고 오려 했으나 강 때문에 오지 못했소. 그런데 누군가가 그냥 건너가 보라고 하지 않겠소. 그래서 그 말을 믿고 건너왔을 뿐, 내가 무슨 큰 도술을 부린 것이 아니라오."

그러자 부처님께서 미소를 지으며 말씀하셨어요.

"믿음은 깊은 강을 건너는 나룻배이고, 마음을 다스림이 곧 뱃사공이다."

그 말씀을 들은 사람들은 깊이 감동하였습니다.

우리가 인생을 살다 보면 깊고 넓은 강들을 많이 마주치게 됩니다. 많은 장애를 만나게 되는 것이지요. 그것들을 불교에서는 세 가지 장애라고 표현합니다. 번뇌장, 업장, 보장이 그 세 가지입니다.

번뇌가 무엇인지 제대로 알면 운명을 바꿀 수 있어요. 번뇌란 '지금 우리 집에 가스 불이 켜졌을까 꺼졌을까?', '지금 우리 애들이 뭐 하고 있을까?', '내가 금반지를 어디에다 두었더라?' 이런 잡생각들을 가리키는 게 아니에요. 탐내고 성내고 어리석고 교만하고 의심 많은 마음이 모여 뭉친 것을 번뇌라고 일컫지요. 예를 들어 탐욕이 많은 사람은 앞으로의 운이 열릴까요, 닫힐까요? 당연히 닫히겠지요. 왜 닫힐까요? 탐욕이 많은 사람은 자신이 그런 줄을 몰라요. 누가 이런 사람을 좋아하겠습니까. 다들 싫어하게 됩니다. 그러니 운이 닫히게 되는 건 당연하지요.

업장이란 번뇌장에 의해 만들어집니다. 탐내고 성내고 어리석고 교만하고 의심 많은 마음이 계속 뭉치다 보면 업이 되는 것이지요. 그 업이 행동으로 튀어나와 결국 운명을 나쁜 쪽으로 이끌게 됩니다. 욕 잘하는 사람을 만나면 기분이 안 좋아져요. 그래서 그 사람을 자꾸 피하게 되지요. 좋은 일이 있어도 그 사람은 부르지 않습니다. 업장이란 이런 식으로 운명을 가려 버리게 되지요.

업이 행동으로 굳어지면 보장이 돼요. 보장은 악업으로 인해 받은 지옥, 아귀, 축생 등의 과보 때문에 불법을 들을 수 없는 장애를 가리킵니다.

이러한 번뇌장, 업장, 보장 등의 장애들은 우리가 아는 사이 모르는 사이 많이 일어나지요. 그걸 개선하는 방법이 불경을 많이 읽고 기도를 지성껏 해서 저 깊고 넓은 운명의 강을 건너는 일이에요. 그런데 건너야 하는 걸 알면서도 잘 건너지지가 않지요. 그러므로 늘 부처님 말씀을 통해 단련하고 훈련을 쌓아야 해요. 그러다 보면 모든 장애들이 차츰차츰 엷어지고 작아져서 마침내 좋은 운명으로 변화하게 되는 겁니다.

믿음의 비유

부처님을 믿는 것은 우리 신체기관에 비유하자면 손과 같아요. 손이 있어야 편하게 많은 일을 할 수 있고, 나와 남을 이롭게 할 수 있지요.

또한 부처님 말씀은 지팡이와 같아요. 등산할 때 지팡이를 짚으면 의지가 되지요. 산에 오를 때 지팡이의 역할을 과학적으로 살펴보니 20% 정도의 힘을 아낄 수 있다고 하네요.

신앙은 뿌리와 같아요. 뿌리 없는 나무는 시들어 버리지만 뿌리가 튼튼하면 무성한 잎사귀와 아름다운 꽃과 풍성한 열매를 맺게 됩니다. 우리가 부처님을 믿고 따를 때 튼튼한 뿌리를 가진 나무처럼 창성한 열매를 맺을 수 있지요.

신앙은 배와 같아요. 깊고 넓은 강을 건널 때 험한 물살을 피하는 배가 되어 주는 것이 바로 신앙이고 부처님이지요.

신앙은 힘과 같습니다. 원칙적으로 믿음에는 불가능이란 없음에도 순간적으로는 불가능이 있어 보이지요. 불가능이 없는 단계까지 가기 위해서는 꾸준한 연습, 교육, 훈련이 필요합니다.

부처님께서 말씀하셨습니다.

"확실한 믿음과 정성을 가졌다면 생사의 바다도 건널 수 있는데 몇 리의 강을 건너는 것이 뭐 그리 신기한가."

세상의 모든 문제를 해결할 수 있는 것이 부처님의 법이에요. 부처님을 따르는데 가장 중요한 것은 믿음입니다. 확실한 믿음이 있다면 우리들이 마주치는 깊고 넓은 강이 장애가 되는 것이 아니라 우리들을 강건하게 만들어주는 디딤돌과 사다리가 될 것입니다. 부처님에 대한 믿음은 우리들에게 희망의 앞날을 만들어 주고, 번뇌와 업의 장애를 없애 주고, 몸과 마음을 안정시켜 주고, 생활을 아름답게 만들어 주고, 생명의 의지처가 되어 주지요. 그리하여 살아서는 승승장구하고 죽어서는 유유히 극락세계로 나아갈 수 있게 됩니다.

네 번째 법문

업장을 녹이면 행복해진다

운명의 물길을 바꾸는 법

과거와 현재와 미래가 밀접하게 관련되어 있다는 것은 과학적으로도 이미 밝혀진 사실이지요. 과거가 쌓여 현재가 되었고, 현재가 쌓이면 미래가 됩니다. 그리고 미래 또한 언젠가는 과거가 되지요. 삼세三世는 둥근 고리가 되어 돌고 돌아요. 제아무리 권력자라 하더라도 악한 짓을 하면 타도되고 마는 것이 역사의 순리인 것처럼요.

어떤 사람은 과거는 억지로 톡 떼어 내 버리고 현재와 미래에만 집착하며 잘살려고 떼를 쓰기도 해요. 그러나 설령 우리가 잊어버리고 지낸다 하더라도 과거는 잠재의식 속에서 늘 활동하면서 현재의 삶에 영향을 미치게 되지요. 그것을 불교에서는 업장이라고 부릅니다.

  부처님께서는 "과거는 바꿀 수 없다고 하더라도 잠재의식 속에 틀어박힌 업장은 녹여 없앨 수 있다."고 말씀하셨어요. 과거의 나쁜 짓을 진심으로 반성하고 이제부터라도 착한 일을 하면서 산다면 업장은 마치 햇볕을 쬔 봄눈처럼 차츰 녹아 사라지게 되는 거죠. 그리고 선업이 쌓이면 인연법에 따라 운명의 물길이 바뀌면서 마침내 행복의 문이 열리게 되는 겁니다.

  전생의 업에 의해 세상의 온갖 불행을 다 겪게 된 '연화색녀'의 기구한 이야기는 과거에 지은 잘못이 현세에 어떤 영향을 미치는지 운명이라는 관점에서 들려주고 있습니다.

  부처님 당시에 우파라반나라는 여인이 살았습니다. 그녀는 연꽃처럼 매우 예뻐서 '연화색녀'라고 불릴 정도였고, 잘사는 부모 밑에서 많이 배우고 풍족하게 살았습니다. 그런데 결혼하기 바로 전날 머슴과 눈이 맞아 야반도주를 했습니다. 하지만 세월이 흘러 멀리 떨어진 곳에 살다 보니 어느새 친정이 그립고 고향에 가고 싶은 마음이 들었습니다. 첫째 아이를 낳고 둘째를 임신하고 나자 더 이상은 견딜 수가 없었습니다. 그래서 남편을 졸라 집에 가자고 하였지만, 천민 계급인 남편은 돌아가면 죽임을 당할 게 뻔했기 때문에 선뜻 나설 수가 없었습니다. 그러던 어느 날 남편이 일터에서 돌아와 보니 부인이 이미 만삭의 몸으로 고향으로 떠난 후였습니다. 부랴부랴 쫓아간 남편이 부인을 찾아 결국 함께 친정을 향하게 되었습니다.

 하지만 나무 밑에서 자고 일어나 보니 남편이 독사에 물려 새까맣게 죽어 가고 있었습니다. 전날 밤에 둘째 아이를 낳은 여인은 하는 수 없이 죽어가는 남편을 버리고 작은 아이는 안고 큰 아이는 걸리며 친정을 향했습니다.

 얼마쯤 가다 보니 평소에는 말라서 물이 없는 냇가인데 이번에는 비가 와서 냇가의 물이 많이 불어 있었습니다. 우선 큰 아이부터 안아다 냇가 건너편에 건네 놓고 중간쯤 오는데 애가 놀라서 엄마를 찾으며 물로 따라왔습니다. 물살이 너무 세다 보니 미처 구하러 가기도 전에 아이가 물에 휩쓸려 떠내려가고 말았습니다. 슬픈 마음으로 돌아다보니까 이번에는 어제 태어난 둘째 애기가 이미 늑대에게 잡혀 먹히고 없었습니다. 물 밖으로 간신히 나온 여인은 기절하고 말았습니다. 지나가던 사람이 깨워 일어나 보니 바로 친정의 이웃에 사는 사람이었습니다. 그 사람은 여인의 불행한 이야기를 듣고 나더니 더 청천벽력 같은 소식을 전했습니다. 사흘 전 한밤중에 갑작스런 불로 여인의 친정집 식구들이 전부 타 죽었다는 겁니다. 한꺼번에 너무 엄청난 불행이 닥쳐온 거예요. 여인은 거의 미칠 것 같은 심정으로 친정으로 돌아와 살게 되었습니다.

 세월이 흘러 불행에서 겨우 정신을 차린 여인이 우두커니 서 있는데, 그 앞을 매일 왔다 갔다 하는 남자가 있어 궁금해 물었습니다.

 "왜 매일 이곳으로 왔다 갔다 하십니까?"

 그러자 남자가 물었습니다.

"당신은 왜 늘 이곳에 우두커니 서 있는 겁니까?"

그는 부인이 먼저 죽어 공동묘지에 묻었는데 부인이 그리워서 매일 그곳을 찾느라 지나다닌다고 했습니다. 그러다 둘은 어느새 정이 들어 함께 살게 되었습니다. 하지만 그 남편도 시름시름 앓다가 곧 죽어 버리고 말았습니다. 그 동네에서는 남편이 죽으면 아내를 같이 묻는 순장 풍습이 있어 여인도 함께 묘에 묻히게 되었습니다. 묘 속에 누워 죽을 때만을 기다리고 있다가 잠깐 눈을 떴더니 별이 총총 보이는 거예요. 옆 동네 사는 도둑이 예쁜 여인과 재물이 묻혀 있다는 소식을 듣고 달려와 묘를 파고 여인을 구했던 것입니다. 그래서 여인은 이번에는 그 도둑을 따라가 살게 되었습니다. 도둑과 잘살고 있었는데 얼마 지나지 않아 그도 붙잡혀 사형을 당하고 말았습니다. 남들은 여인이 겪은 불행의 한 가지도 평생 겪기가 어려운데 여인은 너무 많은 불행을 한꺼번에 겪고 말았습니다.

반미치광이가 된 여인은 우여곡절 끝에 부처님을 찾게 되었습니다. 그녀는 자신이 대체 전생에 무슨 업을 지었기에 이런 고통을 겪는지 궁금했습니다. 마침내 부처님을 만난 그녀는 열심히 수행하여 아라한이 되었고, 전생에 자신이 지은 업을 보게 되었습니다.

전생에도 그녀는 미모에 재력과 지력을 갖추었는데 어떤 업으로 인해 결혼을 하고 여러 해가 지나도 자식을 낳지 못했습니다. 기다리다 못한 남편은 둘째 부인을 얻어 마침내 원하던 자식을 갖게 되었습니다. 둘째 부인이 애를 낳고 보니 애가 크면 자신은 찬밥 신세가 될 것이라고 걱정한 첫째 부인은 그 아이를 죽이기로 결심합니다. 그래서 바늘을 아이 숨구멍에 몰래 꽂아 두었습니다. 아이는 시름시름 앓다가 결국엔 죽고 말았습니다. 둘째 부인은 첫째 부인의 소행이라는 의심은 가지만 증거를 찾지 못하자 첫째 부인의 머리채를 잡고 다그쳤습니다.

"네가 내 아이를 죽였지?"

그러자 첫째 부인은 이렇게 답했습니다.

"만약에 내가 네 애를 죽였다면 남편은 독사에 물려 죽을 것이고, 내 애는 짐승에게 먹히거나 물에 빠져 죽고, 나는 산 채로 땅속에 묻히며, 내 친정 식구는 모두 불에 타 죽을 거야."

그녀는 인과, 즉 말의 업력을 믿지 않았기에 입에서 나오는 대로 지껄였고, 그것이 업이 되어 불행한 운명으로 돌아오게 된 것입니다. 무심코 내뱉은 맹세로 인해 당장은 위기를 벗어날 수 있었지만 내세에서는 상상하지도 못할 끔찍한 불행을 겪게 된 것입니다.

번뇌장은 우리가 탐내고, 성내고, 어리석고, 교만하고, 인과를 믿지 않고 의심하는 것을 뜻합니다. 평소에 우리가 하는 행동이 업이 될지 안 될지 잘 판단이 서지 않는다면 이 번뇌장에 적용되는지 한번 살펴봐야 합니다. 결국 번뇌장에 의해 시작되어 그것이 업으로 발동이 걸리니까요. 우리가 몸으로, 입으로 짓고 행한 수많은 업들이 바로 현실에서 열매를 맺게 되는 겁니다. 그래서 종종 삶이 지옥이 되곤 합니다.

🏵 무너지지 않는 믿음

요즘 생활 불교라는 말을 많이 쓰는데, 불교라는 종교는 원칙적으로 생활화되지 않는다고 봐요. 우리 생활을 불교화해야 하는 것이지 그 반대는 아니라는 의미지요. 부처님 당시에도 많은 불자들이 부처님을 만나 일상생활을 부처님 말씀대로 살면서 운명을 바꾸었어요.

불교적 관점에서 운명이란 무엇일까요? 바로 번뇌와 업보입니다. 우리가 현재 받고 있는 고통을 소멸하는 방법은 번뇌와 업보를 녹이는 것입니다. 그것이 바로 부처님이 말씀하신 계정혜 삼학을 실천하는 거예요. 부처님은 손이 없으면 아무리 좋은 보배를 만나도 가질 수 없듯이 믿음이라는 손이 없다면 삼보를 만나도 아무런 소득이 없다고 하셨지요.

〈대승기신론〉에서는 믿음이란 불법승 삼보와 진여를 믿는 것이라 했습니다. 불법승 삼보란 부처님, 부처님의 말씀, 부처님이 말씀하신 생활방식을 뜻하지요. 특히 여기서 '승'의 의미는 '스님'이 될 수도, '승가'나 '사부대중'이 될 수도 있지만, 특히 생활 불교에서는 '우리가 어떻게 생활할 것인가'하는 태도로 봅니다. 즉 탐내고 성내고 다른 사람을 핍박하며 교만하게 살 것인가, 아니면 그 반대로 살 것인가 하는 것이지요.

《아함경》에서는 이러한 불법승 삼보에 계율을 더해, 이 네 가지에 대한 무너지지 않는 깨끗한 믿음을 성취해야 한다고 했습니다.

하늘의 신이 온다 해도, 세상 어떤 신이나 어떠한 다른 종교의 성직자가 와서 설득하고 꾀어도 넘어가지 않는 것, 그것이 바로 무너지지 않는 믿음이에요. 이러한 믿음은 그 어떤 것에도 흔들리지 않습니다.

나는 교도소를 찾아 수용자 교화법회를 20여 년 해왔는데, 한번은 불교 반장을 하는 수용자가 찾아와 이렇게 말하더군요.

"스님, 남들이 생각할 때에는 어떨지 모르지만 저희는 이런 것에 대해서도 자부심을 가지고 살아요."

"뭐에 대해서요?"

"이 교도소에는 불자들의 숫자가 무척 많잖아요. 그러니 이곳으로 교화를 나오는 교회 목사님들이 대한민국에는 기독교인이 훨씬 많은데 왜 이곳만 불자가 더 많은 거냐며 물량 공세를 퍼부었어요. 그러면 대부분의 교도소에서는 불자들의 3분의 2가 무너져 종교를 기독교로 바꾸곤 한다는데, 아시다시피 여기서는 단 한 명도 이탈하지 않았잖아요."

물량 공세로 흔들어도 무너지지 않는다는 건 쉽지 않은 일이지요. 현실적인 미끼를 걸고 꾀면 대부분 넘어가기 마련인데 한 명도 이탈하지 않았다는 것은 놀라운 일이라고 생각해요.

우리 일반 불자들도 이러한 신심이 있어야 하지요. 우리 불자들이 순간적으로 다른 엉뚱한 종교를 생각하는 경우가 있는데, 흔들리지 않고 무너지지 않는 신심이 가장 중요합니다. 소원 성취를 하고 안 하고 하는 것도 다 신심으로 결정되는데, 잘나가다가 조금만 어려워지면 절에 안 나오는 경우를 왕왕 보게 됩니다. 왜 안 나오느냐고 물으면 대개가 "요즈음 복잡한 문제가 있어요. 이 문제가 해결되면 나갈게요."라고 대답하곤 하죠. 조금 이상하지 않나요? 이건 아프니까 병원에 안 가겠다는 논리나 마찬가지잖아요.

부처님의 법이란 원래 중생들이 고통을 받고 있는 현장에서 상담을 하면서 이루어졌어요. "부처님! 저 이 문제 좀 해결해 주세요." 하고 빌면 언제라도 좋은 방도를 가르쳐 주셨지요. 그 문제가 작든 크든 관계없어요. 우리가 볼 때 크고 작은 것이지 부처님이 보시기엔 모두 작은 문제니까요. 그래서 깨끗한 믿음, 흔들리지 않고 무너지지 않는 믿음이 가장 중요하다고 하는 겁니다. 대체로 깨달음에 대해서는 얘기를 많이 하면서도 믿음에 대해서는 상대적으로 비중을 작게 두기 때문에 우리 재가불자들이 힘들어하는 거라고 생각해요.

기도를 하면 건강 장수하고, 또한 남들이 좋아하는 얼굴이 되지요. 살다 보면 주는 것 없이도 보기 싫은 사람이 있는 반면에 받는 것 없이도 예쁜 사람도 있어요. 좋은 얼굴이란 복이 있고 남들이 뭔가 주고 싶어 하는 그런 얼굴을 가리킵니다. 꽃 공양을 불전에 열심히 올리는 사람이 한 분 있는데, 그전에는 그다지 호감 가는 얼굴이 아니었지요. 그런데 3년 정도 꽃 공양을 하더니 모두가 좋아하는 얼굴로 화사하게 변했답니다. 단순히 예쁜 게 아니라 고

과거의 나쁜 짓을 진심으로 반성하고
이제부터라도 착한 일을 하면서 산다면
업장은 마치 햇볕을 쬔 봄눈처럼 차츰 녹아 사라지게 됩니다.
선업이 쌓이면 인연법에 따라 운명의 물길이 바뀌면서
마침내 행복의 문이 열리게 됩니다.

상한 가운데에도 품위가 느껴지는 그런 얼굴로 말이에요.

그리고 기도를 하면 힘이 생겨납니다. 육체적인 힘뿐만 아니라 지력도 생기지요. 믿는 바가 있어 마음이 든든하니 좋은 얼굴과 힘에 더해 지성미까지 생기게 되는 겁니다. 또한 남에게 즐거움을 주는 말솜씨도 생기지요. 부부간에 대화할 때 어깃장을 놓는 것은 개개의 아집이 강한 탓인데, 이 경우에도 기도를 열심히 하면 마음이 넓어져 가정의 화합이 자연스럽게 이루어지는 겁니다.

나무에 비유하면 뿌리가 튼튼해야 잎이 무성해지는 법이지요. 신앙이 바로 그 뿌리라고 할 수 있어요. 《화엄경華嚴經》에는 이런 게송이 나옵니다.

믿음은 도의 으뜸이고 공덕의 어머니다
일체의 모든 착한 법을 크게 기르며
의심의 그물을 끊고 애욕에서 뛰어나와
열반의 무상도를 열어 보이니라

믿음은 도의 근본이고 공덕의 어머니입니다. 우리를 낳아 주고 길러 준 존재가 바로 어머니지요. 믿음도 마찬가지예요. 삶의 뿌리일 뿐만 아니라 모든 선근을 길러 주는 역할을 해 주니까요. 그래서 믿음이 있으면 삶에서 안 되는 부분이 없게 됩니다.

의심의 그물을 끊어서 없애고, 애욕의 흐름에서부터 빠져나오게 해 주고, 육도윤회를 벗어날 수 있게 해 주는 근본적인 힘이 바로 믿음이에요. 그리하여 열반에 이르는 무상의 길까지 열어 주는 것이지요.

앞서도 소개했듯 원효 대사는 운명이 끄는 힘이 황소가 끄는 힘보다 더 세다고 했습니다. 요즘으로 말하자면 불도저가 끄는 힘쯤 될까요? 그 드센 힘에 휘둘리지 않고 빠져나오는 길이 바로 믿음에 있어요. 그러므로 믿음을 지니면 운명을 극복할 수 있는 새로운 세상이 열린다고도 할 수 있는 겁니다.

다섯 번째 법문

제사와 영가공양

🏮 가장 큰 복덕

"남자의 뼈는 희고 무겁지만 여자는 아이를 낳을 때마다 서 말 서 되나 되는 피를 흘리며 여덟 섬 너 말이나 되는 흰 젖을 먹이는 까닭으로 뼈가 검고 가벼우니라."《부모은중경父母恩重經》은 이렇게 시작됩니다. 유교가 성행하던 조선시대에 널리 읽혀지던 경전이에요. 《불설대보부모은중경佛說大報父母恩重經》이라고도 하죠. 여기서 갚을 '보報'자를 잘 살펴봐야 해요. 그냥 효도를 하는 것이 아니라 은혜를 갚는 겁니다.

나를 낳고 키워 준 부모님의 은혜는 만물을 낳고 키우는 천지의 은혜와 같다고 할 수 있지요. 아니, 그보다 더 크면 크지 작다고는 생각하지 않아요. 《팔만대장경》의 곳곳에서도 효자, 효녀는 많은 복을 받아 천당에서 즐거움을 누리고 불효자식은 그 죄를 받아 지옥에 떨어져 극심한 고통을 받는다고 강조하고 있습니다.

자기 부모에게 잘하는 사람은 다른 사람들에게도 잘하고 여러 가지 덕이 많습니다. 또한 부모에 대한 효심은 당연히 조상들에 대한 공경으로 통하게 되어 있지요. 그러니 하는 일마다 잘 풀리고 성공을 할 수밖에요. 물론 조상님이 도와주기도 하겠지만, 그보다는 스스로의 마음이 스스로를 돕는다고 하는 게 맞을 겁니다.

효심이 깊은 사람은 모든 존재에 대해 자비와 섬김의 태도를 지니고 실천해요. 주변의 어려운 이웃을 도울 뿐만 아니라 이미 세상을 떠나 중음계(中陰界: 이승과 저승의 중간 경계)를 떠도는 영가(靈駕: 불교에서 말하는 영혼)에게까지도 보시를 행하지요. 이것이 바로 불교의 자비 정신이에요.

배고픈 영가들

어느 불자가 "부처님 말씀 중에 제사나 천도에 대한 근거가 있습니까?" 하고 물은 적이 있어요. 불경에는 거기에 대한 정확한 자료가 있지요. 부처님 당시에 우루벨라 가섭, 나디 가섭, 가야 가섭이라는 삼 형제가 1천 명의 제자를 데리고 부처님께 귀의하여 부처님의 제자가 하루아침에 1,250인으로 늘어난 일이 있는데, 이때 그 1천 명이 과거 전생에 어떤 공덕을 지어서 부처님의 제자가 되었는지에 대해 부처님께서 설명하시는 대목이 바로 그 근거입니다.

《담장밖경》이라는 독특한 이름이 붙은 경전에 나오는 이야기입니다.

우루벨라, 나디, 가야 가섭 삼형제는 과거 전생에 왕의 아들들이었어요.

과거세에는 부처님이 태어날 때마다 큰 시주들이 나서서 공양을 많이 올렸는데, 이때에도 신심이 아주 깊은 왕이 한 명 있어 그 왕의 아들이 출가하여 큰 수행을 닦은 끝에 부처님이 되었습니다. 그러자 다섯째 막내아들도 그 부처님께 귀의하여 상수제자가 되었고, 또 왕궁 대신의 아들까지도 출가하여 상수제자가 되어, 부처님과 두 제자가 함께 수행을 하고 교화를 했지요.

왕은 아들이 부처님이 되자 너무 기쁘고 좋아 부처님 전에 가서 부탁을 올렸어요.

"부처님, 금생에 제 수명이 다할 때까지 제 공양만 받아주세요."

그 부탁이 너무 간절한지라 부처님께서는 허락을 해주셨고, 왕은 부처님께 올리는 공양을 혼자 독차지하게 되었어요.

그런데 왕궁에는 나머지 왕자 세 명이 있었지요. 이 세 왕자도 부처님 전에 공양을 올리고 싶었지만 아버지는 절대로 양보해 주지 않는 것이었습니다.

그러던 어느 날 변방의 다른 나라가 쳐들어오자 세 왕자가 함께 전장에 나가 큰 공을 세우고 돌아왔습니다. 그러자 왕이 그들에게 말했지요.

"뭐든지 들어줄 테니 소원을 말해 봐라."

세 왕자는 한목소리로 청했어요.

"딱 한 가지뿐입니다. 부처님께 7년만 공양을 올리게 해 주세요."

왕은 얼굴이 굳어지며 딱 잘라서 거절했어요.

"다른 건 다 되어도 그것만은 안 된다."

세 왕자는 포기하지 않고 계속 간청했지요. 결국 왕은 별수 없이 세 왕자가 한 달씩 돌아가며 총 세 달 동안 공양을 올리도록 허락할 수밖에 없었어요. 세 왕자는 승복으로 갈아입고 사미로 생활하며 세 달 동안 9만 명의 스님들께 공양을 올렸지요. 그리고 본인들이 데리고 있는 특수부대 부하 1천 명과 친척들 1천 명에게 부탁하여 부처님께 공양을 올리도록 조처했습니다.

그런데 친척들 중에는 약간 질이 떨어지는 자들이 있었어요. 이들은 공양을 올릴 음식을 슬쩍슬쩍 집어먹다가 나중에는 아예 통째로 훔쳐 먹게 되었답니다. 이것이 화근이 되어 그들은 세세생생 아귀餓鬼로 태어나, 과거세의 부처님이 일곱 분이나 나왔다가 가시도록 계속 굶주림을 면치 못하는 고통을 받게 되었습니다.

아귀들은 부처님께 가서 사정을 했어요.

"살려 주세요! 우리가 어떻게 해야 이 괴로운 아귀의 처지를 면할 수 있겠습니까?"

"금생에는 안 된다. 다음 부처님이 오시면 그 부처님께 여쭤보아라."

"제발 부탁드립니다!"

"훗날 석가모니 부처님이 오실 때 너희 친척 중에 왕이 하나 나올 텐데, 그 왕이 너희들을 위해 공양을 올리면 그때가 되어서야 너희들은 이 아귀보에서 벗어날 것이다."

아귀들은 부처님의 이 말씀 하나만을 믿고 오랜 세월을 기다릴 수밖에 없었어요.

한편 석가모니 부처님 시대에 큰 시주들 중에는 빔비사라 왕이란 분이 있었어요. 빔비사라 왕은 공양을 많이 올리고 기도도 열심히 했지요.

그런데 어느 날 아귀 1천 명이 빔비사라 왕의 꿈에 나타나 배고프다고 소리를 질러 대는 것이었어요. 밤새도록 악몽에 시달린 빔비사라 왕은 부처님을 찾아가 그 연유를 여쭤보았어요.

빔비사라 왕은 신심이 깊었지만 일반 불자들이 내가 기도하는데 왜 안 되냐고 묻는 것과 비슷한 질문이었겠죠.

아마 여러 분들도 다 기억하실 거예요. 1979년 쯤 버마 아웅산 사건이 있었어요. 그 일이 있기 전에 당시 현역 경제부총리가 속리산 법주사를 찾아가 250명 대중공양을 올렸어요. 그런데 며칠 후 그 집에 도둑이 들어 물방울 다이아를 훔쳤는데 이 도둑이 잡혀 경제부총리 집에서 훔쳤다는 게 알려졌지요. 세상이 발칵 뒤집어지고 그분은 경제부총리 자리를 내놓게 되었죠. 공양을 받은 스님들이 안절부절못했죠. 그런데 며칠 후 아웅산 사건이 터졌어요. 그

곳에 간 사람들은 어찌 되었지요. 이분은 그 자리를 피한 거예요.

빔비사라 왕의 질문에 부처님께서는 자상하게 대답해 주셨지요.
"과거 전생에 그대의 친척들이 부처님께 공양을 올리다가 몰래 음식을 훔쳐 먹은 악업을 범한 적이 있다. 그들은 그 응보로 아귀로 태어나 수천 겁 동안 고생을 하고 있는 것이다. 빔비사라왕이여, 그대는 부처님 전에 열심히 공양을 올렸지만 아쉽게도 한 가지를 빠트리고 말았구나. 그것을 해야만 그들이 아귀보에서 벗어날 수 있게 된다."
"제가 무엇을 해야 하나요?"
"아귀보에 빠져 있는 영가들에게 공덕을 회향回向해 줘야 그 영가들이 구원받을 수 있다."
"부처님이시여, 그러면 다시 공양을 올리고 공덕을 회향한다면 그들이 구원받을 수 있습니까?"
"그렇다."
다음 날 빔비사라 왕은 부처님과 스님들을 초청했습니다. 부처님께서는 비구들을 거느리고 왕궁에 도착하여 준비된 자리에 앉으셨습니다. 빔비사라 왕의 옛 친척이었던 아귀들도 왕궁까지 왔지만, 감히 안으로는 못 들어오고 담장 밖에 서 있었지요. 마치 우리가 백중 기도라든가 합동 천도재를 할 때처럼 영가를 불러 줘야 들어올 텐데 안 불러 주니 그냥 담장 밖에 선 채로 빔비사라 왕이 자신들에게 회향해 주기만을 기다릴 수밖에 없었던 겁니다.

이처럼 재를 지낼 때는 배고픈 영가들이 밖에 서서 대기하고 있어요. 재를 지낸 뒤 공양물을 조금씩 떼어서 시식하는 까닭도 거기 있는 것이지요.

부처님께서는 신통력으로 담장 밖에 있는 아귀들을 빔비사라 왕에게 보여 주셨어요. 빔비사라 왕은 공양을 올리고 나서 부처님 전에 공덕수를 부으며 이렇게 말했지요.

"이 청정수를 부음으로써 오늘 올린 공양 공덕이 저의 옛 친척인 아귀들에게 돌아가기를 기원합니다."

아귀들은 그 음식과 감로수를 먹고 건강한 외모와 다섯 감관이 완전히 회복되었지요.

그런데 그날 저녁에 빔비사라 왕이 잠을 자는데, 영가들이 모두 벌거 벗은 채로 나타나서 또다시 난리를 치는 것이었어요. 다음 날 빔비사라 왕은 다시 부처님을 찾아가서 여쭈었습니다. 부처님께서는 빙그레 웃으시며 옷을 지어서 공양을 올리라고 가르쳐 주셨지요. 빔비사라 왕은 옷 공양을 올리고 나서 "이 보시공덕을 저희 친척인 아귀들에게 회향합니다."라고 발원했어요.

이후 아귀들은 온갖 보석으로 치장된 천상의 옷을 입게 되었어요. 이제는 아귀의 형상이 아닌 천신의 모습이었지요. 부처님께서는 신통력을 발휘하여 빔비사라 왕으로 하여금 그런 광경을 모두 볼 수 있게 하셨답니다.

회향의 큰 공덕

백중 기도든 천도 기도든 반드시 남을 위해 회향하는 생각을 강하게 지녀야 해요. 그러면 남은 물론이거니와 기도를 하는 본인도 해탈을 얻게 되지요.

해탈이란 삼악도三惡道, 즉 지옥, 아귀, 축생에서 벗어나는 것을 말합니다. 여기서 우리는 해탈의 의미를 잘 이해해야 해요. 벗어나라고 하니까 좋은 것에서도 벗어나려고 하는 이들이 있어 하는 얘기에요.

어느 불자 중에 《금강경金剛經》을 1,200번 읽고 망한 사람이 있다고 하더군요. 그게 과연 《금강경》 잘못일까요? 아니지요. 그건 그 불자의 고정관념 탓입니다. 물론 《금강경》에는 '모든 것은 공空하다'는 가르침이 나와요. 한데 그 가르침을 따라 모든 것을 비운답시고 가정도 비워서 이혼당하고 회사도 비워서 부도나고 말았으니, 이게 어떻게 《금강경》 탓이겠어요. 사실 《금강경》은 부처님의 십대제자 중 한 분인 수보리 존자가 무상정등정각無上正等正覺: 최고로 바르고 원만한 부처님의 마음을 얻어 보살도를 넘어가는 과정에서 공부하는 매우 높은 차원의 경전이지요. 범부중생의 지각으로 그 오의奧義: 어떤 사물이나 현상이 지니고 있는 깊은 뜻를 깨우친다는 것은 무척이나 어려운 일이 아닐 수 없어요. 의미를 잘 이해하는 것이 왜 중요한지 이제 아시겠지요?

우리 불자들 중에는 수준이 높아서 자기가 못 알아듣는 얘기를 하면 좋은 법문이고, 알아들을 수 있는 얘기를 하면 '중물'이 덜 들었다고 핀잔하는 사람도 있지요. 그러니까 남들 다 알아듣는 법문을 해서는 안 되고 못 알아듣는 법문을 해야 '중물'이 들었다는 거예요. 이게 대체 무슨 소린가요? 법문이란 제대로 알아듣고 제대로 실천하라고 있는 것이 아니었던가요?

나는 한국 사회에서 불교가 잘되는 방법이 뭐가 있을까 종종 고민해 보곤 합니다. 대체 무엇이 이루어지면 불교가 이 나라의 사회 지도 이념으로 설 수 있을까 하고 말이에요. 가장 좋은 방도는 모든 불자들이 잘되는 겁니다. 부처님을 믿고 기도하니까 잘됐다는 사실이 널리 알려지면 남들에게 애써 권유하고 다닐 필요도 없이 다들 알아서 믿으려고 찾아오겠지요.

운명은 쉽게 바뀌는 것이 아니에요. 오직 지극한 정성이 있어야만 바꿀 수 있지요. 그 정성의 첫 번째가 바로 공양입니다. 불보살님이나 스님들께 올리는 것도 공양이고, 빔비사라 왕처럼 과거 전생의 영가들에게 올리는 것도 공양이지요.

경전에 따르면, 영가에게 한 숟가락의 밥을 보시하면 만 배로 돌려받는다고 합니다. 《지장경》에서는 "그 공덕을 지으면 일곱 가지 중 여섯 가지는 살아 있는 사람 몫이고 한 가지는 돌아가신 영가 몫이다."라고 가르치지요. 빔비사라 왕이 아귀가 된 옛 친척들에게 공양을 올리고 나니까, 그 다음에는 그들의 영가가 거꾸로 그가 잘되기를 축원한 것처럼 말이에요. 그러므로 공양이란 공양 받는 대상과 공양하는 주체가 서로 잘되게 만들어 주는 복된 행위인 겁니다.

기도도 중요하지만 거기에 공양이 더해지면 더욱 좋지요. 정초에 불공을 드려 달라고 찾아오신 분이 있는데, 그 집안을 위해 기도만 올리면 그분 조상들이 옛날의 양은그릇을 긁는 모습으로 나타나는 거였어요. 낡을 대로 낡아서 구멍이 뚫린 양은그릇을 영가들이 박박 긁고 있었지요. 절에는 열심히 다니며 기도를 올리지만 제사를 안 지내니까 영가들이 배가 고파 하소연한 겁니다. 우리가 제사를 지내고 조상 공양을 올리는 까닭도 여기에 있지요.

그리고 봉사 활동 또한 우리가 잘되기 위해 빼놓을 수 없는 요소지요. 법문도 중요하고 기도도 중요하고 공양도 중요하지만 봉사 활동도 무척 중요해요. 명산대찰을 찾아다니며 기도 잘하고 공양 잘 올리더라도 봉사 활동을 하지 않으면 마치 속 안 넣은 송편처럼 허전하게 되어 버리는 겁니다.

봉사 활동은 자비심에서 나와요. 이 자비심이야말로 불교의 핵심이라고 할 수 있지요. 법문과 기도와 공양에 덧붙여 봉사 활동까지 생활화된다면 금상첨화라 아니할 수 없겠지요. 남을 위한 봉사는 몇 배의 가치로 불어나 나의 복으로 되돌아온다는 점을 명심하시기 바랍니다.

여섯 번째 법문

몸도 마음도 편안한 길 ─

🙏 오늘 나의 모습은 어제의 나

주변을 둘러보면 몸은 편하지만 마음이 편하지 못한 사람이 있고, 마음은 편하지만 몸이 편하지 못한 사람이 있지요. 그런 경우가 아주 많아요. 반면에 몸도 마음도 편하지 못한 사람이 있고, 몸과 마음 양쪽 다 편한 사람이 있어요. 다 같은 사람인 데 왜 이렇게 나뉘는 걸까요?

불교에서는 과거에 지은 선업이나 악업에 의해 사는 모습이 나뉜다고 설명하지요. 세상에는 재수가 있는 사람이 있는가 하면 재수가 없는 사람도 많지요. 그렇지요. 자기가 받고 있는 업보에 대해 한탄만 하지 말고 지금부터라도 선업을 쌓으며 살아가야 한다는 것을 깨닫기 바랍니다.

부처님 당시에 한 나라의 재정을 관리하는 신하가 있었어요. 지금으로 말하면 재무부 장관쯤 되는 사람이있겠지요. 한데 이 사람이 아주 인색한 사람이었나 봅니다.

그 사람은 아침마다 밥상머리에서 자녀들에게 "너희들은 절대로 돈을 쓰지 말고 오로지 모으는 데에만 치중해라."라고 교육을 시켰고, 가난한 사람들이 아무리 애걸해도 도와주는 법이 없었어요.

그 사람도 때가 되니 병들어 죽었어요. 얼마 후에 다시 태어났는데, 천민의 몸을 받아 거지 무리 속에서 태어나게 되었지요. 그런데 그 사람은 태어나기 전부터 아주 재수가 없었어요.

그 사람의 어머니는 그 아이를 임신한 뒤부터 끼니를 구걸하는 일조차 어렵게 되었습니다. 그 아이가 생기기 전에는 비록 구걸이지만 배를 곯지는 않았는데 이제는 아무도 도와주는 사람이 없게 되었어요. 무지막지한 고생을 하다 보니 날이 갈수록 바싹 말라 다 죽어 가게 되었지요. 그러다 겨우 달이 차서 아기를 낳았는데, 이게 정상적인 아기가 아니라 눈도 생기다 말고 코도 생기다 말고 입도 생기다 말고 모두 다 생기다가 만 괴물 같은 아기를 낳고 말았답니다. 이런 아이를 데리고 구걸을 나서니 다들 외면하는 거지요. 아이가 워낙 흉측하다 보니 보는 사람마다 시선을 외면하고 발길을 돌려 버리는 통에 이들 모자의 동냥은 번번이 허탕만 칠 수밖에 없었지요? 그런 날이 이어지자 아이 어머니는 이런 생각이 들었어요.

'모두 이 애 때문이야. 내가 복이 없는 아이를 낳고 말았어.'

그래서 어머니는 결국 아이에게 말했어요.

"우리가 함께 다니면 둘 다 굶어 죽기 십상이다. 차라리 너는 네 길로 나는 내 길로 따로 다니자."

이렇게 아이를 떼어놓고 나서야 아이 어머니는 겨우 입에 풀칠을 할 수 있었다고 합니다.

그뿐만이 아니에요. 이 아이가 속한 천 명의 거지 무리 전체가 동냥이 안 돼 굶는 거예요. 나중에 거지 두목이 이 아이가 복이 없어 그렇다는 것을 알고 내쫓았어요. 그러다 일곱 살 쯤 됐을 때 혼자 구걸을 나갔다가 자신의 전생 집을 찾아갔지요. 구중궁궐로 막혀있는 집인데 인연이 있어서인지 쉽게 들어가기는 했는데, 종한테 들켜서 엄청 맞고 쓰레기통에 처박혀졌어요. 부처님께서 이를 살피시고 그 아이에게 말씀하십니다.

"전생에 네가 묻어 놓은 황금항아리를 찾아봐라!"

이 거지 아이는 전생에 황금항아리 다섯 개를 땅에 묻어놨는데 미처 아들에게 알려주지 못하고 죽었단 말입니다. 그 황금항아리를 찾아내니 지금의 전단장자와 전생에 부자지간이라는 게 확인이 된 거죠.

이처럼 한 생을 아무리 부자로 살았어도 일단 죽으면 생전에 지은 업에 따라 팔자가 달라지는 겁니다. 업을 지을 때에는 아무 인식도 못 하고 짓지만, 그렇게 지은 업을 받을 때는 전생의 일을 기억하지 못하니 무척 억울하겠지요.

중국 당나라 때 배씨라는 집안에 등줄기가 붙은 쌍둥이가 태어났어요. 요즘 의학 용어로는 '샴쌍둥이'라고 하죠. 어머니는 이들 쌍둥이를 낳다가 산고를 못 이기고 죽고 말았는데, 다행히 당시 당나라의 의술이 좋았던지 쌍둥이를 분리하는 데에는 성공했다고 합니다.

당시 중국에서는 쌍둥이가 태어나면 일등이나 이등, 혹은 전원, 후원 이런 식으로 이름을 붙였는데, 이들은 순서대로 나온 것이 아니라 하나로 붙어 나왔기 때문에 이름 또한 같은 글자를 쓰게 되었어요. 그게 바로 법도 '도度' 자였지요? 그 글자에는 '도'라는 발음과 '탁'이라는 발음 두 가지가 있으니 한 아이는 '배도'라고 부르고 한 아이는 '배탁'이라고 부르기로 했답니다.

어머니가 죽은 뒤 아이들은 외갓집으로 보내져 키워지게 되었지요. 그러던 어느 날, 관상을 아주 잘 본다는 스님 한 분이 아이들이 사는 집 앞을 지나다가 아이들이 노는 모습을 보고 이렇게 말씀하셨어요.

"참으로 복이 없는 거지 관상이로다. 그것도 보통 거지가 아니라 함께 사는 사람들마저 거지로 만드는 지독한 거지 관상이로다."

이 말을 들은 아이들은 덜컥 걱정이 들었어요.

"우리가 전생에 선업을 안 쌓아서 거지가 되는 것은 어쩔 수 없는 일이지만, 우리를 키워 주시는 외할머니와 외삼촌까지 거지로 만들면 정말로 큰일이 아니냐. 이렇게 그냥 있다간 안 되겠다."

결국 아이들은 외갓집을 나가기로 결심했지요. 친척들 몰래 외갓집을 나와 한참을 걷던 아이들 앞에 갈림길이 나왔어요. 어디로 향하는지 알지 못하는 길이었지요. 그때 한 아이가 말했어요.

"우리 여기서 헤어지자. 너는 이쪽으로, 나는 저쪽으로."

다른 아이가 고개를 끄덕이며 말했지요.

"서로 어떻게 살지 궁금하니 10년 후에 외갓집에서 다시 만나도록 하자."

쌍둥이 형제와 헤어진 배도는 그길로 절집에 들어가 마당쇠 노릇을 했어요.

세월이 흘러 아이들이 스무 살 되던 해 어느 날, 더위 속에서 하루 종일 일한 배도는 계곡으로 내려가 달빛을 받아 가며 목욕을 하고 있었어요. 그때 뭔가 그의 발에 물컹하고 밟혔지요. 이게 뭔가 하고 살펴보니 값비싼 패물이 한 보따리 떨어져 있는 것이 아니겠어요. 평생 먹고살 걱정은 없겠다 싶어 기뻐하던 배도는 곧바로 뭔가 잘못되었다는 생각이 들었지요.

'나라에서 가장 관상을 잘 보시는 스님께서 내겐 복이 없다고 하셨다. 이건 내 것이 아닐 거야.'

누군가 이 패물을 찾으러 올 거라고 생각하며 그 자리에서 기다리고 있노라니, 아니나 다를까 어떤 귀부인이 헐레벌떡 뛰어와 돌들을 들었다 놨다 하며 뭔가를 찾는 것이었습니다.

배도가 부인에게 다가가 물었지요.

"지금 뭐 하시는 겁니까?"

부인은 하얗게 질린 얼굴로 대답했어요.

한 가지 마음으로 열심히 기도한다는 것은 과거의 악업을 녹이고
현재의 선업을 풍부하게 하여 미래에 누릴 복을 저축하는 것과 같습니다.

"중요한 물건을 가지고 가다가 하도 더워 잠시 쉬어 가려고 계곡으로 내려왔는데, 정신이 없어서 그만 그 물건을 놔두고 갔답니다."

"대체 무슨 물건이기에 이 밤중에 이렇게 돌아와 찾으시는 겁니까?"

그러자 부인은 답답한 나머지 이 일에 얽힌 모든 내력을 상세히 털어놓았어요. 그녀의 남편은 당나라의 재상인데 국고를 몰래 유용하여 다른 곳에 투자했다가 모두 날리고 말았다는 거예요. 그런데 국고를 빼 쓴 일이 들통 나 며칠 내로 3천 냥이란 거금을 메꿔 놓지 않으면 집안이 거덜 날 판이라 급히 친정으로 달려가 돈 될 만한 패물을 있는 대로 모아서 가져오는 길이었는데, 그만 그 패물을 몽땅 잃어버리고 말았다고 하소연을 한 거죠. 이에 배도가 자신이 주운 패물 보따리를 돌려주니 부인은 눈물을 흘리며 고맙다고 머리를 조아렸습니다.

"어디 사시는 누구신지 이름이라도 알려 주세요."

부인의 말에 배도는 고개를 저었어요.

"당신의 물건을 당신이 다시 가져가는데 내 이름까지 알 필요는 없습니다."

"그래도 꼭 알려주십시오."

부인이 거듭 간청하자 배도는 별수 없이 자신이 사는 곳과 이름을 밝힐 수밖에 없었지요.

"저기 저쪽 절에서 마당쇠로 일하는 배도라고 합니다."

그 일이 있은 지 얼마 후 약속한 10년이 되었어요. 배도는 쌍둥이 형제 배탁을 만나러 외갓집으로 돌아갔지요. 운명의 장난인지는 모르지만 배탁은 돌아오지 않고 대신 그때 그 스님이 외갓집에 와 있었습니다.

배도를 본 스님이 이상히다는 표정으로 물었이요.

"천하에 다시없을 거지의 상이 귀인의 상으로 변했구나. 대체 어디 가서 무슨 공덕을 지었느냐?"

"제가 무슨 공덕을 지었다고 그러십니까?"

"그럴 리가 없다. 너는 분명히 큰 공덕을 지었을 것이다."

하지만 배도는 자신이 무슨 공덕을 지었는지 정말로 알 수 없었어요. 깊은 밤, 잃어버린 패물을 찾아 헤매던 부인을 도운 일은 배도 본인에게 있어 공덕도 무엇도 아닌 당연히 할 일에 지나지 않았으니까요.

바로 그때 외갓집 대문 밖에서 "이리 오너라!" 하고 부르는 소리가 들렸어요. 배도가 나가 보니 한 재상이 마차 가득 선물을 싣고 배도 자신을 찾아왔어요. 그 재상은 부인이 가져온 패물로 나랏돈을 변상하고 자리를 지키게 되어 보답을 하러 온 것입니다. 이때부터 공부를 열심히 한 배도는 나중에 벼슬길에 나아가 일인지하 만인지상의 재상이 되었다고 합니다.

이렇듯 선업이라는 것은 내 물건이 아니면 반드시 돌려주어야 한다는 생각만 가지면 돼요. 한데 요즈음 많은 사람들이 내 것도 내 것, 네 것도 내 것, 모두 다 내 것이라고 욕심을 내지요. 물질에 너무 묶여 그것이 전부인 줄 알고 살다 보니 스스로 깨닫지 못하는 사이 많은 악업을 짓고 마는 겁니다.

한편 재상이 된 배도는 자신의 분신인 쌍둥이 형제를 찾고 싶어 백방으로 수소문을 하였지요. 하지만 방을 내걸고 사람을 풀어 봐도 배탁은 어디로 가 버렸는지 도무지 나타나지 않았어요.

그러던 어느 날 배도에게 양자강을 건널 일이 생겼어요. 무더운 여름날이라 노를 젓는 사공은 웃통을 벗고 있었지요. 무심히 사공을 바라보던 배도는 깜짝 놀랐습니다. 사공의 등짝에 있는 커다란 흉터가 자신의 등짝에도 똑같이 있다는 것을 알아차렸기 때문이지요. 그 흉터는 다름 아닌 등이 붙은 채 태어난 쌍둥이를 떼어 낸 바로 그 수술 자국이었던 겁니다.

배도는 사공에게 달려가 외쳤습니다.

"바로 너로구나! 네가 내 쌍둥이 형제로구나!"

그러나 사공은 말없이 배도의 시선을 피하는 거였어요. 배도가 다시 사공에게 말했지요.

"이보게, 내가 이 나라의 재상이 되었네. 자네 하나는 충분히 먹여 살릴 수 있으니 이제 사공일은 그만두고 나와 함께 가세나."

그러자 사공은 이렇게 대답했지요.

"싫소이다. 나는 전생에 지은 복덕이 없어서 이렇게 육체노동으로 먹고사는 것이라오. 그 옛날 그랬듯이 당신은 당신 길로 가시오. 나는 내 길을 계속 가겠소."

배도는 거듭 권했지만 사공은 말을 듣지 않았어요. 결국 배도는 크게 탄식하며 배에서 내릴 수밖에 없었지요.

성공한 쌍둥이 형제를 따라가기만 하면 여생을 편히 살 수 있을 텐데, 사공은 전생에 쌓은 복덕이 그것뿐이라는 점을 알고 고생을 택한 것이지요. 물론 몸이야 계속 고생스럽겠지만 그래도 마음만은 편했을지도 모른다는 생각도 드네요.

복이 익는 시간

비록 타고난 팔자가 아무리 박복할지라도 이를 악물고 노력하면 어찌어찌 바꿀 수 있을 듯싶은데도, 그게 생각처럼 되지 않는 것이 우리네 인생살이 같아요. 신기한 것이, 좋은 일을 하는 사람은 자꾸 좋은 일을 하게 되고 나쁜 짓을 저지르는 사람은 자꾸 나쁜 짓을 저지르게 되지요. 그래서인지 어떤 불자들은 "나는 착한 일을 하는데도 이리 어렵게 사는데 다른 사람들은 나쁜 짓만 저질러도 잘만 살더라." 하고 불평하기도 합니다. 하지만 그렇지 않아요. 나쁜 짓을 저지르는 사람들이 언제까지나 잘살지는 못하니까요. 《법구경》을 보면 이런 구절이 나옵니다.

"선한 사람도 악의 과보로 어려운 일을 당한다. 선의 열매가 익을 때까지는. 악한 사람도 복을 받고 즐겁게 산다. 악의 열매가 익을 때까지는."

이 구절을 잘 음미해 보세요. 선과善果가 익어 가고 악과惡果가 익어 가지요. 단지 이 익는 기간이 문제가 되는 겁니다. 그래서 평생 착하게 살아도 그렇게 착하게 사는 것과 부자가 되는 것은 일견 관계없는 것 같을 때가 있어요. 그렇다고 불평하지는 마세요. 불평은 복을 깎아 먹는 행위니 삼가야 하지요.

전생에 복을 많이 지어 놓고도 금생에 그 복을 잘못 활용하는 사람들이 있어요. 재물이 많더라도 그걸 좋은 일에 써야지, 나쁜 짓에 쓰면 안 되지요. 비록 수표를 다발로 가지고 다니며 재물에 궁색함이 없다고 하더라도 마음이 지옥, 아귀, 축생의 삼악도를 벗어나지 못한다면 그 삶이 과연 행복할까요.

어떤 불자가 있었어요. 그 사람은 열심히 분발해서 복을 지었는데 죽을 때쯤 되니까 문득 억울한 생각이 들었다고 해요.

'내가 평생 착하게 살았는데 금생에 좋은 과보가 없었다. 이래서는 안 되겠다. 다음 생에는 독하게 살 거야.'

마지막 숨이 넘어갈 때 이렇게 독한 마음을 품은 그 사람은 그다음 생부터 아주 독하게 살게 되었습니다. 최후의 일념이 그 사람의 다음 생을 좌우한 것이지요. 전쟁에 복을 많이 지어 돈은 막 쏟아져 들어왔지만, 그 돈을 선업을 짓는 데 쓴 게 아니라 악업을 짓는 데만 골라 쓰고 다녔어요. 이런 범부중생은 비록 재물에는 궁색함이 없지만 지옥, 아귀, 축생의 삼악도를 벗어나지 못해 괴로운 겁니다. 몸은 편할지라도 마음은 늘 불안한 것이지요.

불경을 보면 "공덕을 닦은 것이 없으면 아라한이라도 먹고사는 것을 걱정해야 한다."라는 재미있는 말이 나와요. 도를 크게 깨달은 아라한이라 할지라도 재물복을 안 지으면 끼니 걱정을 해야 한다는 뜻이지요. 물론 깨달음을 얻었으니 삼악도는 벗어날 수 있을 겁니다. 이 경우는 마음은 편안하나 몸은 그렇지 않은 셈이랄까요.

아라한마저도 그럴진대, 범부로서 복을 닦지 않으면 재물 면에서도 궁색할 뿐 아니라 삼악도를 벗어나지도 못하게 되는 겁니다. 몸과 마음, 모든 면에서 피곤하고 괴로울 뿐이지요.

영원으로 통하는 행복

한 가지 마음으로 열심히 기도한다는 것은 과거의 악업을 녹이고 현재의 선업을 풍부하게 하여 미래에 누릴 복을 저축하는 것과 같아요. 일상생활에 바쁜 재가불자들이 가장 쉽고 빠르게 불보살님과 연결될 수 있는 방법이 기도라고 할 수 있어요.

아시다시피 기도의 종류에는 정기 기도, 특별 기도, 일상 기도 등이 있습니다. 불자들이 평소에 어디서든 하는 것이 일상 기도인데, 나는 그중에서도 특히 독경 기도를 권하고 싶어요. 독경 기도를 하면 부처님이 뭐라고 말씀하셨는가를 분명히 알 수 있고 또 그걸 통해 빨리 가피加被: 부처나 보살이 자비를 베풀어 중생에게 힘을 주는 것를 입기 때문이에요. 물론 염불 기도, 명상 기도, 진언 기도 등도 제대로만 한다면 좋은 효과를 얻을 수 있고요. 바른 마음으로 기도를 하다 보면 저절로 좋은 방향을 추구하게 됩니다.

그러면 어떤 경전을 가지고 독경 기도를 해야 좋을까요?

경전이란 게 부처님의 가르침이니 안 좋은 경이 있다면 우스운 얘기겠지만, 그래도 효과 좋기로 보면 《지장경》이 가장 낫지 않을까 생각합니다. 왜냐하면 《지장경》에는 모든 부분의 기초가 담겨 있으니까요. 《지장경》에서 '지장'은 땅 '지地' 자에 감출 '장藏'자를 쓰는데, 이는 우리의 신심이 땅을 파고 깊이 들어가서 그 안에 감춰진 보물을 만난다는 뜻이기도 합니다.

운명이란 게 번뇌장, 업장, 보장으로 이루어지는데, 지장보살님은 그러한 업보들로부터 비롯된 나쁜 부분을 좋게 바꾸어 주시는 분이에요. 다시 말해, 악업의 열매가 이미 다 익은 범부중생의 사주팔자를 송두리째 바꿀 수 있는 방법이 바로 《지장경》을 통한 독경 기도, 즉 지장 기도인 겁니다.

건축을 할 때 높은 집을 지으려면 땅을 깊이 파고 들어가 기초를 단단히 다져야 하지요. 기도란 우리 마음의 땅을 깊게 파고 들어가 기초를 단단히 다지고 그 위에 원하는 멋진 건물을 짓는 일에 비유할 수 있어요. 기초가 부실하면 아무것도 이룰 수 없지요.

우리 '안심카페'에 올라 온 글을 하나 소개해 드리지요. 지장경 독송 기도를 열심히 하시는 분의 체험담이에요.

이분은 십대부터 이십대까지 교회를 열심히 다녔답니다. 교회에 다닐 때 1년 6개월 동안 저녁 금식과 철야기도를 했었고, 이십대 중반부터는 절에 다니며 수차례 백일기도와 7일 기도, 21일 기도를 했다니 이분은 무엇인가 굉장히 열심히 하시는 분이에요. 그런데 마음은 항상 어두웠고 하는 일도 그다지 잘 풀리지 않았다는 거예요. 스님들을 찾아가면 "업장이 두꺼워 그렇다. 더 열심히 기도하라."는 똑 같은 답만 돌아왔답니다. 그러다 보니 이분은 자신이 기억도 못하는 업장에 눌려 웃음도 사라지고 짜증과 성을 잘 내는 그런 사람으로 변하게 되더란 얘기죠. 당연히 자신감도 잃게 되고 소극적인 사람이 되어 사람을 만나기가 두려웠답니다.

내가 대화를 해보니 이분이 본래는 굉장히 적극적이고 활달한 사람이었어요. 그런데 입버릇처럼 이번 생은 포기했다고 하며 살았다니 참 안타까워요.

"업장의 무게에 억눌리면 그게 바로 업장이에요. 현재를 어떻게 살아가느냐가 더 중요하지요."

'웃어야 한다'

'즐거워야 한다'

'잘 살아야 한다'

새벽 기도를 하며 이렇게 스스로 다짐을 했더니 이제는 자신을 위하는 삶이 무엇인지 알게 되더라고 하네요.

우리가 기도를 이치에 맞게 열심히 하면 불보살님이 반드시 도와주시게 되어 있어요.

세상에서 가장 큰 일은 바로 자기 인생에서 일어나는 일입니다.

그런데 자기 인생이란 게 오롯이 자기 혼자만의 것으로 독립되어 있지 않아요. 가족, 혹은 친지나 이웃과 항상 관련되어 있지요. 그러므로 자기가 할 수 있는 것은 스스로 열심히 하고, 자기가 할 수 없는 것은 부처님 전에 맡기는 성실한 자세가 필요한 겁니다.

다시 한번 강조하지요. 범부중생으로서 제 욕심만 부리고 복덕을 닦지 않으면 재물이 궁색할 뿐 아니라 삼악도를 벗어나지 못하게 됩니다. 그래서 몸도 마음도 편안하지 못하게 되지요. 그러나 공덕을 많이 쌓은 아라한은 공양이 궁색하지 않을 뿐 아니라 삼악도를 벗어나서 몸도 마음도 편안해집니다. 그래서 우리는 도를 닦음과 동시에 공덕을 쌓아야 해요. 그래야만 몸도 마음도 다 편안한 길로 들어설 수 있게 되지요.

부처님께서도 출가하시기 전 결혼하여 아들이 있었지요. 그러니 부처님의 법은 출가한 수행자에게만 해당되는 것이 아니라 재가불자에게도 해당되는 겁니다. 공자님도 《중용中庸》에서 말하길 "가리可離면 비도야非道也"라고 했습니다. 해석하면 우리의 현실 생활과 분리되는 것은 도가 아니라는 뜻이에요.

가정을 잘 꾸려 나가는 것도 도가 되고, 직장 생활을 잘해 나가는 것도 도가 되고, 자녀를 잘 기르는 것도 도가 되지요. 도란 방법이고 길입니다. 사람이 왜 소중하다 하겠습니까? 각자가 다 삶의 길이 있으므로 각자가 다 소중한 것이지요. 그러니 남편은 남편의 도, 아내는 아내의 도, 자녀는 자녀의 도, 모든 도들이 전부 갖취지는 세상이 오도록 함께 노력해야 합니다.

 불자는 불자로서의 도리와 할 일이 있어요. 내가 어떻게 하면 우리 가정이 화목해지고 우리 직장이 아름다워지고 이 세상이 밝아질 것인가 하는 이치를 고민하고 공부해야만 합니다. 그렇게 하면 각각의 사람들에게서 흘러나오는 좋은 기운이 연꽃 향기처럼 넓게 퍼져 마침내 불국정토가 이루어지게 되는 겁니다.

일곱 번째 법문

성공하는 마음 자세

🌿 행복한 사람과 불행한 사람

기도의 힘을 믿는 가장 좋은 방법은 직접 기도해 보고 성취해 보는 것입니다. 불보살님들은 자비만이 가득하신 분들이라 이 세상을 살아가는 중생들이 행복하지 못하고 성공하지 못함을 언제나 안타깝게 여기시며 구원의 손길을 내미는 이들에게 일일이 응답하여 주십니다.

행복한 사람들은 모두가 비슷해 보이지만 불행한 사람들은 각각의 이유가 있다고 톨스토이가 말했죠. 불행한 사람들은 각각의 이유와 핑계로 불행한 부분에 마음을 쏟고 있는 것입니다.

기도는 자꾸만 불행 쪽으로 기울어지려는 마음을 행복 쪽으로 방향을 돌리려는 노력입니다.

"스님, 스님을 마지막으로 만나 뵙고 해결 방법이 없으면 타 종교로 개종하려고 합니다."

이렇게 말하는 분들이 많아요. 만나면 안타깝고 답답한 심정을 금할 길이 없지요. 이분들은 시쳇말로 '약발'이 빠르고 좋은 것을 원하고 있지요.

해서 저는 그런 분을 만나면 늘 이렇게 질문을 던집니다.

"평소에 어떻게 기도하셨습니까?"

"평소에 어떤 식으로 부처님을 믿으셨나요?"

한데 재미있는 것이, 이런 질문들에 명확하게 대답하는 분을 만난 적이 없다는 거예요. 나오는 대답이라고는 "그냥 남들이 해 보라는 대로 해 봤어요." 정도에 지나지 않았지요.

믿음은 공덕의 어머니요, 복의 뿌리가 된다고 했는데 도대체 무엇을 믿어야 하고, 어떻게 믿어야 하는지를 모르는 거예요.

몸이 아플 때 목수에게 도움을 구하나요? 집을 지을 때 의사를 부르나요? 전문가를 만나야 합니다. 비전문가를 만나 무슨 일을 해결하려고 하니 안 되는 게 당연한 겁니다. 부처님의 가르침이 아무리 영험하다고 해도 올바른 방법으로 믿어야만 그 영험함을 내 것으로 만들 수 있어요.

우리 불자들은 역사적으로 근거가 뚜렷하게 밝혀져 있고 또 중생들을 확실하게 구원해 주시는 불보살님들을 믿음의 대상으로 삼아야 합니다. 어떤 종교 단체가 자기들 멋대로 만들어 놓은 우상을 막연하게 믿는 것은 삶의 문제들을 해결하는 데 아무런 도움도 되지 않아요.

잘못된 대상을 믿는 것은 우리의 마음을 혼란시키므로 장차 큰 우환을 불러오게 되지요.

잘못된 믿음은 등불 없이 밤길을 가는 나그네와 같아요. 앞이 안 보이니 얼마나 위험해요. 언제 구렁텅이에 빠질지 모르잖아요.

부처님의 가르침은 쉽고도 명쾌해요.

"나쁜 짓을 하지 말고 좋은 일을 하라."는 거예요. 좋은 일을 하면 즐거움이 따르고 나쁜 짓을 하면 괴로움이 따르게 된다는 인과응보를 믿고 실천하는 겁니다.

중국 당나라의 시인 백낙천이 항주자사로 부임하여 당시 고승으로 이름 높았던 조과 선사를 찾아가 나눈 대화를 소개합니다.

백낙천이 선사를 찾았을 때 마침 선사는 큰 나무 위에 올라가 좌선을 하고 있었지요.

"선사님, 높은 나무 위에 앉아 계시니 매우 위태로워 보입니다."
"내가 보기에는 태수가 더 위험하오."
"저는 항주의 자사로 이 강산을 살피고 있는데 무슨 위험이 있습니까?"
"사람의 마음은 마른 장작과 불이 서로 사귀는 것과 같아 잠시도 안정하기 어려우니 위험한 것이지요."
"위험에서 벗어나려면 어찌해야 하나요?"

"부처님의 가르침을 따라야지요."

"부처님의 가르침은 무엇인지요?"

"모든 악을 짓지 않고 선한 일을 받들어 행하며 자신의 마음을 깨끗이 하는 것, 이것이 모든 부처님의 가르침입니다."

"그런 것은 세 살 난 아이도 압니다."

"세 살 난 아이도 알지만 여든 살 된 노인도 행하기는 어렵습니다."

진리의 화신과 더불어

최근에 영국의 어느 분이 '만들어진 신'이라는 글을 썼어요. 그분은 이 글을 통해 '신이라는 것은 원래 인간이 만든 존재'라는 주장을 펴고 있지요. 거기서 말하는 신은 우리 운명을 좌우하는 어떤 절대자인데, 그런 존재가 외부에 있는지 없는지 연구한 결과 그것은 다만 인간에 의해 만들어진 존재일 뿐이라는 얘기입니다.

그런 신과는 달리 부처님께서는 우주의 진리를 몸소 깨달아 진리 그 자체와 한 몸이 된 성스러운 분이시지요. 인간이 만든 우상이나 허상이 아니라 그분 스스로 깨달아서 진리가 되신 겁니다. 그렇게 확실하게 존재하는 분이기에 우리도 그분처럼 깨달아서 참답게 살아가려고 공부하는 것이고요.

물론 법당에 모신 부처님 상은 하나의 형상이에요. 하지만 그것을 통하여 2,500년 전의 부처님을 되새기고 그분이 우리에게 가르쳐 주신 진리가 무엇인지 알기 위해 예불하고 흠모하는 것임을 알아야 합니다.

집에 돌아가신 부모님이나 조상님의 사진을 걸어 놓는 경우가 많이 있어요. 하지만 그 사진이 여러분들의 부모님이나 조상님 자체는 아니지요. 그저 우리의 기억이나 추억을 되새겨 주는 사진일 뿐이에요. 하지만 그렇다고 해서 사진에다 주먹질을 하거나 욕을 하지는 않습니다. 누군가 내 부모님이나 조상님의 사진에 그런 짓을 한다면 참기 힘들겠지요. 왜 그럴까요. 그건 우리가 그 사진과 조상님을 일체시하기 때문입니다. 마찬가지로 법당에 있는 부처님 상이 진짜 부처님은 아니지만 우리는 그 불상을 통해 2천5백 년 전 부처님의 모습을 되새기고 그 덕을 기리며 예배하는 겁니다.

몇 년 전에 어느 불자가 찾아와서 "스님, 저 좀 살려 주세요!" 하고 애원한 일이 있어요. 내가 어떻게 살려 주느냐고 물으니 어떻게라도 수를 써서 살려 달라고 애원하는 것이었지요. 그래서 그분과 같이 3주간 기도를 올렸어요.

그런데 이분이 술을 많이 먹어서 20일에 한 번씩 발작을 한다고 하더군요. 어떻게 발작을 하느냐고 물었더니, 부인을 마구 때려서 갈비뼈도 부러뜨리고 팔도 부러뜨리고 얼굴도 찢어 놓는데, 고약한 것이 술이 깨고 나면 자기가 한 짓을 전혀 기억하지 못한다는 겁니다.

그분과 절에서 같이 생활하면서 지켜보니 때마다 밥도 짓고 국도 끓이고 나물도 하는데, 어찌나 잘하는지 감탄할 정도였어요.

그러던 어느 날 그분이 저를 찾아와 이런 말을 했습니다.

"화장실에 들어갔다가 벽에 붙어 있는 안심정사의 기도문을 보았습니다."

"무슨 기도문인데요?"

"'나는 부처님을 믿는다. 나는 나 자신을 믿는다. 나는 내 가족을 믿는다.'라는 기도문이었습니다. 저는 그 기도문에서 어떤 강력한 느낌을 받았습니다. 그래서 저를 위해 주문을 만들었습니다."

그 주문인즉 "나는 나 자신을 믿는다."라는 거였어요. 그리고 그분은 하루에 천 번씩 "나는 나 자신을 믿는다."를 반복했다고 해요. 반복하는 이유는 물론 마음에 새겨 놓기 위해서지요. 스스로를 믿겠다는 결심이 일단 잠재의식에 박히면 매사에 자신감이 생기게 됩니다. 문을 꼭꼭 닫아 놓은 채 하루에 천 번씩 "나는 나 자신을 믿는다!" 큰 소리로 외쳤답니다.

한데 그분의 주문은 그게 끝이 아니었어요. 첫 번째로 스스로에게 시험한 주문이 효과가 있다고 생각한 그분은 주문을 하나 더 만들었지요. 그분은 본인만 정신을 차리면 온 집안이 천상이 되고 극락이 되는데 그게 안 되는 이유가 바로 술 때문이라고 생각했다고 해요. 그래서 반드시 술을 끊겠다는 생각에 "술을 보면 돌아선다." 하고 역시 하루에 천 번씩 반복했다더군요.

나는 진짜인가 테스트를 해 보려고 평소에 그분이 좋아하던 술을 갖다 놓고 한잔 들어 보라고 살살 꾀어 봤어요. 그런데 술병을 본 그분은 10미터 앞에서 돌아서더니 아예 접근도 하지 않는 거였지요.

술을 보면 돌아선다는 결심대로 바로 돌아서니까 인생이 바뀌기 시작했어요. 그분은 차츰 '내 가족이 최우선이다', '대화는 웃으며 시작해 웃으며 끝낸다'와 같은 장기적인 목표를 세우고 노력하기 시작했지요. 여태까지 그분을 괴롭히며 끌고 다니던 운명이 바야흐로 바뀌어 이제는 새로운 삶을 시작할 수 있게 된 겁니다.

그 당시에 우리 안심정사에 노래방기계가 있었어요. 노래를 불러보라고 했더니 하나같이 슬픈 노래만 골라서 하는 거예요. 건전한 노래, 신나는 건 하나도 없어요.

내가 노래를 중지시키고 말했어요.

"그런 슬픈 노래는 머릿속에서 전부 지워라. 다함께 차차차 하고 즐거운 거만 불러라."

테이프 500개를 다 폐기했어요. 그러고는 신나고 즐거운 노래만 부르게 되었지요.

성공하려면 믿는 것이 중요합니다. 우리가 자신감을 가지는 순간 운명의 굴레에서 벗어나 인생이 바뀌게 되지요. 그러니 여러분들도 이렇게 한번 믿어 보세요.

"나는 부처님을 믿고 나 자신을 믿는다."

"나는 약하지만 부처님께서는 강하므로 부처님께 귀의함으로써 어려움을 헤쳐 나갈 수 있다."

지혜와 자비

우리는 확실히 존재하시는 부처님을 믿는 거예요.

부처님 당시 인도에는 3종 외도가 있었는데 이들의 세계관이 서양으로 건너가 크게 세력을 떨친 것도 있어요. 그중 하나인 '인간의 운명은 창조신이 좌우한다'는 조일체신造一切神이 서양의 만물을 창조한 조물주造物主가 되는 거죠.

인도인들은 철학적으로 고민을 많이 하는 사람들이에요. 그들은 1,500년이라는 세월 동안 '세상 만물을 창조신이 만들었다는데, 그러면 그 창조신을 만든 또 다른 창조신이 있어야 하지 않겠는가?' 하고 계속 탐구해 올라갔지요. 그러다 보니 창조신 위로 또 창조신, 그 위로 또 창조신… 이렇게 끝이 나지 않는 거였어요.

그들은 이런저런 고민을 하다가 결국에 가서는 '개는 강아지를 낳고 돼지는 돼지를 낳는데, 만일 전지전능한 신이 자식을 낳았으면 그 자식 또한 신이 되어야 하는데 우리는 왜 인간이 되어서 괴로운 거야?' 하는 논리적인 모순에 부딪히자 창조신을 폐기해 버렸다고 합니다.

우리는 그런 잘못된 믿음의 신앙에서 벗어나 진리의 부처님을 믿고 있습니다. 내 운명을 좌우하는 어떤 신이 있는 것이 아니라 생활 현장에서 인생의 괴로움을 듣고 고쳐 주는 부처님의 지혜와 자비를 분명히 느끼기에 그렇게 믿는 것이지요.

그리고 우리는 도덕이 높은 것을 믿습니다. 부처님께서는 전 세계의 양식을 지닌 사람들로부터 성현으로 존경받는 분이에요. 윤리나 도덕적인 면에서 불교만큼 완전한 종교는 찾아보기 힘들 겁니다. 청정한 마음으로 위로는 깨달음을 추구하고 아래로는 남을 돕는 것이 불교의 목표니까요. 그래서 우리는 기도를 할 때에도 바른 마음 자세를 갖춰서 청정 일념으로 임해야 합니다. 누추한 마음을 올바르게 바꾸는 과정이 바로 기도예요. 그러므로 기도는 첫째 청정 일념으로 해야 하고, 둘째는 정성 일념으로 하며, 거기서 한 발 더 나아가 봉공 일념, 즉 공적인 마음을 가지고 해야 합니다.

중국의 유명한 중봉 선사에게 유교를 공부하는 유생들이 잔뜩 몰려 와서 물었어요.

"불교에서는 마치 형체를 따르는 그림자처럼 사람에게 업이 따른다고 하였는데 이치에 맞지 않는 것 같습니다."

중봉 선사가 말했지요.

"그 증거를 대보아라."

"어떤 사람은 나쁜 일을 해도 복을 받고 어떤 사람은 옳은 일을 해도 어려움에 처하더군요."

"어떤 나쁜 일을 하는데 복을 받고 어떤 옳은 일을 하는데 어려움에 처하더냐?"

"어떤 사람은 다른 사람을 두들겨 패고 해치는데도 잘살고, 어떤 사람은 남을 지극하게 공경하는데도 못살더군요. 그러니까 불교의 인과응보라는 것은 틀린 소리 아닙니까?"

"잘못 알아서 그런 것이다. 어떤 것이 선이고 어떤 것이 악인지 잘 구분해야 한다. 우리가 사는 세상은 상황에 따라서 선악이 달라지는 것이다. 남을 때리고 욕을 하여도 그 상대를 위해서 한 것이라면 그것은 선이라 볼 수 있고, 상대를 받들고 공경하더라도 내 이익을 위해서 한 것이라면 그것은 악이라 볼 수 있다."

남이 좋아지기를 바라서 하는 선행이라야 진정한 선행이고, 내 사리사욕을 지키기 위해서 하는 선행은 겉으로는 선행처럼 보이지만 진정한 선행이 아니라는 얘기지요. 그래서 청정 일념, 정성 일념, 봉공 일념으로 기도하는 것이 우리가 갖추어야 할 자세라고 한 겁니다.

많은 분들이 기도하려면 목표를 하나만 정해야 한다고들 말하는데, 답답한 이야기예요. 세계적으로 성공한 사람들의 이야기를 들어봐도 목표는 많을수록 좋다고 합니다. 단, 뚜렷한 목표를 세우고 구체적인 목표를 소원표에 적어야 해요. 하고 싶은 일 10가지, 갖고 싶은 것 10가지, 되고 싶은 것 10가지, 가고 싶은 곳 10가지 이런 식으로 구체적으로 적는 겁니다.

이루고자 하는 목표가 뚜렷해야 성취가 되는 겁니다. 많이 성취해 넉넉히 가지게 되었으니 이제는 그 결실을 남과 나눌 줄도 알아야 합니다. 자신이 얻은 것이라고 해서 전부 내 것이라고 움켜쥐고만 살면 안 된다는 뜻이에요. 주먹을 꼭 쥐고만 살면 바보나 장애인과 다를 바 없어요. 쥐고만 살아도 안 되고 펴고만 살아도 안 되지요.

우리는 어릴 적에 잼잼을 배웁니다. 손을 쥐기도 하고 펴기도 하며 잼잼을 잘하면 어른들이 영리하다고 칭찬해 주지요. 돈도 마찬가지예요. 쥐었다 놨다 해야 더욱 늘어나지 쥐고만 있으면 아무런 의미가 없게 되는 거지요.

자리이타의 삶

우리는 이 우주에서 능력이 가장 강하신 부처님을 믿는 불자라는 점을 꼭 기억해야 해요. 몇 십 년 동안 술을 끊지 못해 고생하던 사람이 모든 괴로움을 걷어 내고 새로운 삶을 시작할 수 있었던 것은 능력이 가장 강한 부처님을 믿었기 때문이지요.

우리 불자는 계행戒行이 깨끗한 것을 믿습니다.

부처님이 내려 주신 계 가운데 재가불자에게 해당되는 것은 다섯 가지예요. 살생하지 말고, 도적질하지 말고, 사음하지 말고, 거짓말하지 말고, 술을 비롯한 중독성 있는 물질을 멀리하는 것이 바로 그것이지요. 부처님께서 내리신 계는 우리를 제약하기 위함이 아니에요. 우리가 건강하게 잘살 수 있는 길로 인도하는 데 그 참뜻이 있지요.

사람들에게 아무리 정확하게 법문을 일러 주어도 그것을 자기 위주로 해석해 오해하는 경우가 많아요. 모두 아집과 아견 때문이지요. 어떤 종교에서는 "나 이외의 다른 신을 믿지 말라."라는 이야기를 하는데, 그러면 배타적으로 되어서 '상대는 무조건 없애야 할 존재, 오직 나만 살아남아야 할 존재'라는 오해를 불러일으킬 수도 있어요. 그래서 부처님께서는 살생, 투도, 사음, 망어, 음주 등 현실적으로 잘 수행할 수 있는 계행을 만들어 주신 겁니다. 이렇듯 불교에서는 참 나를 믿고 스스로 바르게 살도록 노력하라고 가르치니 현실적이고 합리적이라고 아니할 수 없지요.

 우리 불자는 지혜가 가득한 것을 믿습니다.

 우리가 계를 지키는 것도 계가 지혜를 북돋아 주기 때문이에요. 저 사람은 망하고 나만 잘살면 될까요? 그러면 안 된다는 것을 알기 때문에 애당초 그런 짓을 하지 않게 되는 거죠.

 이웃이 고통 받지 않도록 부처님의 법을 전하여 인생의 어려움 속에서 빠져나오게 도와주는 것이 불자의 도리입니다. 이웃 사람이 받는 고통은 언젠가 내 것이 될 수도 있어요. 내 욕심을 조금씩 줄여 자비로운 마음으로 회향하면 결국엔 우리의 지혜가 되고 복이 되는 겁니다.

 이제까지 말한 것을 요약하면 이렇습니다. 첫 번째는 가장 확실히 존재하는 것을 믿는다. 두 번째는 도덕이 높은 것을 믿는다. 세 번째는 능력이 가장 강한 것을 믿는다. 네 번째는 계행이 깨끗한 것을 믿는다. 다섯 번째는 지혜가 가득한 것을 믿는다. 즉, 우리는 원만하고 바른 부처님의 법을 믿으므로 언제라도 원하는 바를 성취할 수 있는 겁니다.

부처님께서는 수행 당시 '내가 죽어야 하나, 내 옆 사람이 죽어야 하나?'라는 문제를 놓고 결정할 때에는 항상 부처님 당신께서 희생하는 쪽을 택하셨어요. 우리 범부중생들로서는 쉽지 않은 일이지만 부처님의 이러하신 뜻만큼은 반드시 기억해야 하지요. 그래서 점차적으로 그런 방향으로 나아갈 수 있도록 바탕을 닦으면서 선행을 확대해 나가야 하는 거예요.

쉽게 다시 말씀드리자면 우선 내가 잘돼야 해요. 우리 불자들이 잘 되면 다른 사람들이 부처님 믿으니 잘 되네, 나도 해봐야지 하고 절에 오게 되는 거예요. 그러면 여러분들은 부처님을 바로 믿는 것에 다른 사람을 부처님 법으로 이끈 공덕까지 더해져서 세상이 밝아지겠지요. 우리 불자들이 잘못 생각하는 부분이 있어요. 부처님 전에 저 사람을 데리고 가면 저 사람이 내 복을 빼앗아 가지 않을까 이런 걱정을 한단 말이에요. 촛불을 하나 켰을 때와 두 개를 켰을 때는 밝기가 다를 수밖에 없지요. 이웃과 더불어 올바른 믿음의 촛불을 하나씩 더 밝혀 나갈 때 우리들의 앞날이 밝아지고 세상 또한 밝아진다는 점을 잊지 맙시다. 내 마음 자세를 올바르게 세우는 것이 가장 중요한 기도라는 사실도요.

여덟 번째 법문

복은 있는데 ─
운이 없는 사람

🍀 부처님이라는 '빽'

주위를 둘러보면 복은 있는데 운이 없는 사람이 있고, 복은 없는데 운이 있는 사람이 있습니다. 또 복도 있고 운도 있는 사람이 있는가 하면 두 가지가 다 없는 사람도 있지요. 그중에서 가장 안타까운 것은 복은 있는데 운이 없는 사람이에요. 뭘 해 보려고 해도 왠지 잘 안 되는 사람이 바로 이런 부류지요.

우리가 '복福'이라고 하는 것을 중국에서는 '복보福報'하고 해요. 우리보다 '갚을 보報'자 하나를 더 붙인 거예요. 우리처럼 무턱대고 '복 많이 받으세요'가 아니라 전생에 쌓은 선업의 과보를 받는다고 참 과학적으로 생각을 하는 거예요. 그런데 여기서 중요한 것은 전생에 아무리 많은 복을 지었더라도 지금 현생에서 받을 수 있는 인연이 있어야 한다는 겁니다. 그 인연은 우리의 노력으로 만들어야 해요. 대체적으로 운이 없는 사람은 게을러요. 게을러서 전생에 지어놓은 복도 못 받는 사람들이 아주 많이 있어요. 노력을 하지 않으니까요.

재미있는 얘기 하나 해드리지요.

옛날에 유산을 아주 많이 받아서 손끝 하나 까딱하지 않고도 먹고 살 수 있는 사람이 있었어요. 그런데 이 사람이 굉장히 게을렀어요. 부인이 일주일간 친정에 갈 일이 생겼는데 게으른 남편이 걱정되는 거예요. 고민 끝에 떡을 만들어서 누워있는 남편 머리맡에 매달아 주었어요. 배고프면 먹으라고. 그렇게 해주고 친정에 가서 일주일간 일을 보고 부랴부랴 돌아와 보니 남편이 죽어 있어요. 살펴보니 아내가 떠난 첫날은 혀가 닿는 부분의 떡을 먹었는데 그 다음부터는 먹지를 않고 굶어 죽은 거예요.

이런 사람들이 우리 주변에 있어요.

복은 있지만 현재의 인연이 아직 안 닿아서 하는 일마다 실패를 하고 낭패를 볼 경우, 그 인연을 지펴 운을 잘 인도하는 방법이 바로 기도예요. 기도를 통해 불보살님의 가피를 받게 되면 악운은 눌리고 행운이 꽃처럼 피어나게 되지요.

몇 년 전에 어느 남자분이 아침 일찍 들뜬 목소리로 전화를 해

왔습니다. 얘기를 들어 보니, 금은방을 운영하는 분인데 새벽에 강도 셋이 들어왔다는 겁니다. 금고에 6억 5천만 원이라는 거액이 들어 있었는데 그걸 어떻게 알고서 강도들이 들어온 모양이었답니다. 흉악한 강도들이 문을 뜯고 쳐들어오니 이제는 죽었구나 하는 생각 밖에 안 들었다고 합니다. 머리가 하얘져서 아무런 생각도 들지 않고 오로지 강도들이 저승사자로 보이기만 했다나요.

강도들은 부부를 꽁꽁 묶어 놓고, 한 사람은 금고를 열고 둘은 망을 보고 있었답니다. 그런데 금고를 열려다 그 위에 놓여 있는 안심정사와 백상선원의 달력을 보고 강도가 이 절을 어떻게 아냐고 물었답니다. 그래서 그 절에 다니는 신도라고 하며 신도회장이라고 부풀려 말했답니다. 그랬더니 강도들의 살기가 조금 약해지는 것 같더라고 하더군요. 그래서 그분은 이제 살 기회가 열리나 보다, 생각하고 아는 대로 법안 스님과 절에 대해 두서없이 이야기를 늘어놓았답니다. 스님이 교도소에도 포교하러 다니신다는 얘기도 덧붙였답니다.

그러자 강도들은 저희들끼리 한동안 수군거리며 다투기 시작했답니다. 두목처럼 보이는 사람이 "저 사람이 안심정사 신도라잖냐. 너희도 스님이 우리를 위해 얼마나 열심히 기도해 주시는지 잘 알잖아!"라며 다른 두 강도를 설득하더랍니다. 한참을 다투던 그들이 마침내 결정을 내린 듯, "오늘 이 금고를 열지 않고 그냥 가는 건 다 스님 덕분인 줄 알아."며 그냥 나가려 하였답니다. 하도

고마운 마음에 마침 갖고 있던 2천여만 원을 가져가라 했더니 그들은 안심정사에 보시나 하라며 나가더랍니다.

　금은방을 운영하던 주인 부부는 평소에도 기도를 열심히 하는 분이었어요. 나중에 내가 그 강도 중에 한 사람을 만나서 들었어요. 그 부인이 겁을 먹어서 달달 떨면서도 뭔가 중얼중얼 하길래 가만히 들어보니 지장보살, 지장보살, 지장보살… 염불을 하더라는 거예요. 그런데 그 염불소리를 듣는 순간에 정신이 버쩍 들었답니다. "어! 스님이 나보고 염불하라고 그랬는데… 지장보살 하라고 그랬는데…" 그래서 딱 놓고 나오게 됐다는 거예요. 그 금은방 주인 불자가 평소에 기도를 잘한 겁니다. 이렇듯 평소에 꾸준히 기도하는 습관을 붙여 두면 가장 간절하고 가장 절실할 때 효험을 볼 수 있게 됩니다. 기도는 원래 무시선無時禪 무처선無處禪이라고 하잖아요. 초보자들에게는 어려운 일이지만 때와 장소를 가리지 않고 계속 하는 거지요. 초보자들도 시간과 기간을 정해 놓고 경전도 선택해서 하면 더 빨리 효과를 볼 수 있어요. 초보자들은《지장경》만 그냥 독송하세요. 거기다 제일 중요한 건 목표인데 기도 목표를 정하세요. 목표가 있어야 거기에 배를 타고 갈지 비행기로 갈지 수단이 결정되잖아요. 소원표에다 목표를 10개 이상 적으세요. 그리고 시작하기 전에 세 번, 기도를 마치며 세 번 기도표를 읽으세요. 목표를 기억하는 거예요. 그러면 반드시 이뤄지게 되어 있어요. 기도는 새벽에 하는 것이 좋다고 여러 번 말씀드렸고요. 하여튼 몸과 마음을 합쳐 지극한 정성으로 불보살님께 기도하세요. 부처님이란 '빽'은 여러분이 헤아릴 수 없을 만큼 영험한 분이니까요.

참된 불자의 자세

'정말로 될까? 안 되면 어쩌지?' 이런 마음으로 하는 기도는 제대로 된 기도가 아니에요. 힘이 없어요. 확신을 가지고 신바람이 나서 하는 기도가 우리의 운명을 바꿔 줍니다. '운명은 정해져 있으니 포기하자'며 체념하지 말고 우리가 얼마든지 바꿀 수 있다는 각오가 필요해요. 조금 어렵게 표현하면, 숙명적 신앙에서 벗어나 자주적 신앙으로 나아가야 한다는 얘기입니다.

인정에 끌리는 신앙도 바람직한 신앙이라 볼 수는 없어요. 신앙이란 정법으로 서 있어야 하지요. 이 정법의 신앙이란 아주 중요한 문제입니다. 기독교, 그중에서도 개신교의 포교 전략 중 하나가 "내가 너를 위해서 늘 기도하고 있어."라고 하면서 알고 지내는 사람이 인정상 도저히 거부할 수 없도록 코를 꿰어 끌고 가는 방식이지요.

이렇게까지 억지를 쓸 필요는 없지만, 사실 우리 불자들을 보고 있노라면 '조금 더 적극적으로 신앙생활을 할 필요가 있겠다' 싶은 생각도 없지 않아요. 혹 어떤 불자분이 어떤 법문을 듣고서 너무도 좋은 나머지 '남에겐 알리지 않고 나 혼자서만 알고 있어야겠다' 하고 생각한다면, 이건 그야말로 욕심인 것이지요. 욕심이란 남의 것을 빼앗으려는 마음만이 아니에요. 나눌 수 있는 것을 나누지 않는 것 또한 욕심이라고 할 수 있어요. 혼자만 잘되려고 하는 마음은 남의 것을 도둑질하려는 마음에 버금가는 욕심이란 점을 명심하도록 하세요.

우리가 기도 목표를 많이 정하는 것은 욕심이 아닙니다. 하지만 옆집은 망하고 우리 집은 잘되게 해 달라고 기도하면 그것은 욕심이지요. 그건 도둑질하는 마음이고, 주지 않은 것을 뺏으려고 하는 나쁜 마음입니다.

내가 잘되고 내 자녀들이 잘되고 내 친지들이 잘되게 해 달라고 비는 것은 도둑질하는 마음과는 다릅니다. 그러니 더 열심히, 더 적극적으로 부처님께 달라고 기도해야 합니다. 부처님께서는 도움이 절실한 자를 외면한 적이 없는 분이십니다. 오히려 못 주셔서 병이 나신 분이시지요. 그러므로 열심히 부처님으로부터 얻어다가 우리의 생활을 풍요롭고 신바람 나게 만드는 것이 우리 불자들의 의무이자 권리라는 것을 알아 두세요. 다만 나 혼자만 잘되려는 욕심을 버리고 남과 더불어 번영해야 한다는 점은 잊지 마시고요.

또한 우리 불자들은 사찰이나 종단에 대한 신앙에서 벗어나 정법의 신앙으로 돌아와야 합니다. 이건 많은 불자들을 만나 상담하는 내 경험에 비추어 하는 얘기예요. 절을 찾는 불자분들 중에는 간혹 묻지도 않은 본인의 소개를 주절주절 늘어놓는 분들이 있어요. 예를 들면 "저로 말할 것 같으면 어느 어느 큰스님들하고 차를

인생의 고달픈 길 앞에 서면 우리는 운명에 대해 생각하게 되지요.
운명이 어디 있냐고 부정하는 이들도 많은데,
실상 운명은 저마다 정해져 있어요.
그렇다고 누구나 타고난 운명대로 살아야 할까요?

마신 적이 있는 그런 사람입니다."라고 자기 자랑부터 늘어놓는 식이죠. 그래서 내가 그분에게 물었어요.

"그래서 어쨌다고요?"

"아니, 제가 그런 대단한 불자라니까요."

"글쎄요, 저는 큰스님들과 차 한 잔 마신 것이 그렇게 대단한 일인지 잘 모르겠는데요."

또 이런 분도 계시죠.

"저는 꽃게종에 다니는데 스님은 종파가 뭐예요?"

"그걸 왜 묻죠?"

"제가 꽃게종이라서요. 그리고 스님은 소라종 같아서 묻는 거예요."

"꽃게종이든 소라종이든 그게 왜 중요하지요?"

이렇게 나오는 분들의 의도는 묻지 않아도 뻔합니다. '나로 말할 것 같으면 큰 절 다니는 불자고, 당신은 조그만 절의 주지니까 나처럼 큰 절 다니던 불자를 잘 모셔야 돼' 뭐, 대충 이런 의도일 겁니다.

이런 태도는 대단히 잘못된 겁니다. 강조하거니와, 사찰이나 종단에 대한 신앙보다는 정법에 대한 신앙을 해야 하지요. 부처님께서 불자들에게 뭘 가르쳐 주려고 하셨는지 그 뜻을 알아야 되는데, 나로 말할 것 같으면 《금강경》을 삼천 독 한 불자니 뭐니 자랑만 늘어놓고 있으니…. 그런 분을 보면 이렇게 대꾸해 주고 싶어요.

"그래서 어쩌라고?"

《금강경》을 삼천 독 했으면 아상我相, 인상人相, 중생상衆生相, 수자상壽者相이 없어야 합니다. 정말 겸손하고 부드럽고 자비를 실천하는 보살이 되어야 하지요. 삼천 독 아니라 삼만 독을 하면 뭐합니까? 만나자마자 제 자랑 늘어놓는 것밖에 모르는 사람이라면 말 그대로 공염불을 한 셈이지요.

어느 사찰 어느 종단을 좇느냐 하는 문제보다 정법을 좇느냐 아니냐 하는 문제로 고민해야 하는 것이 지금 한국 불교가 나아갈 길이라고 생각해요. 어느 사찰을 다니고 어느 종단에 소속되어 있다는 사실이 마치 그 불자의 신앙적인 가치와 한가지로 여겨지지는 않은지 불자들 모두가 반성할 필요가 있다고 봅니다. 정말로 중요한 것은 불교를 올바르게 믿고 공부해서 자신의 삶 속에 실천하는 일, 그리고 그렇게 함으로써 작게는 불자 개인의 가정부터 크게는 주위 모두를 정토로 만들어 나가는 일이겠지요.

그러니 작은 절에 다닌다고 기죽을 필요는 전혀 없어요. 부처님도 처음에는 마이너리그 소수파였지요. 인도에 브라만교가 번창할 당시 다섯 명을 앉혀 놓고 시작한 것이 부처님의 첫 번째 설법이었어요. 그것이 지금은 온 세계로 퍼져 나가 있잖아요.

작고 큰 것이 중요한 게 아닙니다. 정법이냐 아니냐가 중요한 겁니다.

그러면 정법이냐 아니냐는 무엇으로 구분할까요? 간단히 생각해 부처님 말씀에 근거하면 정법이고 부처님 말씀에 근거하지 않으면 정법이 아니다, 이렇게 받아들이시면 됩니다. 그래서 부처님께서는 "말세에 사성제四聖諦에 비춰 봐서 안 맞으면 그것은 불교가 아니다."라고 말씀하신 겁니다.

사성제

사성제는 영원히 변하지 않는 네 가지 거룩한 진리를 뜻하지요. 여기서 말하는 네 가지 진리란 '고苦', '집集', '멸滅', '도道'를 가리킵니다. 또한 부처님께서 설하신 최초의 법문이기도 하지요. 병을 치료함에 있어 먼저 원인이 무엇인가를 알아낸 다음 거기에 맞는 치료법을 강구하는 것처럼, '고'와 '집'과 '멸'을 알고 '도'에 이르는 바른 길을 행하여야 한다는 것이 그 설법의 내용이었습니다.

그러면 이 사성제에 대해 각각의 의미를 간략히 알아보지요.

경전에서는 우리가 인생을 살아가며 겪어야만 하는 '고'에 대해 여덟 가지로 설명하고 있어요. 생로병사의 네 가지, 사랑하는 사람과 이별하는 괴로움, 미워하는 사람과 만나야 하는 괴로움, 원하는 일이 이루어지지 않는 괴로움 그리고 오온五蘊: 생멸, 변화하는 모든 것을 구성하는 다섯 가지 요소. 눈, 귀, 코, 혀, 몸에 집착하는 괴로움이 그것이지요.

불교에서는 '인생은 괴로운 것'이라는 말을 흔히 들을 수 있어요. 하지만 그 의미가 삶에서의 행복을 완전히 부정하는 것은 아니에요.

 부처님께서는 물질적이거나 정신적인 여러 형태의 행복을 인정하셨어요. 그러한 행복을 인정하고 찬양한 후에 그것들이 무상하여 변하기 쉽다고 하신 것이지요. 다시 말해, 무상한 것은 무엇이든지 괴롭다는 의미에서 진리인 것입니다.

 '집'이란 결합하여 일어난다는 의미로서, 중생이 느끼는 모든 괴로움은 독립적인 것이 아닌 무엇인가로부터 연기緣起한 것임을 이르고 있습니다. 모든 결과에는 원인이 있는 법이지요. 마찬가지로 모든 현상은 원인인 인因과 조건인 연緣이 상호 관계할 때에만이 성립하게 됩니다. 그것이 바로 연기지요. 그러므로 하나의 절대적인 원인이란 있을 수 없는 겁니다.

 '멸'은 모든 번뇌의 속박에서 해탈하여 생사를 초월하는 불생불멸의 진리를 체득한 경지를 뜻합니다.

 끝으로 '도'는 열반에 이르는 방법, 곧 실천하는 수단을 말하지요.

 종교의 생명은 말하는 데 있는 것이 아니라 실천 수행하는 데 있어요.

복은 내가 불러들이는 것

 정법에 대해 불자들에게 체계적으로 잘 가르치는 것이 꼭 필요하다고 생각해요. 우리 불자들 가운데에는 부처님의 생애에 대해 잘 모르는 분들이 많은데 그 점이 항상 안타깝지요. 불교는 부처님의 생애를 본받고 부처님의 가르침을 배우는 종교예요. 그러니 부처님을 모른 채 불교를 아는 일은 불가능하다고 할 수 있어요.

진리를 깨우치려면 드러내 보이는 신앙에서 진정한 마음의 신앙으로 돌아가야 하지요. 하는 짓이라곤 불자에 어울리지 않는 못된 짓만 골라 하며 법복만 아주 멋지게 차려입으면 뭐합니까. 사람들은 그런 이를 보면서 오히려 불교에 대한 신심을 잃고 말 거예요. 한때 유행하던 대중가요의 제목처럼 '폼생폼사' 하는 것은 올바른 신앙이 아니지요. 보이지 않는 마음속에서부터 진정으로 부처님의 정법을 배우고 실천하려는 그런 신앙으로 돌아가기 위해 노력하기 바랍니다.

그러면 그릇된 신앙과 올바른 신앙에 관해 앞에서 얘기한 것을 총 정리해 볼까요?

그릇된 신앙	올바른 신앙
거짓된 신앙	진실한 신앙
잡다한 신앙	체계적인 신앙
숙명적인 신앙	자주적인 신앙
인정에 끌리는 신앙	정법을 세우는 신앙
사찰이나 종단을 좇는 신앙	정법을 좇는 신앙
드러내 보이는 신앙	참된 마음의 신앙

우리 불자들은 그릇된 신앙을 버리고 올바른 신앙을 추구해야

해요. 그렇게 할 때라야 비로소 지금 생에서 불교를 만난 것이 최고의 축복이고 은혜란 것을 깨닫게 됩니다.

인생에는 불구덩이가 많이 도사리고 있어요. 복이 부족해서, 혹은 운이 아직 안 닿아서 일이 꼬이고 어려울 때 그저 울면서 주저앉아 있기만 해서는 안 돼요. 그렇다고 마냥 빈둥거리면서 기다리고 있기만 해서도 안 되지요. 그럴 때일수록 부처님의 바른 진리를 열심히 공부해서 자신의 머릿속에 든 잘못된 생각들을 정리해야 해요. 그리고 기도를 열심히 해서 마음속의 욕심이나 증오심 같은 삿된 감정들을 씻어 내야 합니다.

머릿속이 부처님의 진리로 가득하고 마음속이 신심으로 가득 찰 때 나쁜 운은 물러나고 행운이 찾아듭니다. 특히 각박한 현실에 부대끼며 살아가는 재가불자들은 기도를 생활화할 필요가 있지요. 깊은 불심으로 몸과 마음을 단단히 무장해 놓으면 언제 찾아올지 모르는 나쁜 기운도 능히 방어할 수 있을 테니까요.

그러면 기도를 시작해야겠는데 어떻게 해야 효과적일까요.

새벽 기도를 권해요. 인시寅時가 생명의 기운, 성공의 기운이 가장 강력한 시간이에요.

기도하는 방법도 여러 가지가 있지요. 108배, 1080배 절을 하며 몸으로 하는 기도가 있고요, 명상이나 참선을 하는 마음 기도가 있어요. 그런데 독경 기도는 몸과 마음을 합쳐서 하는 영육쌍전 기도로 효과가 가장 빨라요. 독경 기도를 위한 경전으로는 《지장경》이 가장 기초가 됩니다. 지장 기도를 할 때에는《지장경》에 뭐라고 씌어 있는지 정도는 알아야 하니까 한문보다는 한글로 읽는 게 좋아요. 아무 것도 모른 채 웅얼웅얼 기계적으로 읊조리기만 한다면 그야말로 남의 다리 긁는 격이라서 효험을 기대할 수 없어요.《지장경》제1품이 '도리천궁신통품切利天宮神通品'인데, 거기 보면 재수보살 이야기가 나옵니다. 이에 따르면 조상의 천도재뿐만 아니라 사업을 위한 기도나 재수 기도에도《지장경》의 효험이 각별함을 알 수 있지요. 그러니 그 뜻을 깊이 새기고 읽으면 재수가 좋아지게 될 겁니다.

　지장 기도를 자꾸 권하는 이유는 가장 기본적인 토대를 튼튼하게 해주기 때문이에요. 건축의 기초가 좋으면 그 위에 다른 건물들도 올릴 수 있듯이, 기도의 기초가 좋으면 그다음에 다른 기도를 해도 효과가 확실하지요. 지장보살님께서는 "고통받는 모든 중생들이 다 성불한 후에야 나도 마침내 성불하겠다."라는 대원력大願力을 세운 분이라 대원본존大願本尊으로 불리시기도 해요. 그런 분이신 만큼 그분께 기도하면 빠른 성취를 볼 수 있겠지요. 타고난 사주팔자를 바꾸기 위해서는 지장보살님의 대원력에 의지해 기도하는 것이 좋다는 것이지요.

　다시 한번 더 강조하자면 기도는 왜 합니까. 운명을 바꾸기 위해서 하는 겁니다. 그러니 목표를 확실하게 세워야 합니다. 소원표를 작성해서 기도를 시작하기 전에 3번, 기도를 마치고 나서 3번을 읽어야 합니다. 그래야 자신의 목표를 기억하고 실천하는 겁니다.

　기도에는 소원성취기도가 있고, 소원성취에 대해서 감사를 드리는 감사기도가 있어요. 그런데 소원성취기도에는 늘 참회기도가 따르게 돼요. 내가 과거에 어떻게 살았는데 이제 고쳐야지, 또 내 허물이 있는데 고쳐야지, 이게 바로 참회하는 거예요. 《지장경》에 그게 다 나오잖아요. 그래서 지장기도가 빠르다는 겁니다. 빠른 이유가 또 있어요. 우리가 지장기도를 할 때마다 '멸정업진언'을 하잖아요. 정해진 업, 우리말로 표현하면 운명, 사주팔자, 숙명인데 그걸 바꿔주는 거예요.

　기도의 효험을 북돋워주는 기도가 있어요. 남을 위해 봉사하는 게 중요해요. 나 혼자 좋아졌다고 그만두면 안 돼요. 이웃과 더불어 나눌 때 더 좋은 일이 생기는 거예요. 감사기도와 함께 봉공기도를 해보세요.

　이렇게 우리가 최선을 다해 기도하고 나서 그때는 어떻게 하나요. 기다리는 거예요. 부처님은 가장 알맞은 시점에 가장 좋은 걸 주신단 말이에요.

　20여 년 전에 건축업을 하는 불자 한 분이 찾아왔어요. 집을 열 채 지었는데 그것이 안 팔리는 거예요. 절에 열심히 와서 부처님께 기도를 하는데도 안 팔리자 갖은 수단을 다 써서 팔았단 말이에요.

그런데 팔고 나서 6개월이 지나자 집값이 다 두 배로 뛰었어요. 쉽게 얘기해서 집 열 채를 날린 셈이니 가슴을 안 칠 수가 없는 거죠. 벼 이삭을 쭉쭉 뽑아 놓으면 빨리 익을 줄 알았는데, 안 익는 거예요. 이게 바로 기도예요.

우리 주변에서 이런 일을 종종 보게 되는데, 이것은 우리 불자들이 기도에 대해서 교육을 받지 않았고, 체계적으로 기도를 해보지 않았고, 자신이 체험을 해보지 않았기 때문에 생기는 일이에요. 정성을 다해 기도하고, 때로는 기다릴 줄도 알아야 합니다.

부처님의 영험은 안 떨어지니까요.

아홉 번째 법문

부부는
은인인가 원수인가

🏵 부부의 인연

남자와 여자가 만나 사랑하다가 결혼을 합니다. 새로 출발하는 한 쌍을 축하하며 천생연분이라고들 하지요. 불교에서는 8천 생의 인연이 있어야 부부로 만난다고 해요. 수많은 사람 중에 두 사람이 만난다는 것은 확률적으로 따져 봐도 굉장히 어려운 일이지만, 성장한 환경이 다르고 마음도 다른 두 존재가 만나 가정을 이루고 함께 살아가는 거는 훨씬 더 어려운 일이에요. 주변을 살펴보면 행복한 부부도 있고 불행한 부부도 있어요. 세상을 살아가며 많은 사람을 만나게 되지만 부부만큼 서로에게 있어 중요한 상대가 어디 있겠어요.

《자비도량참법慈悲道場懺法》이란 책이 있는데, 한국에선 운허 스님이 번역하여 많이 보급되었지요. 참법 기도를 할 때 주로 사용하는 이 책을 보면 다음과 같은 구절이 나옵니다.

"이것으로 추측해 본다면 삼세의 원수란 다른 누가 아니라 바로 친척과 권속이니 이것을 알 것이니라."

이 구절을 잘못 이해해 지금의 친척과 권속이 나중에 다 원수로 태어난다고 받아들이지는 마세요. 가까이 지내면 갈등이 생길 기회 또한 많을 수밖에 없지요. 금생에서 은혜로 맺어진 관계가 다음 생에서 원수 관계가 된다면 얼마나 안타까운 일일까요. 그러므로 이 구절이 담고 있는 참뜻은 가까운 관계일수록 조심하고 또 조심하라는 것이에요.

특히 부부에 관해 말해 본다면, 팔천 생, 자그마치 팔천 번의 생 동안 계속 만나면서 선근공덕을 지어야 비로소 부부가 된다는 것이니 이 얼마나 깊고도 아름다운 인연이겠습니까. 하지만 현실은 어떤가요. 많은 부부들이 그 깊고 아름다운 인연을 제대로 살리지 못하고 다투고 성을 내며 살아가고 있어요. 그런 부부들을 위해 《윤회의 비밀》이란 책에 나오는 이야기 한 토막을 소개할까 해요.

20세기 초반 미국의 사교계를 주름잡는 멋지고 교양 있는 여성이 있었어요. 그런데 이 여성에게도 남모를 심각한 고민 하나가 있었지요. 그녀에게는 자신과 무척이나 잘 어울리는 잘생긴 남편이 있었는데, 그 남편이 글쎄 성불구자였던 겁니다. 그래서 이들 부부는 에드가 케이시라는 초능력자를 찾아가, 자신들이 전생에 무슨 업을 지어서 이렇게 살게 되었는지 묻게 되었습니다.

에드가 케이시는 정신을 집중한 뒤 이들 부부의 전생을 살펴보았지요. 그가 살펴본 바, 이들 부부는 십자군전쟁이 한창인 중세 시대에 태어나 부부의 연을 맺고 잘살고 있었어요. 그런데 남편은 결혼하고 얼마 뒤 십자군전쟁에 참가해 해외로 나가게 되었지요. 먼 길을 떠나는 남편은 부인을 믿지 못하여 그녀에게 정조대를 채워 놓고 열쇠를 가져갔습니다. 부인은 이에 앙심을 품고 어떤 남자든 자신의 정조대를 열어 주기만 하면 즉시 따라가서 몸을 허락하겠다고 결심했지요.

이들 부부는 그 뒤로 삼 생에 걸쳐 세 차례 부부가 되었지만, 그때의 업은 그대로 따라다녔습니다. 남편은 세 번 모두 성불구자였고, 부부는 헤어지지도 못하고 평생을 함께 살아야만 했지요. 겉보기에는 더할 나위 없이 잘 어울리는 부부인데도 속내는 이런 신세였던 겁니다.

이 이야기를 부부에게 들려준 에드가 케이시가 마지막으로 덧붙였어요.

"이번이 세 번째 생입니다. 하지만 그 업을 참회하지 못한다면 다음 생에도 당신들은 같은 고통을 겪게 될 겁니다."

부처님께서는 마음과 생각으로 짓는 업이 크다고 말씀하셨어요. 아쉽게도 이들 부부는 그 진리를 접할 인연이 없었던 겁니다.

우리는 지금 생에서 가장 가까이 만나는 권속이 다음 생에서 원수가 될 수도 있다는 점을 기억해야 해요. 그러므로 마땅히 자신의 허물을 뉘우치고 지극한 마음으로 참회함으로써 새로운 인격으로 거듭 나야 합니다.

결혼의 조건
부부간에 생기는 내밀한 문제는 본인들이 아니고는 아무도 모르지요. 그런 만큼 문제가 생겼을 때 가해자도 피해자도 불분명하기 일쑤인 게 바로 부부간입니다.

한번은 어느 법원에서 가정조정위원을 맡고 있는 불자가 찾아왔어요.

"스님, 오늘 복을 짓고 왔어요."

"무슨 복을 지었나요?"

"어느 불행한 부부를 이혼시키고 왔습니다."

"무슨 큰 문제가 있었던가요?"

"남편이 부인을 하도 두들겨 패서 전신이 푸르뎅뎅하게 멍이 들었더군요. 남편은 가해자, 부인은 피해자이니 계속 같이 살 가치가 없는 거죠."

"불자님은 그 부부의 인과에 대해서 좀 아시는지요?"

"거기에 인과가 어디 있겠어요? 당연히 남편이 나쁘지요."

"한번 돌려서 생각해 봅시다. 팬 쪽이 피해자고 얻어터진 쪽이 가해자라고 말이에요."

번뇌가 무엇인지 제대로 알면 운명을 바꿀 수 있습니다.
번뇌란 탐내고 성내고 어리석고 교만하고
의심하는 마음이 모여 뭉친 것입니다.

"아니, 그게 무슨 말씀이세요?"

그래서 내가 오래전 겪은 얘기를 그 불자에게 들려주었습니다.

"예전에 어느 부인이 와서 말하더군요. '스님, 제가 죽을지 살지 좀 알려 주세요.' 그래서 물었지요. '제가 불자님의 생사를 어떻게 압니까?', '그래도 제발 좀 살펴봐 주세요.', '그럼 잠시 좀 보지요.' 그러고는 부인의 운수를 봤더니 놀랍게도 남편에게 칼이나 쇠붙이로 찍히는 운수지 뭡니까."

"그래서요?"

"그 얘기를 부인에게 해 줬더니 맞다면서 몸을 보여 주는데, 몸이 숫제 칼도마였어요. 칼이든 포크든 뾰족한 것만 잡히면 마구 찍어서 끔찍할 정도로 상처투성이였지요. 한번은 식칼로 내리그었다는데 어깨부터 팔목까지 쭉 상처가 나서 여름에도 긴 옷으로 팔을 가리고 다녀야 한다더군요."

"어떻게 그럴 수가…."

"그래서 내가 물었어요. '이런 것이 올해로 딱 9년째지요?' 그러니 맞다고 하더군요. 그래서 말해 줬어요. '불자님, 많이 참으셨어요. 남편에게 괴롭힘을 당하는 것도 올해가 마지막이랍니다. 앞으로는 걱정하지 말아요.' 그런데 부인이 갑자기 기어들어 가는 목소리로 이렇게 말하는 거였어요. '사실은 남편 몰래 이혼 소장을 법원에 제출했어요. 그것이 남편에게 전달되면 저를 죽일지 살릴지 궁금해서 이렇게 묻는 거예요.'"

"이혼 소장을요? 그래서 어떻게 하셨어요?"

"내가 펄쩍 뛰면서 말했죠. '죽어요! 소장이 남편에게 전달되면 죽으니까 빨리 빼 와요! 정 이혼하고 싶으면 내년에 하세요. 내년부터는 제발 한 번만 때려 달라고 아무리 빌어도 맞을 일이 없을 테니까요. 이제 불자님이 맞을 일이 다 끝났어요.'라고요."

그 부인의 일은 무사히 해결되었어요. 법원에서 일하는 불자님도 그 부인의 이야기로부터 뭔가 깨달은 게 있는 눈치였고요.

따지고 보면 그 부인의 남편도 무척 재수가 없는 사람이라 할 수 있지요. 정해진 운수에 따라 한 여자를 만나서 자그마치 9년 동안이나 때리고 찍는 악역을 맡아야 했으니까요. 그러니 누가 가해자고 누가 피해자인지 일단은 모르는 일입니다. 만일 다른 여자를 만났다면 그런 사단 없이 알콩달콩 잘살았을지도 모르니까요.

아, 그 부인의 뒷얘기가 궁금하다고요? 앞으로 절대 맞을 일이 없다고 말해 준 그 부인의 남편은 이듬해 중풍으로 쓰러지고 말았어요. 이후 그 부인이 중풍으로 쓰러진 남편을 구박했는지 잘 돌봐 주었는지는 잘 모르겠어요. 그동안 지긋지긋하도록 당한 게 있으니 '너 잘 걸렸다' 되갚아 주려는 마음이 들어도 탓할 수는 없겠지요. 하지만 그렇게 되면 서로가 자신이 당한 것만 기억하게 되어 세세생생 그 업이 끊이지 않게 됩니다. 참 무서운 일이지요.

많은 사람들이 저 여자를 만나서, 혹은 저 남자를 만나서 자신이 불행해졌다는 말을 하곤 합니다. 사실은 업연에 의해 서로를 끌어

다가 그런 불행한 삶을 살게 되는 것인데도요. 남편도 아내도 그리고 자식도 모두 자기 자신을 둘러싸고 있는 환경인데, 그 환경은 첫 번째로 자기 마음에 의해서 형성되지요. 때문에 근본적으로 마음을 잘 다루어야 하는 겁니다.

이번에는 선 얘기를 해 볼까요?

선을 한 번 봐서 결혼한 사람도 있을 테고 백 번을 봐서 결혼한 사람도 있을 겁니다. 내가 아는 분은 백 번 넘게 선을 봤다는데, 우리가 바둑 둘 때, 장고 끝에 악수 둔다고 하죠. 고르고 고르다 보니 이상한 짝을 골라서 반평생을 한을 품고 살아야 했지요. 이런 분일수록 미련이 남는 게 당연해요. "그때 세 번째로 만난 여자와 결혼했어야 하는데…. 또는 "두 번째로 만난 그 남자와 결혼할걸." 하고 말이지요.

하지만 이렇게 생각해 보세요. 사실 백 번 넘게 선을 본다는 건 상대로부터 어떤 덕을 보려는 심리가 어느 정도는 깔려 있다고 봅니다. 더 높은 학벌, 더 좋은 직장, 더 많은 재산, 더 나은 외모 등등. 기대가 커질수록 실망도 커지지요. 그 실망이 불평불만으로 이어진 것은 아닌지 자성할 필요가 있습니다.

연애는 사랑이고 결혼은 계산이라고 흔히들 얘기합니다. 연애야 감정이 움직이는 대로 자유롭게 하지만 일단 결혼을 염두에 두면 누구를 찍어야 고생 없이 호강할지 열심히 계산하라는 뜻에서 나온 얘기라고 봐요. 그래서인지 결혼 정보회사 같은 곳에서는 회원

개개인에게 점수까지 매겨 등급을 정한다고 하더군요. 하지만 그런 것들은 몽땅 허팅일 수도 있어요. 결혼은 일생일대의 도박이란 말도 그래서 나온 얘기겠지요.

자, 그러면 자신의 배우자를 어떻게 선택해야 할까요?

이것은 인류가 등장한 이래로 가장 오래되고 가장 큰 고민이라고도 볼 수 있습니다. 동양에서는 궁합을 잘 맞추면 된다고 하지요. 서양에선 몇 년간 살아 본 다음 결혼하라고도 해요. 지역마다 민족마다 다양한 방법들을 제시하지만 사실 완벽한 방법이란 있을 수 없지요. 부모가 볼 땐 영 아닌데 자식이 부득부득 우겨 한 결혼이 몇 년 살지도 못하고 죽이네 살리네 난리를 치다 갈라서는 우스운 꼴도 종종 보게 되는 겁니다. 요즘 이혼하는 숫자가 늘어 심각한 사회문제가 되고 있는데, 원칙적으로는 이 문제를 해결할 방법은 없다고 봐요. 왜냐면 다 업연에 의해 만나고 헤어지는 거니까요. 배우자를 고르는 문제는 아무리 머리를 굴려 계산을 하고 궁합을 아무리 열심히 들여다봐도 알 수 없는 일이니, 참으로 어렵고 불가사의한 문제라 아니 할 수 없지요.

가정을 지키기 위해 노력하며 열심히 살아가는 한 불자의 이야기입니다.

어느 날 나를 찾아온 이 부인은 결혼한 지 9년이 되었는데 이제야 가정이 무엇인지 알게 되었다고 해요. 남편이 어찌나 미운지 결혼하는 순간부터 이 가정을 지켜야 하나 말아야 하나 그 고민만 하며 살다 문득 돌아보니 9년이란 세월이 흘렀고, 자라고 있는 아이들이 보이더래요.

"스님, 저는 참 욕심이 많았었나 봐요."

"남들에 비하면 아무것도 아니라는 걸 알면서도, 저는 참 힘들었어요."

그런데 참 다행인 게 이분은 부처님 앞에 가서 눈물까지 흘리면서 부처님을 원망했대요.

'왜 이렇게 나만 힘드냐.'고 부처님을 원망하다보니 부처님의 인자하신 모습에 화가 나기까지도 했답니다. 한마디로 부처님께 억지를 부린 거죠. 하지만 억지를 부리다 보니 참회가 된 거예요. 그래도 부처님은 들어주셨어요. 어느 순간 지난 일들이 떠오르며 아찔했다 생각이 들더래요. 한 순간에 알게 된 거예요.

"그렇게 미워하던 남편인데 갑자기 안쓰럽다는 생각이 들었어요. 그러고 나서는 겁먹은 거 같은, 아니면 원망하는 거 같은 아이들의 눈망울이 떠오르는데 가슴에서 설움이 복받쳐 올라왔지요."

얼마나 울었는지 모르겠는데 하여튼 눈물 콧물 범벅이 되고 나서 보니 세상이 달라져 보이더래요.

"가족이라는 울타리가 보였어요. 처음으로 가족이라는 것을 둘러보게 되었어요. 미안하고, 죄스러웠지만 무엇보다 고마웠어요. 가족이 나를 지켜줬다는 것을 알게 된 거죠."

이분이 이제는 행복하대요. 바뀐 거라고는 자신의 마음 밖에 없는데 불행이 행복으로 바뀐 거예요. 이게 바로 기도의 힘입니다. 이분이 한때 부처님을 원망하기는 했지만 그래도 부처님께 매달렸잖아요.

이제 제 정신을 차리고 보니 아이들이 훌쩍 커 있는 거예요. 아이들 공부에 매달리다 보니 가정이 무엇인지, 아내가 무엇인지, 어머니가 무엇인지를 알게 되었다는 겁니다. 행복해진 거죠.

부부 문제의 특효약

부처님께서는 부부가 서로 화합하는 비결도 말씀하셨지요. 법문에 나오는 남편과 아내의 도리를 정리해 보면 다음과 같아요.

"남편은 아내를 바른 마음으로 존경해야 한다."

그러니 남편분들, 아내 덕을 보고 싶으면 아내분을 존중해 주세요. 그딴 거 필요 없다 싶으면 무시하든 말든 알아서 하시고요.

"아내는 존경의 표시로 남편이 밖에서 돌아오면 일어나서 맞이해야 한다."

퇴근하거나 말거나, 방으로 들어오거나 말거나, 밥을 먹거나 말거나 모르쇠로 일관하면 남편 덕을 기대할 수 없겠지요.

"남편은 아내의 뜻을 존중하고 원망하지 말아야 한다."

이런 것이 쉽게 안 되니까 대한민국에 불행한 부부들이 많고 이혼율이 날로 늘어나는 겁니다. 부처님께서는 2,500년 후에 대한민국의 이혼율이 1등 할 것을 아시고 미리 말씀하셨나 봅니다.

"아내는 남편이 일을 나가 집에 없으면 밥을 짓고 청소한 뒤 기다린다."

힘들게 일하고 돌아왔는데 집은 엉망진창에 찬밥 한 덩이도 준비해 놓은 게 없다면 아내를 사랑하는 마음이 대체 어느 구석에서 생겨날까요?

"남편은 다른 여성에게 애정을 품지 말아야 한다. 그리고 아내도 다른 남성에게 애정을 품지 말아야 한다."

남자는 조금 살 만한가 싶으면 조강지처를 버리고 다른 여성에게 눈을 돌리곤 하는데, 그 결말은 실로 비극적이에요. 마찬가지로 여자도 다른 남성의 감언이설에 현혹되어 한순간의 실수로 평생 땅을 치며 후회할 일을 만들어서는 안 되겠지요.

"남편은 때에 맞춰 옷과 음식을 공급해야 하며, 아내는 집안 살림을 잘 간수하여야 한다."

남편은 부지런히 일하여 가족을 부양해야 하며, 아내는 살림살이를 알뜰히 하여 가족을 편안하게 해야 합니다. 평범하지만 지키기 위해서는 많은 노력이 필요한 일 같아요.

"남편은 때때로 아내에게 보석이나 장신구를 사 주어야 한다."

남편이 아내의 수고를 이해하고 아내의 마음을 기쁘게 하는 것도 중요한 일입니다. 꼭 값비싼 선물이 아니더라도 아내에게 고마워하는 마음, 따뜻한 말 한마디 건네는 것은 어려운 일이 아닐 겁니다. 아내도 갖고 싶은 물건을 사 달라고 할 때 될 수 있으면 좋은 말로 부드럽게 돌려 말하는 센스가 필요해요.

"아내는 남편이 자리에 누운 뒤에 눕는다."

자칫 가부장제적인 느낌이 들 수도 있는 말이지만, 그만큼 가족을 위해 애쓰는 남편의 노고를 이해하고 공경하는 마음을 잊지 말라는 뜻이겠지요. 집안이 잘되는 방법 중 하나로 아침에 일어나 남편이 먼저 이불을 개라고 합니다. 이렇게 부부가 서로를 배려하고 가정에 기쁜 일만 넘쳐나면 극락이 따로 없겠지요.

결혼 생활에서 우선순위를 살펴보면, 우선 부부간이 최우선이 되어야 합니다. 부부 사이에 누군가가 끼어들면 행복하게 살 수 없지요. 자녀를 우선순위로 삼는다든지 친척을 우선순위로 삼으면 틀림없이 문제가 생겨요. 일례로 기러기 가족의 경우, 자식을 가르친답시고 아내와 남편이 생이별을 하고 사니 결국 가정이 파탄 나는 겁니다. 이런 경우 부부가 함께 살고 자식만 공부하라고 보내는 방법을 강구하는 게 좋겠지요. 둥지가 깨지는데 알이 어떻게 온전할까요? 부부가 불행하면 자식도 불행해진다는 점을 잊지 마세요.

두 번째 순위는 부모가 되어야 합니다. 할아버지 할머니를 냄새난다고 양로원에 보낸다면 스스로 그런 말년을 예약하는 것이나 마찬가지예요. 자식은 부모를 보고 배우는 법이죠. 그리고 그렇게 배운 것은 반드시 실천하게 됩니다.

세 번째는 자녀, 네 번째는 형제, 다섯 번째는 친인척입니다. 이

순서가 어긋나면 틀림없이 문제가 생기니 잘 살펴 가정의 파탄을 미리 미리 방비하도록 하세요.

《명심보감明心寶鑑》을 보면 "참기 힘들 때 사람이 아니면 참을 수 없고, 참지 못하면 사람이 아니다."라는 구절이 나옵니다. 참으면 평생해로하고 참지 못하면 가정이 부서집니다. 참으면 재앙이 없어지지만, 참지 못하면 걱정거리가 끊이질 않지요.

기왕에 덕 보려고 한 결혼, 덕 보는 가장 쉬운 방법을 알려 드릴까요?

그것은 바로 "사랑해."라는 한마디입니다. "사랑해." 한마디 한다고 돈 들어가는 것 아니니 아끼지 말고 많이 하도록 하세요. 특히 남편분들, 처음에는 머쓱하고 쑥스럽겠지만 자꾸 해서 버릇을 들이면 여러분의 가정에 향기로운 꽃이 피어날 겁니다.

열 번째 법문

기도의
육하원칙

　기도를 효과적으로 하는 방법이 있어요. 올바른 방법으로 해야 좋은 효과를 얻지, 아무것도 모르는 초심자가 그냥 되는대로 해서는 성취하기가 어려워요.

　기도를 시작하시는 분들이 많이 물어 옵니다. "세수는 하고 할까요, 안 하고 할까요?" 이런 게 사소해 보여도 무시할 수 없는 문제랍니다. 중국에서 나온 책들을 보면, 새벽에 손은 어떻게 씻고 양치는 어떻게 하고 얼굴은 어떻게 닦고 기도하라는 등 무척 세세하게 설명하고 있어요. 큰스님이란 분이 별 시시콜콜한 것까지 말씀하신다고 의아해할지도 모르지만, 무슨 일이든 기초가 중요하므로 알 건 제대로 알아야 합니다.

　그러면 기도를 어떻게 해야 좋을까요? 기도를 할 때에는 '언제', '어디서', '누가', '무엇을', '어떻게' 그리고 '왜' 이 육하원칙에 의거해서 하는 것이 좋습니다.

❖ '언제' 기도하는가

시도 때도 가리지 않고 늘 기도하면 가장 좋겠지만 현실적으로 어려운 일이겠지요. 기도가 어느 단계에 오르기 전까지는 기도하는 시간을 정하는 쪽이 효과적입니다.

기도는 주위가 조용해 정신 집중이 잘되고 하루 중 좋은 기운이 가장 왕성한 인시寅時: 오전 3시 30분~5시 30분에 하는 게 가장 좋습니다. 인시는 기의 흐름상 생기가 가장 왕성하기 때문에 기도로써 운명을 바꾸기에 가장 적합한 시간이지요. 천시天時가 있어요. 보리씨를 뿌릴 때가 있고, 볍씨를 뿌릴 때가 있는 거죠. 하지만 생활에 지친 현대인들에게 있어서 새벽에 일찍 일어나는 게 쉽지는 않겠지요. 그러나 마음을 굳게 먹고 새벽 3시 반쯤에 눈을 딱 떠 보세요. 그 자체만으로도 하루가 달라지고 많은 부분이 좋아지는 것을 알게 될 겁니다. 새벽 기도를 한번 체험해 본 사람은 정말로 좋다고 입을 모아 말하지요. 기도의 결과는 들인 공에 비례해요. 쉬운 일보다 어려운 일을 결행할 때 운이 열린다는 점을 알아 두시기 바랍니다.

새벽에 일어나서 세수(물론 목욕재계를 하면 더욱 좋지만)를 한 다음 옷을 단정히 차려입고 가부좌나 책상다리를 하고 편하게 앉습니다. 무릎을 꿇으면 나중에 아파서 집중이 되지 않으므로 권하지 않겠어요. 개인에 따라 차이가 있겠지만, 아무튼 두 시간 정도 편안히 앉아 있을 수 있는 자세를 취하면 됩니다. 평소 입식 생활에 익숙해 바닥에 장시간 앉는 것이 힘들 경우에는 의자에 앉아도 무방하겠지요. 모든 게 심법이니까 몸을 바르게 하고 옷도 단정하게 입고 앉아 마음을 가다듬도록 하세요.

"어느 방향으로 앉는 것이 좋습니까?" 자주 받는 질문입니다. 물론 어느 쪽을 바라보고 앉든 간에 부처님께서 가피를 안 주시는 것은 아니에요. 하지만 가급적이면 동쪽을 향해 앉으라고 권하고 싶군요. 정동쪽에서 약간 북쪽으로 틀어진 방향이 인寅 방향이에요. 우리 안심정사 법당이 인방향이에요. 이 방향에서 생명의 기운이 쏟아져 들어오니 성공의 운 또한 빨리 오겠지요. 나중에는 자신이 앉은 자리가 법당이고 기도처가 될 텐데, 그 단계까지 가기 전에는 해가 뜨는 동쪽으로 자리를 잡도록 하세요.

'어디서' 기도하는가

기도를 반드시 절에 가서 해야 하는지 궁금해하는 불자들이 많아요. 절에서 하면 분위기라든가 기운 같은 것이 훨씬 나은 게 사실이지만, 집에서라도 편안하게 집중하면 얼마든지 좋은 기도를 할 수 있지요. 부처님께서는 시방삼세 안 계신 곳이 없는 분이십니다. 그 자비의 눈길이 미치지 않는 곳은 아무 데도 없지요. 그러니 집에서 하는 것을 원칙으로 하되, 합심 기도나 합동 기도를 할 때는 일정한 기간 동안 절에 모이는 편이 좋습니다. 합심의 효과는 단순히 산술적으로 하나 더하기 하나가 둘이 되는 것을 훨씬 뛰어넘기 때문이에요.

집에서 기도를 할 때는 안방에서 해도 되고 거실에서 해도 돼요. 일본이나 중국 같은 경우에는 집에 기도실을 따로 두기도 합니다만, 우리나라의 여건상 집에 기도실이 따로 없다면 거실을 깨끗이 정돈하고 기도하면 괜찮겠지요.

기도가 익숙해지면 여러분이 앉은 자리가 법당이고 기도처가 되지요. 그 단계까지 가기 전에는 자리를 정갈하게 잘 정리하는 게 중요해요. 기도할 때 앉는 자리와 방향에 관해 전해오는 이야기가 있지요. 양양 낙산사에는 의상 대사가 관세음보살님을 친견하신 자리가 있어요. 아무리 기도를 해도 성취가 잘 안 됐는데 누가 지나가다가 "거기서 몇 발짝 더 가서 기도해 보세요." 해서 그 말대로 했더니 관세음보살님을 친견하게 됐단 말이에요.

다른 얘기 하나 더 해드릴까요. 우리나라에서 역학으로 이름을 날리는 분이 어디를 갔다 오다가 전주역에서 돈이 딱 떨어졌답니다. 점심 값이라도 마련할 요량으로 자리를 깔고 앉았는데 그 많은 사람들이 지나가며 쳐다보지도 않더라네요. 그런데 어느 젊은 사람이 다가와서 "할아버지, 요렇게 바꿔 앉아야지 그렇게 앉아 계시면 점심 굶어요." 그러더라는 거죠. 답답하던 차에 방향을 틀어 앉았더니 줄을 쫙 서더라는 거예요. 본인이 최고라고 생각했는데 처음 본 젊은이에게서 겸손을 배운 거죠.

우리가 한 법당에서 기도를 하더라도 기도가 잘 되는 자리가 있고 그렇시 않은 자리가 있다는 것을 경험하잖아요. 위치와 방향의 작용 때문이죠.

부처님께서는 다 들어주시지만 제대로 알고 정성으로 기도하면 성취가 빠르겠지요.

'누가' 기도하는가

기도의 목표는 각기 다르겠지만, 기도는 바로 자신이 하는 겁니다. 단정한 몸과 마음으로 정성을 다해 기도를 하는 거죠. 그런데 혼자보다는 여럿이 모여 기도하면 효과가 빨라요. 합심으로 기운이 뭉치니까 그렇게 되는 거예요. "우리 집은 한 사람이 대표로 하겠습니다." 보다는 전 가족이 함께 하는 게 가장 좋아요.

예를 들어볼까요. 3볼트로 돌아가는 기계는 1.5볼트로는 안 돌아가요. 두 개를 뭉쳐야 돌아가는 거죠. 무거운 손수레를 끌고 언덕길을 올라가는데 혼자서 하면 얼마나 힘들겠어요. 가족들이 방관하는 건 그래도 나아요. 뒤에서 못 올라가게 잡아당기면 결국 못 올라가는 거예요. 그런데 합심하여 당겨주고 밀어주면 아무리 가파른 길이라도 거뜬히 올라가게 되겠죠.

과거에 포항에 사는 어느 부인이 열심히 절에 가서 기도하는데 남편이 늘 그 일을 못 마땅히 여겼습니다. 시간 있으면 자기와 놀러 다니고 집에서 쉬면 좋을 텐데 뭣 하러 절에 가는가 싶었던 거지요. 일이 잘 풀리지 않으니 부인은 매일 절에 가서 열심히 기도하는데 남편은 그런 부인을 욕하고 괴롭히기만 하는 거예요. 그런데 어느 날 남편이 절에 가서 보니 부인이 초저녁부터 쉬지도 않고 꼬박 3천 배를 하는 거예요. 그 힘든 절을 왜 하냐고 묻자, 부인이 이렇게 답했습니다.

"나 위해서 하는 게 아니고 당신 잘되고 우리 가족 모두 잘되라고 하는 거예요."

그 말을 듣고 남편이 큰 감동을 받았어요. 그때부터 온 가족이 전부 절에 모여 철야기도, 합심기도를 올리게 되었습니다.

마침내 부처님께서 들어주시게 되는 거죠. 우리의 1.5볼트짜리 건전지로 부처님의 백만 톤짜리 크레인을 움직인 것이죠. 부처님의 위신력이 어디 끝이 있겠어요. 아무리 무겁고 힘든 짐이라도 가볍게 들어주시는 겁니다.

'무엇을' 기도하는가

무엇을 목표로 기도하느냐, 다시 말해 목표를 잡는 일도 무척 중요해요. 그 목표가 지나치게 방만하면 뭐가 뭔지 도통 알 수 없게 되어버려 기도의 효험을 기대하기 힘들게 되지요. 기도는 단순하고 명료할수록 가피를 빨리 받을 수 있지요.

우리는 기도를 하기 전에 우선 목표를 정확히 잡아야 합니다. 평생의 목표, 장기 목표, 중기 목표, 단기 목표, 시급한 목표 등을 합리적으로 정해 놓고 기도하라는 얘기예요.

기도를 시작하기 전에는 그 목표가 무엇인가를 되새겨 자신이 무엇 때문에 기도하는지를 잊지 않도록 해야겠습니다. 안 그러면 도중에 '어라? 내가 왜 기도를 하는 거지? 한참 부산으로 가다가 왜 진주로 왔지?' 이렇게 뱅뱅 헛돌기만 하다가 지치고 말 테니까요. 기억은 곧 염심念心이지요. 의미 그대로 마음속에 소중히 새겨 놓는 것이 바로 기억입니다. 그래서 꼼꼼하게 소원표를 작성하라는 겁니다. 기도를 시작하기 전에 소원표를 세 번 소리 내어 읽고 기도를 마칠 때도 또 세 번 읽는 거예요. 그렇게 하면 기도의 시작과 끝이 한가지로 깔끔히 정리될 수 있을 겁니다. 목표를 기억하려는 노력입니다.

소원표를 작성하는 방법을 다시 정리해 드리죠.

많은 학자들이 성공한 사람들을 분석해보니 그 사람들은 목표가 많았다고 합니다. 목표가 많은 것이 좋은 거예요. 그래서 목표를 무조건 열 가지 이상 적으라고 했더니 "저는 아무리 적으려고 해도 열 가지가 안 되는데요."하는 분들이 있어요. 그냥 "우리 다섯 식구 잘먹고 잘쓰고 잘사는 거" 딱 그거 하나가 목표라는 거예요. 그것은 목표가 될 수 없어요.

'하고 싶은 일', '되고 싶은 것', '갖고 싶은 것', '가고 싶은 곳', '나누고 싶은 것' 이렇게 명확하게 구분해서 목표를 정하는 겁니다. 우리가 무엇을 하기 위해서 기도하는가 하면 그 목표를 달성하기 위해서 하는 거예요.

'어떻게' 기도하는가

기도는 그것에 담긴 내용에 따라 크게 두 가지로 나눌 수 있지요. 소원이 이루어지기를 바라는 소원 성취 기도와 소원이 이루어진 뒤 감사하는 감사 기도가 바로 그것들이에요. 소원 성취 기도에는 부수적으로 참회 기도가 따르지요. 과오를 고친다는 뜻에서 개과지법改過之法이라고도 하는데, 과거의 허물을 고치기 위해 마음을 닦아 바르게 만드는 기도라고 할 수 있어요. 지장 기도가 좋은 이유는 여기서도 드러나지요. 과거에 지은 업에 따라 현세에서 과보를 받는 것을 정업定業이라고 하는데, 지장 기도는 정해진 업, 즉 운명을 바꾸기 위한 기도예요. 지장 기도에는 멸정업진언滅定業眞言이 들어 있잖아요. 자연적으로 참회의 단계를 거치게 되어 우리의 마음이 청정해지게 되죠.

"지장 기도를 하면 마장魔障이 옵니까?"

이 또한 자주 듣는 질문이에요. 전혀 사실이 아니므로 걱정하지 않기 바랍니다. 지장 기도를 절에서 하지 않고 집에서 하면 귀신이 나온다는 소리도 있지만 낭설일 뿐이에요. 기도에 마장이라는 건 원칙적으로는 없다고 생각하면 돼요. 기도하는 사람이 쓸데없이 마음 장난을 해서 해괴한 것들을 스스로 부르곤 하는 거죠. 제대로 알고 정성으로 기도하면 그런 일은 절대로 생기지 않습니다.

행복해지면 입에서 절로 감사하단 소리가 나옵니다. 감사 기도란 이것과 비슷한 거예요. 소원 성취 기도를 열심히 올려 소원이 이루어졌으니 이제 끝! 결실만 똑 따먹고서 모른 척하면 어디 되겠어요. 본시 부처님께는 벌이란 개념이 없으니 부처님께서 벌을 주시지는 않겠지만, 이런 경우엔 인과법에 의해 벌을 받게 됩니다. 내가 지어 내가 받는 벌이니 어쩌겠어요. 불자들 가운데에는 이 감사 기도가 생활화되지 않은 분들이 많은데, 지켜보는 입장에서는 안타까운 일이 아닐 수 없지요.

기도는 무엇을 사용해 기도하느냐에 따라 몸기도(몸공부)와 마음기도(마음공부)로 구분할 수 있습니다. 108배라든가 1080배 등을 올리는 것은 몸공부에 속하지요. 기공氣功도 그렇다고 볼 수 있고요. 독경 기도, 염불 기도, 명상 기도, 진언 염송 등은 마음공부에 속합니다. 마음을 집중한 채로 손가락 열 개를 움직인다면 이 또한 마음으로 무심결에 기도한 것과 다를 게 없어요. 최소의 노력으로 최대의 효과를 보는 기도는 영육쌍전靈肉雙全 기도법입니다. 영육쌍전이란 말 그대로 몸공부와 마음공부를 한꺼번에 하는 것이지요. 독경 기도를 할 때 한문으로 된 경전을 읽으면 무슨 뜻인지 모르므로 큰 효과를 보기 어려워요. 이 경우 한글로 뜻풀이가 된 경전을 읽으면 영육쌍전이 빠르게 되지요. 고귀한 경전의 의미를 깨우치는 것에 더해 기도의 위신력도 빨리 받을 수 있으니 그보다 더 좋은 것이 어디 있겠어요. 거듭 강조하지만 새벽에 일어나 《지장경》을 독송하는 것이 가장 빠른 영육쌍전 기도법입니다. 기도를 한참 하다 보면 스스로의 마음이 거짓 신앙인지 참 신앙인지 알게 됩니다. 올바른 기도를 하려면 우선 자기가 믿는 것이 거짓 신앙인지 참 신앙인지 잘 구분해야 하지요.

남이 좋다는 것을 모두 집어넣어 《천수경》에 《금강경》에 《능엄경》도 모자라 광명진언이니 무슨 진언이니 해서 많은 경전과 진언을 동원하는 사람들이 있어요. 그분들은 이렇게 말합니다. "지장보살님만 부르면 관세음보살님이 서운해 하시죠. 또 관세음보살님만 부르다 보면 아미타불님이 서운해 해요." 그래서 이분 저분 부르다 보면 약사여래불도 불러야 하고, 산신님도 불러야 하고, 마음만 급해집니다.

  어느 불자가 와서 내게 묻더군요.

  "기도를 하면 왜 자꾸 잡념이 생기고 졸리나요?"

  잡념이 드는 것도 졸리는 것도 다 정상이에요. 처음에는 정신을 집중하므로 기도가 잘되지만 시간이 갈수록 마음이 풀어져 그 틈으로 잡념이 일어나는 게 당연합니다. 이는 아직 자기 마음의 상태를 정확히 파악하지 못했기 때문이에요. 조금 여유가 생기면 마음속에 감춰진 잡념 덩어리를 인식하게 되지요. 마치 물결이 잔잔해지면 바닥의 불순물이 보이는 것처럼 말입니다. 그 단계가 되면 자신의 기도가 한 걸음 발전했다고 봐도 되겠지요.

🪷 '왜' 기도하는가

  마지막으로 내가 여러분에게 물어보겠습니다.

  "왜 기도하세요?"

  " '내'가 어려우니까 해결해주세요. '내'가 저걸 하고 싶은데 꼭 이뤄주세요."

다들 이렇게 기도합니다. '나'를 위해 기도하는 거예요.

그런데 기도를 해보면 그 '나'가 내 가족, 이웃, 나라, 온 세상, 이렇게 커지게 되는 거예요.

왜 그렇게 될까요. 기도는 참회부터 시작되기 때문에 그렇게 되는 거지요. 기도를 통해 '참 나'가 어렴풋이 보이게 되면 가족, 친구, 이웃, 이 세상에 신세진 게 너무 많다는 것을 알게 되죠. '나'만 잘되게 해달라고 부처님께 빌었는데 참회라는 과정을 거쳐 내 자신이 청정해지며 이웃을 사랑하는 마음이 자라나게 된 거예요.

나는 이런 질문을 받은 적이 많아요.

"죽어라고 열심히 기도했는데 부처님께서 왜 제 소원을 이루어 주시지 않는 건가요?"

"잘되어 가는 일이 틀어져 버렸어요. 부처님께서는 왜 제 일을 훼방하시는 거죠?"

이런 질문에 대한 대답은 간단합니다.

"기도 더 하세요."

부처님께서 도와주시지 않는 데에는 다 이유가 있을 테니 조금 더 기다려 보라는 뜻입니다.

우리는 최선을 다해 기도하고 나서 진득하게 기다릴 줄 알아야 합니다. 소원이 이루어지지 않았다고 원망하지 말고 더 감사하는 마음으로 기도해야 하지요. 그러면 부처님께서는 이미 준비해두신 가장 좋을 것을 주실 겁니다. 거듭 말씀 드리지만 내 뜻대로 안 되고 내 뜻대로 안 해 줬다고 속상해 할 필요 없어요. 부처님께서는 가장 알맞은 시점에 가장 좋은 걸 주시니까요.

간절하게 기도해서 소원을 성취한 분의 이야기를 소개합니다.

"이게 다 당신 기도 덕분이구먼, 그 동안 많았소."

무뚝뚝한 남편이, 과학적으로 증명되지 않고서는 절대로 모든 것을 믿지 않는 남편이 아들이 서울대에 합격하자 제게 보낸 문자예요. 많은 축하 문자를 받았지만 아직도 잊히지 않는 거랍니다. 행복했어요. 그런데 요즈음에는 매일 매일 더 큰 행복을 누리고 있답니다.

아침마다 한껏 멋을 부리고 콧노래를 부르며 학교에 가는 아들을 볼 때마다 그렇게 좋을 수가 없어요. "부처님과 지장보살님께 감사를 드리고 또 드립니다."

이분과는 3년 전에 만났는데, 그때 이분이 아주 간절하게 청했어요.

"스님, 저 좀 어떻게 해 주세요."

말씀을 들어보니 이 불자님이 아들 서울대 보내겠다는 원을 세우고 안 해본 게 없는 거예요. 아들이 고3이 되면서 기도를 시작했는데 아는 것도 별로 없고 하다 보니 여기저기서 주워들은 대로 다 따라 한 거예요. 그 더운 여름에 무릎이 다 망가질 정도로 절을 하며 부처님께 매달렸지만 시간이 갈수록 불안만 커지는 거였지요. 기도하는 방법을 모르고 무턱대고 했으니 얼마나 힘들고 답답했겠어요.

이 불자님이 기도방법을 알고 나서는 아주 철저하게 부처님께 매달렸어요.

"오직 아늘의 서울대 합격을 위해서 정말 굳은 결심으로 하고 새벽 세 시 반이면 어김없이 일어나 공양금을 올리고 졸리는 눈을 젖은 수건으로 비비며 지장경을 읽었습니다. 법안 스님께서 가르쳐주신 대로 했습니다."

"새벽기도를 시작하고 일주일 정도 지났는데, 제 머리 위에서 시커먼 연기가 뿜어져 나오는 가하면, 유명 연예인이 미용사로 나와서 제 머리를 단정하게 다듬어주는 꿈을 꾸었어요."

기도에 힘이 붙은 거예요. 신바람 나게 기도를 한 거죠.

마침내 아들은 수능을 거쳐 면접을 보고 합격자 발표를 기다리게 된 거예요. 그런데 이 불자님은 합격자 발표 예정일 보다 열흘 전에 아들이 합격했다는 것을 확신했다고 합니다.

"그 날도 법당에서 염불을 하고 있는데 갑자기 장미 향기가 나기 시작했어요. 그것도 장미 한 두 송이가 아니라 장미꽃밭에 빠져 있는 것처럼 이루 말할 수 없이 짙은 향기가 났어요.

그 일이 있고나서부터는 지장보살님께 계속 감사의 기도를 드렸는데 드디어 아들이 합격했다고 알려오더군요."

열한 번째 법문

부처님께서는
이 땅에 왜 오셨는가?

🏵 천상천하유아독존의 참뜻

부처님께서는 약 2,500년 전 이 세상에 오셔서 첫 번째 선언을 하셨어요. 룸비니 동산에서 탄생하신 직후, 한 손은 하늘을 향하고 한 손은 땅을 향한 채 네 방향으로 일곱 걸음씩 내딛으시면서 '천상천하유아독존天上天下唯我獨尊, 삼계개고아당안지三界皆苦我當安之' 라고 하셨어요.

하늘 위 하늘 아래에 나 홀로 존귀하네.
모든 세상이 다 괴로우니 마땅히 내가 모두 구제하리라.

'천상천하유아독존' 누구나 다 들어본 말씀이에요. 그런데 속세의 대부분 사람들은 이 말씀을 믿지를 않아요. 마치 이웃 종교에서 교주를 신격화하기 위해 만들어 낸 말 정도로 생각하고 그냥 넘어가는 거예요. 부처님이 누구신지 기초적인 것을 잘 모르니 그냥 그렇게 넘어가는 거예요.

부처님 탄신일인 사월초파일을 "부처님 오신 날"이라고 하죠.

부처님이 이 땅에 "오셨다"고 하는데 그러면 어디서 오신 걸까요. 이 부분이 중요해요. 석가모니 부처님은 도솔천에서 오셨거든요. 도솔천은 어딜까요. 장차 부처님이 되실 보살이 머물며 수행을 하는 곳이에요. 석가모니 부처님은 과거 수천 겁 동안 수행을 하신 분이에요. 과거세에 보살로서 보살계를 닦고 있을 때 연등불께서 "너는 미래세에 부처가 될 것이다."라고 예언을 하셨지요. 석가모니 부처님은 부처가 되기 직전에 도솔천에 머무시며 우리가 살고 있는 이 세상을 살펴보셨지요. 중생들이 고통을 받고 있잖아요. 때가 되자 천신들의 권유를 받아 이 세상에 내려오시면서 원을 세우십니다.

"내가 중생의 몸으로 태어나 생로병사의 고통에서 벗어나는 진리를 체득하여 모든 중생들로 하여금 그 진리를 깨닫게 하리라."

마침내 마야부인의 태를 빌어 이 세상에 오시자마자 우리에게 '천상천하유아독존'이라는 가르침을 주신 거죠. 여기서 '아我'는 부처님 당신을 가리킨 말이 아니에요. 그 '나'에는 모든 중생들이 포함되어 있지요. 그러니 '천상천하유아독존'을 다시 해석하면 모든 존재들이 다 존귀하고 소중한 불성을 지녔다는 뜻입니다. 이렇듯 부처님께서는 누구나가 이 우주에 오직 하나밖에 없는 아주 소중한 존재라고 축복해 주신 것이지요.

부처님의 이 말씀은 바로 생명 존엄의 선언입니다. 부처님께서는 빈부와 귀천, 남녀와 노소, 피부 색깔, 배우고 못 배우고 등 갖가지 구별을 망라하시어 모든 인간을, 아니 인간뿐 아니라 짐승이든 귀신이든 천상계의 신이든 다 소중하고 존귀하게 여기신 거예요.

'삼계개고아당안지'는 부처님이 하실 일, 즉 이 세상에 오신 목적을 알려주신 거예요. 자비로우신 부처님께서 모든 중생들을 고통에서 건져주겠다는 의지를 담고 있지요.

부처님께서는 이런 대단한 선언을 하셨는데 우리 범부중생들은 과연 어떠합니까? 겨자씨만도 못한 것을 가지고 잘났네 못났네, 넘치네 부족하네, 배웠네 못 배웠네 굽실거리기도 하고 경멸하기도 하며 살아가지는 않나요?

미국에 빅터라는 사람이 있었어요. 그가 15살이 되던 해 학교 선생님이 말했지요.

"너는 도저히 머리를 써서 사는 것은 불가능하니 어디 가서 막노동이나 해서 살아라."

그날 이후 빅터는 '내 머리는 폼으로 달고 다니는 거나 마찬가지니 선생님 말씀대로 막노동이나 해야겠다'라고 생각하고는 17년이라는 세월을 온갖 허드렛일을 해 가며 살았어요.

그러던 중 빅터는 우연히 아이큐를 테스트할 기회가 있었지요. 그런데 놀라운 일이 생겼어요. 아이큐 테스트 결과, 빅터의 아이큐가 무려 161이나 되었어요. 대체로 아이큐가 140 이상이면 천재라고 하는데, 그것보다 훨씬 높았던 거죠. 그런 종류의 테스트가 무척이나 발달한 미국이었으니 결과에 실수는 없었을 거예요.

깜짝 놀란 빅터는 그때부터 자신의 비상한 두뇌를 인식하고 그에 맞는 행동을 시작했어요. 여태까지는 저능아에다가 바보 천치인 줄 알았는데 사실은 천재라는 점을 깨우친 거죠. 그래서 그때부터 공부하여 책도 쓰고, 발명도 하고, 특허도 내고, 또 기업을 아주 잘 운영해서 큰 성공을 거두었다고 합니다.

이 빅터라는 사람이 하루아침에 달라진 까닭은 무엇일까요?

빅터는 17년이란 세월을 막노동판을 전전하며 살았지요. 사회의 가장 밑바닥에서 하루하루 근근이 살아갔기 때문에 지식을 쌓을 기회가 전혀 없었어요. 독서량도 빈약하고 배움의 기회도 만나지 못했는데 어느 날 갑자기 자신의 아이큐가 161이라는 사실을 알아버린 겁니다. 그 순간 빅터는 성인이 된 이후 처음으로 자신감이란 것을 갖게 되었어요. 그리고 그 자신감이 빅터가 가지고 있던 모든 능력을 이끌어 내게 되었고요.

이후 빅터는 멘사라는 세계적인 천재들의 모임에 회장까지 맡게 됩니다. 17년간이나 저능아에 바보 천치로 살았는데 우연한 기회에 해 본 아이큐 테스트 한 번에 인생이 송두리째 바뀌게 된 셈이죠.

갑자기 천재 얘기는 왜 하는 거냐고요?

부처님께서 우리에게 오셔서 하신 첫 번째 선언을 떠올려 보세요. 천상천하유아독존, 하늘 위 하늘 아래 내가 가장 존귀합니다. 바로 여러분이 말이에요. 이 선언을 빅터가 만난 아이큐 테스트라고 생각하면 어떨까요.

빅터를 17년간 고통의 구렁텅이에 빠트린 그 고약한 선생은 우리 주위에도 있어요. 나는 머리가 안 받쳐 줘, 운이 안 받쳐 줘, 사주팔자가 나빠, 환경이 안 좋아, 사는 시대가 안 맞아, 이렇게 생각하고 스스로 포기한다면 15살 빅터가 그 선생이 무심코 한 한마디에 세뇌되어 자신의 인생을 돌보지 않은 것과 다를 바 없지 않겠어요.

그런 분들을 위해 부처님께서는 선언하십니다.

"너는 가장 존귀한 존재다!"

부처님을 믿는 것만큼 스스로 존귀하다는 것을 믿으세요. 빅터를 일으켜 세운 자신감이 여러분도 일으켜 세울 겁니다.

불성은 누구에게나 있다

부처님께서는 우리 중생을 선남선녀라고 표현하셨는데, 이는 좋은 집안에서 태어난 훌륭한 남녀를 뜻합니다. 형편없는 범부중생이 아니라 훌륭한 사람이라는 거죠. 재미있는 것은, 부처님 눈에는 훌륭한 사람인데 우리 스스로는 박복한 범부중생이라고 착각하고 산다는 사실이에요.

그래서 부처님께서는 다시 한번 선언하십니다. 세월이 흘러 보리수 밑에서 샛별을 보고 성불하셔서 도를 이루신 다음, 부처님께서는 또 이렇게 말씀하셨지요.

"기특하고 기특하다. 희한하고 희한하다. 널리 일체 중생을 관찰해 보니 부처의 지혜와 덕을 다 갖추고 있도다. 다만 망상과 집착으로 세뇌를 받았고, 그것을 제대로 깨닫고 알지 못할 뿐이다."

정말로 엄청난 말씀이라 아니할 수 없지요. 저능아에 바보 천치로 세뇌당한 것 때문에 자신의 좋은 능력들을 전혀 쓰지 못하고 꽁꽁 묶여 산 미국의 어느 천재처럼, 우리 또한 망상과 집착에 세뇌당해 우리의 마음속에 부처님의 마음이 없다고 믿고 산다는 말씀이니까요.

잘났든 못났든, 또 외부 환경이 어떻든 간에 모두가 여래의 지혜와 덕을 지닌 존재인데, 다만 망상과 집착으로 인해 박복한 범부중생이라고 철저하게 세뇌당해 자신 속의 부처님을 잃어버리고 산다면 이 얼마나 안타까운 일이겠어요. 그러니 이제부터라도 자신이 여래의 지혜와 덕을 지닌 존재임을 굳게 믿고 열심히 공부해 나가야 합니다.

생각을 바꾸세요. 우리는 또 다른 부처님이니까요.

희유한 존재인 우리들

기계 일을 하다가 잘못하는 바람에 팔이 잘린 분이 있어요. 20년 전쯤의 일인데, 보상금으로 1억 원을 받았다고 하더군요. 당시 돈으로 1억 원이면 작은 돈이라 할 수 없지만, 팔 하나 잃은 값으로는 결코 많은 돈이라고 할 수도 없지요. 얼마를 줄게 팔 하나 잘라라 하면 자를 사람이 있을까요? 얼마를 줄게 눈 하나 파내라 하면 파낼 사람이 있을까요?

과학적으로 따져 봐도 인간이 아주 소중한 존재라는 사실을 알 수 있어요. 정보화 시대를 맞이해 이제는 필수품처럼 보급된 것이 컴퓨터라는 물건인데, 과거에는 이 컴퓨터가 무척 비쌌어요. 요즘의 전자계산기보다 조금 나은 수준의 컴퓨터가 집 한 채 값을 뛰어넘었다나요. 하지만 지금은 그렇지 않아요. 과거의 것과 비교조차 할 수 없을 만큼 뛰어난 성능을 가진 컴퓨터를 훨씬 저렴한 가격에 살 수 있지요.

그런데 이 컴퓨터들 가운데에는 슈퍼컴퓨터라는 게 있다고 하더군요. 그 성능이 보통 컴퓨터 수천수만 대를 합친 것보다 뛰어나 과학 기술이 발달한 오늘날에도 슈퍼컴퓨터를 한 대 만들려면 천문학적인 비용이 든대요.

하지만 그 슈퍼컴퓨터로도 대체할 수 없는 게 있어요. 바로 인간의 두뇌죠. 계산이라면 아무리 어려운 수학 문제라도 0.0001초 안에 해내는 슈퍼컴퓨터지만, 어떤 꽃이 더 예쁜가, 어디 경치가

확신과 믿음과 정성을 가졌다면 생사의 바다도 건널 수 있습니다.
세상의 모든 문제를 해결할 수 있는 것이 부처님의 법이에요.

더 좋은가, 누가 더 착한가 같은 어린아이들도 판단할 수 있는 문제 앞에서는 꿀 먹은 벙어리가 되어 버리고 마는 거죠.

이렇듯 우리의 몸은 보통 소중한 게 아니에요. 하물며 거기에 더해 여래의 지혜와 덕까지 갖추었음을 알게 되었으니 가히 천상천하에서 가장 소중한 존재라고도 할 수 있지요.

제법 오래전의 일인데, 고려 불화 한 점이 미국의 유명 경매장에서 우리 돈으로 수십억 원(지금 돈으로 따지면 백억 대는 되지 않을까 싶어요)에 낙찰되었다는 뉴스를 보았지요. 고려 불화가 왜 그렇게 비싼가 하면 바로 희소성 때문이에요. 공기 없이는 누구도 살지 못하지만 공기를 비싼 돈을 주고 사는 사람은 없어요. 그만큼 흔하기 때문이지요. 누구나 다 가질 수 있는 거라면 싸구려로 취급받지만 그렇지 않은 것은 귀하게 취급받게 돼요. 희소성이란 그런 것이지요.

한데 부처님께서는 그 어떤 사람이라도 세상에 하나밖에 존재하지 않기 때문에 희소성이 굉장하다고 말씀하셨어요. 천재든 바보든, 부자든 가난뱅이든 누구라도 하나밖에 없는 귀한 존재입니다. 그러므로 우리는 부처님이 말씀하신 '천상천하유아독존'을 깊이깊이 새겨야하지요.

이제부터라도 '나는 부처님이다'라는 생각으로 자신감을 가지고 행동하도록 하세요. 단, 부처님이기도 하지만 동시에 인간이기도 하다는 것만큼은 꼭 기억해야 합니다. 인간은 실수하는 동물이에요. '나는 부처님이다'라는 마음가짐으로 무엇을 했다 하여 그 실수를 피해 갈 수는 없는 것이지요. 그러니 인내심을 가지고 반복, 반복, 또 반복하기를 권합니다. 우리 안에 깃든 여래의 지혜와 덕을 드러내는 책임은 다른 누구도 아닌 우리 자신에게 있으니까요.

부처님께서는 룸비니 동산의 무우수無憂樹라는 나무 밑에서 태어나셨습니다. 무우수, 즉 아무런 근심도 없는 나무 밑에서 태어나셨다는 것은 우리에게 중요한 점 하나를 일깨워 주지요. 앞서도 말했듯이 우리를 세뇌하는 것은 망상과 아집이에요. 여래의 지혜와 덕을 깨달아 스스로 존귀해지기 위해서는 그것들을 떨쳐 버려야 한다는 것이 바로 무우수라는 이름의 나무로 상징되는 것이지요.

행복 거두기

이 세상의 모든 목숨을 가진 존재들은 행복해질 권리가 있습니다. 우리가 인간으로 어렵게 태어나 행복하게 살지 못하고 슬픔과 탄식, 눈물과 고통으로 살아간다면 참으로 억울한 일입니다.

행복은 우연히 다가오는 것이 아니지요. 가만히 있는데 하늘에서 뚝 떨어지거나 땅에서 불쑥 솟아나는 게 아니에요. 더구나 잘살고 못사는 게 타고난 팔자 때문만은 더더욱 아니에요.

행복은 마치 농부가 씨앗을 심고 잡초를 뽑아주며 잘 가꾸어 풍성한 열매를 거두는 것처럼, 행복의 인연이 되는 씨앗을 심고 불행을 가져오는 요소를 뽑아내며 잘 가꾸어야만 행복이라는 열매를 거두게 되는 거지요. 그러니 우리 인간은 행복을 심고 행복을 거두는 '행복의 농부'라고 할 수 있어요.

우선 좋은 환경 그 자체가 행복이 아니라는 것을 알아야 해요. 많은 사람들이 높은 지위나 많은 재물이 행복을 가져다준다고 생각하고 있어요. 그래서 오로지 권세와 재물만을 쫓다가 그것을 성취하고는 크게 실망하고 좌절하는 모습을 얼마든지 볼 수 있지요. 좋은 환경은 행복에 플러스 요소가 될지는 몰라도 행복 그 자체는 아니라는 것을 분명히 알아야 합니다.

사라센의 위대한 왕이었던 칼립아브데라함 왕은 50년간 왕좌에 있으며 온갖 부귀와 영광을 누렸지만 죽음을 앞두고 "나는 14일밖에 행복한 날이 없었다."며 지난날을 후회했지요. 이러한 사례는 얼마든지 있어요. 중국 천하를 정복한 순치 황제는 말년에 권좌를 버리고 불교에 귀의하여 진실한 행복을 찾아 나섰지요.

다음으로는, 어떤 문제를 해결하면 행복해질 거라고 기대하지 마세요.

남편 때문에, 아내 때문에, 물질 때문에, 지위 때문에…. 이렇게 되면 '때문에'가 행복을 파괴하게 되고 여러분은 언제나 겹겹이 싸인 '때문에'라는 산을 고단하게 넘어야 할 것입니다. 이유를 달아서 행복해지려고 하면 그 이유는 여러분에게 절망과 고통만을 가져다주게 돼요. 그래서 부처님께서는 '지금 여기서' 삶에 충실하라고 말씀하시는 거지요.

행복이라는 것은 장차 다가오는 것이 아니라 현재 나의 처지와 환경에서 누려야 하는 겁니다.

마지막으로, 행복은 현재 마음먹기에 달려 있다는 점을 강조하고 싶어요.

여러분이 행복하기로 작정하면 행복해질 수 있고, 불행해지기로 작정하면 삶이 어두워지는 건 당연해요.

"행복이란 우리에게 주어진 시간의 대부분을 우리 생각이 기쁘게 지내는 마음의 상태이다."

유명한 의학박사인 존 쉰들러가 그의 '행복론'에서 주장한 말이에요.

하루 24시간 중에 20여 시간을 마음속에 기쁨을 담고 보낸다면 그것이 바로 행복입니다. 여러분은 주어진 시간 중에 얼마만큼을 기쁜 마음으로 보내나요. 행복은 마음이라는 그릇에 담겨 있는 것이지 환경이라는 그릇에 담겨지는 것이 아니라는 것을 분명하게 아시기 바랍니다.

어떻게 해야 우리의 삶이 최대의 행복을 누릴 수 있을까요.

무엇보다 행복한 마음의 습관을 가져야 합니다.

인간의 마음은 습관에 따라 달라집니다. 대부분의 사람들은 하루 24시간 동안 부정적이고 슬프고 괴롭고 탄식하는 불행한 습관을 가지고 있어요. 불행해지는 거예요.

이제 여러분은 이런 불행한 습관을 버리고 행복한 습관을 들여야 하겠지요. 굳은 의지로 나쁜 생각이 들어오면 뽑아버리고 언제나 좋은 것, 행복한 것에 습관을 들여 행복한 삶을 살아가야 하겠지요.

여래의 지혜와 덕

일전에 어떤 불자가 찾아와 자신이 성공하게 된 원동력을 이야기 하더군요.

"스님, 저는 매일 아침저녁으로 10분씩 명상을 합니다. 그 때문에 일이 잘 풀린 것 같아요."

"어떤 명상을 하시는데요?"

"제가 지닌 여래의 지혜와 덕을 전부 발휘할 수 있도록 저 자신에게 계속 되뇌는 것이 제가 하는 명상입니다."

그러니까 "나는 잘한다. 나는 잘된다. 정말 잘 돼, 할 수 있어."라고 스스로에게 계속 말해 준다는 것이지요. 바람직한 일이에요. 그 결과로 잠재의식 속에 긍정적인 마인드가 형성되면 우주의 기운까지도 좋게 바꿀 수 있는 능력이 생기니까요. 이 또한 인간에게 여래의 지혜와 덕이 있으니 가능한 일입니다. 이제 우리도 그런 성공한 사람들의 마음공부를 배우고 익혀서 성공해야 해요. 그리하여 많은 이웃들에게 그 혜택을 나눠 줄 수 있는 사람이 되어야겠지요.

나는 부처님께서 우리에게 오신 진정한 의미를 알고 감탄하지 않을 수 없었어요. 금생에 이보다 더 소중한 인연이 없다는 사실을 깨닫게 되었지요. 나는 바보인 줄 알았는데, 그게 아니라 여래의 지혜와 덕을 가신 세상에 하나밖에 없는 존재, '천상천하유아독존'인 그런 존재라는 것을 알려주신 분이 바로 부처님이시니까요.

앞서서 우리의 몸이 얼마나 소중한 것인지 말씀드렸어요. 그러나 '육신으로서의 나'는 '참된 나'가 아닙니다.

여기에는 두 가지 의미가 있어요.

첫 번째는 영원불멸의 존재가 아니라는 의미에요. 육신은, 비유하자면 소모품이라고 할 수 있어요. 컴퓨터프린터에서 잉크가 떨어지면 갈아야 하듯이, 자동차 타이어가 펑크 나면 갈아야 하듯이, '육신으로서의 나'는 언젠가는 떨어지고 펑크 나서 사라질 존재지요. 그렇다고 '아, 소모품이니까 막 써 버려도 되겠구나!' 하고 생각하면 안 될 일이에요. 프린터 잉크나 자동차 타이어는 어디서든 구할 수 있지만 내가 가진 이 몸뚱이는 세상 그 어디에서도 구할 수 없는 하나뿐인 소모품이니까요.

두 번째는 자유자재한 존재가 아니라는 의미에요. 우리는 감각에 묶이고 생각에 묶이고 조건에 묶이고 환경에 묶여 살아갑니다. 감각만 봐도 그래요. 눈은 보기 좋은 것만 보려고 하고, 귀는 듣기 좋은 소리만 들으려 하고, 코는 향기로운 냄새만 맡으려고 하지요. 이렇듯 육근이 전부 자기 좋은 것만 골라서 집착하려고 하기에 자유자재할 수 없는 것이지요.

영원불멸하지 않은 '나', 또 자유자재하지 않은 '나'. 불교에서는 이런 '나'를 설명하기 위해 '무아無我'라는 용어를 사용합니다. 없을 '무'에 나 '아'니까 단순히 '내가 없다'라고 해석하면 안 돼요. 지금 여기 이 자리에 엄연히 존재하는 내가 없긴 왜 없습니까? 이것은 영원불멸하지 않고 자유자재하지 않은, 그래서 인간의 굴레를 벗어던지지 못 한 '나'를 깨달으라는 것과 영원한 '내 것'이라는 게 없다는 것입니다.

비록 '나'는 영원불멸하지도 못하고 자유자재하지도 못하지만, 그러한 '나'가 우리에게 주어졌을 때에는 최대한 잘 활용해야만 하지요. 그래서 복을 지으라고 자꾸 얘기하는 겁니다.

부처님께서는 믿을 수 없는 것이 세 가지가 있다고 하셨습니다. 첫 번째가 육체, 두 번째가 목숨, 세 번째가 재산이지요. 그러시면서 믿을 만한 게 못 되는 육체 속에서 공덕을 짓는 방법을 찾고, 수명이 다 할 때까지 공덕을 짓고, 재산이 있을 때 공덕을 더하라고 말씀하셨어요. 그러면 그 공덕은 영원불멸하고 자유자재할 수 있다고 강조하신 거죠.

유한한 육체, 유한한 생명, 유한한 재산 속에서도 부단히 공덕을 짓고 쌓는다면 삶이 다하는 그날이 와도 빙그레 웃으면서 "정말 멋진 인생 살았어." 하고는 유유히 극락세계로 들어갈 수 있을 겁니다.

얼두 번째 법문

잘살아야 한다 ─────

🍁 우리에게 가장 필요한 것

우리들이 가장 관심을 갖는 건 당면한 현실의 고통에서 어떻게 벗어나느냐 이겁니다.

"인간은 어떻게 생겨났으며, 이 세상은 언제 어떻게 될 것인가" 이런 형이상학적인 문제는 그 다음의 문제입니다.

어떤 사람이 독화살을 맞았어요. 몹시 고통스럽죠. 친척이 화살을 뽑으려하자 독화살을 맞은 사람이 말리는 거예요.

"누가 화살을 쏘았는가?"

"화살이 어느 방향에서 날아 왔는가?"

"화살은 무엇으로 만들어졌는가?"

이런 것들을 다 파악한 후에 화살을 뽑겠다는 겁니다. 그러면 이 독

화살을 맞은 사람은 어떻게 될까요. 독이 온몸에 퍼져 화살을 뽑기도 전에 죽게 되겠죠.

'독화살 비유'로 널리 알려진 얘기로 형이상학적인 문제는 지금 당장의 고통을 해결하고 난 뒤의 문제며, 깨달음에는 아무런 도움이 되지 않는다는 것을 이야기 하고 있습니다.

일부 종교학자들은 물질과 인간과 종교의 관계를 설명하며 맨 아래에 물질세계를 두고, 그 위에 철학과 도덕을 두고, 맨 위에 신의 세계인 종교를 두기도 합니다. 그러나 종교는 물질세계와 인간세계를 초월하는 게 아니라 물질과 인간을 기초로 하여 존재합니다. 인간이 없다면 종교가 무슨 필요가 있겠어요. 물질은 하찮은 게 아니라 가장 근본이고 필수라는 사실을 알아야 합니다.

일전에 어느 불자가 편지를 보낸 게 있는데, 우리 불자들의 마음을 대변하는 대목이 들어 있는 것 같아 여기서 소개할까 합니다.

"한때는 교회에 다녔지만 결혼을 하면서 불교를 믿게 되었습니다.
어언 22년의 세월이 흘러가고 있네요.
그간 불자로서의 자부심과 긍지를 갖고 기초 교리 과정부터 두루 배워왔지만 항상 머릿속을 떠나지 않는 의문이 하나 있습니다.
왜 불교는 고승 대덕 스님이나 고급 교육을 받은 신세대 스님들까지도 한결같이 마음에 관한 이야기를 그리도 강조하는가 하는 것입니다.
우리가 살고 있는 사바세계는 말 그대로 먹고사는 게 우선이고, 치열

한 경쟁 속에서 남을 이겨야만 내가 올라가고, 힘들어도 참고 견디는 그야말로 범부중생들이 모인 세계인데, 지금의 현실과는 너무 동떨어진 이야기만 하시니 답답한 마음 그지없습니다. 전부 다 내려놓아라, 마음을 비워라, 욕심내지 마라' 등 등.

이러고 보니 불교를 믿는 사람들은 무조건 남에게 양보하며 살아야 하고 신변에 안 좋은 일이 생기면 해결책을 제시해 주지도 못하면서 전생에 지은 업으로만 치부하는 것도 사실입니다.

물론 재가불자도 마음을 닦는 일에 소홀해서는 안 되겠죠. 하지만 출가한 스님들한테나 필요한 내용들을 범부중생들에게 주입식으로 교육시키는 작금의 불교계 현실에 회의를 느끼고 있습니다."

이 불자는 신앙생활에서 무엇을 선택하느냐 하는 문제에는 탁월한 선택을 하여 부처님의 법에 잘 들어왔는데, 그 다음부터가 문제인 것 같아요. 제대로 된 인연을 만나지 못해 바라는 공부를 못 한 거죠. 이제 이 불자가 질문한 것 중에서 '내려놓아라, 마음을 비워라, 욕심내지 마라' 하는 세 가지를 경전에 근거해서 살펴보겠어요.

우리가 잘살고 싶은 것은 자연스러운 소망이에요. 늘 강조하지만 잘살고 싶은 건 욕심이 아니지요. 《대념처경大念處經》에서는 욕심을 이렇게 풀이하고 있어요.

"욕심이란 주지 않는 것을 뺏으려는 마음이다. 그리고 도둑질하는 마음이 욕심이다."

우리 아들 좋은 대학에 가게 해 달라고 비는 마음은 욕심일까요, 아닐까요? 아닙니다. 주지 않는 것을 뺏으려는 마음도 아니고 도둑질하는 마음도 아니므로 그건 욕심이 될 수 없지요.

건강하게 살고 싶고, 부자로 살고 싶고, 사랑받고 싶고, 자녀가 잘됐으면 좋겠다고 바라는 이런 것들은 절대로 욕심이 아닙니다. "저 좀 잘살게 해 주세요. 열심히 노력하겠습니다." 이렇게 비는 마음을 욕심이라고 손가락질한다면, 그것은 믿을 필요도 없는 종교라고 생각해요.

소망이란 것을 보다 섬세히 알기 위해서는 이 욕심이란 것의 정의를 정확히 알 필요가 있지요. 부처님 전에 나아가 뭔가를 해 달라고 비는 것 자체는 절대로 욕심이 아니에요. 부처님께서는 늘 불자들의 소원을 들어주시려고 하는데, 도대체 불자들이 뭔가를 해 달라고 기도하지 않으니 오히려 속상해 하신답니다. 자신의 간절한 소망을 욕심이라고 손가락질하면서 빌지도 못하게 하면 우리 재가불자들이 얼마나 답답하고 안타깝겠어요. 물론 세상일 중에는 마음을 텅 비워야만 이루어지는 종류의 것들도 있겠지요. 하지만 일단은 스스로 목표를 세우고 그것을 이루기 위해 정진해야 합니다.

무소유에 대해 어느 중국 선사가 한 말씀을 하나 들어볼까요.

중국에서도 초하루와 보름에 법회를 여는데 선사가 보름 법회를 하면서 상단에 올라 대중들에게 질문을 해요.

"오늘 보름 이전에 대해서는 묻지 않겠다. 내일 열엿새부터는 어떻게 살 것인가."

앞으로 어떻게 살 것인가를 물은 것인데 아무도 대답을 못해요.

그러자 그 선사는 자문자답을 하게 되지요.

"일일시호야日日是好也"

부처님 말씀에도 나오는 구절이지요. 매일매일 좋은 날로 살라는 거예요.

여러분들은 잘살아야 됩니다. 어제까지는 묻지 말고 오늘부터는 잘 살아야 됩니다.

잘살기 위해서는 불교에서 자주 나오는 무소유의 의미를 잘 이해해야 해요.

무소유라고 하는 것은 갖지 않겠다는 의미가 아니라 어제까지 내가 부족하고 가난했던 것은 따지지 않고 오늘부터는 풍요롭게 잘 살라는 뜻이 들어있는 거예요.

그런데 하루하루 많이 풍요로워지는 삶이 있을까요. 있습니다. 운이 좋아지는 사람들의 공통적인 특징은 마음이 여유로워지는 거예요. 마음이 여유로워지고 풍요로워지면 그 다음에는 현실이 그렇게 되는 거지요. 현실이 여유롭고 풍요롭게 돼요.

여유롭고 풍요로운 삶을 어떻게 살아야 하는지 롤 모델을 정해볼까요.

여러분 수닷다 장자라는 분의 이야기를 들어보셨지요. '아낫따 핀디까'라고도 해요. '가난하고 굶주린 사람들에게 무한대로 나눠주는 사람'이라는 뜻이에요.

여성으로는 롤 모델로 두 분을 들 수 있어요. 위사카라고 하는 재벌 그룹 여 회장님과 말리왕비 이 두 분이에요.

여러분들은 이 두 분 중에 하나가 되셔야 돼요. 여러분들이 마음을 그렇게 가지면 될 수가 있어요. 이쪽에 계신 거사님들은 수닷다 장자처럼 되어야 하고요. 막대한 부를 이루고 사회적으로 존경받는 그런 분들이 우리 불자들의 역할 모델이에요.

우리 불자들이 잘못 이해하기 쉬운 게 '무아'라는 가르침이에요. 세상은 무상한 것이다. 모든 것은 변한다 그런 뜻이지요. 무상하지 않으면 어떻게 되겠어요. 인도의 사성제 계급처럼 부자는 계속 부자로 살고 가난한 사람은 대를 이어 영원히 가난하게 사는 세상이 되는 거죠. 기득권을 가진 사람들은 이 무상을 부정하고 싶겠지만 영원한 것은 없는 거예요.

무아는 영원불멸의 존재가 없다는 그런 뜻이지 내가 없다는 의미가 아니에요.

이제 여기 계신 분들은 비워라, 또 마음을 비워라, 내려놓아라, 욕심내지 마라고 하는 이 문제가 해결이 된 거예요. 오늘부터는 내려놓을 필요가 없어요. 다만 탐내고 성내고 어리석고 교만하고 의심하는 그런 것들은 내려놓아야 하겠지요. 그런 것을 내려놓으라는 것이지

긍정적 가치, 긍정적 마음은 내려놓은 것이 아니라 오히려 적극적으로 끌어 들이는 거예요.

무소유의 참뜻

흔히들 불자라면 의당 무소유적인 삶을 살아야 한다고 말하지요. 해서 무소유가 뭐냐고 물어보면 대다수가 아무것도 안 갖는 것이라고 대답하더군요.

아무것도 안 갖는다? 그러면 가진 걸 다 버리고 노숙자라도 되라는 걸까요?

절대로 아니에요. 여기에 대해 근거를 대라면 얼마든지 댈 수 있어요.

불경에는 원래 행복과 성공과 번영에 대한 가르침이 많아요. 부처님께서도 잘사는 것에 대해서 언급하셨지요. "어느 정도 잘살아야 합니까?"라는 한 재가불자의 물음에 부처님께서는 "막대하게 잘살아야 된다."라고 말씀하셨습니다. '조금'이라든지 '적당히'가 아니라 '막대하게' 잘살라고 하신 거죠.

그렇다면 설마 부처님께서는 모든 재가불자들이 재벌이 되기를 바라신 걸까요?

그보다는 모아도 되는 재화의 양을 한정하지 않으셨다는 게 더 옳은 해석이라고 봅니다. 능력이 되는 만큼 벌어도 좋다. 중요한 것은 그렇게 번 것을 어떻게 사용하느냐에 있다. 혼자만 잘살려는 마음을 품으면 겨자씨만큼 모아도 나쁜 일이다. 하지만 가난하고 어려운 이웃들과 더불어 잘살려는 마음을 품으면 수미산만큼 모아도 좋은 일이다. 이것이 부처님의 가르침이요, 무소유의 참다운 실천이 아닐까 생각해요.

재물이란 영원히 내 것은 아니에요. 한때에는 누구 못지않게 잘살다가 실패해서 빈털터리가 되는 경우는 헤아릴 수 없이 많습니다. 그럴 때는 정말 속이 상해서 죽을 것만 같을 겁니다. 그러나 무소유의 참뜻을 깨우친 불자라면 사라진 재물에 대해서 연연할 것이 아니라 "다시 벌면 되지, 까짓것." 하면서 과거 일은 다 떨쳐 버리고 새 출발을 할 수 있어야 하지요.

또한 무소유란 어제까지의 내가 가난했건 모자랐건 부족했건 따지지 않고 오늘부터는 풍요로운 마음으로 잘살아 가는 것을 뜻합니다. 운이 좋아지는 사람은 공통적으로 마음이 여유롭다고 앞에서도 말씀드렸어요. 마음이 여유로우면 현실도 그에 맞춰 풍요로워지게 되어 있어요. 반면에 운이 나빠지는 사람은 사사건건 조바심을 내고 안달복달하고 안절부절못하지요. 그러면 현실도 그에 맞춰 어려워지고 맙니다.

대학 시절에 도선사에 간 적이 있는데, 그때 나는 금강주라는 좋은 염주를 가지고 있었어요. 한데 그 금강주에 눈독을 들이는 사람이 나타났지요. 그 사람 왈 "불자는 모든 걸 다 베풀고 살아야 되는 거 아니냐."라면서 금강주를 자꾸 달라고 하는 게 아니겠어요. 저도 방어를 해야지요. "비록 불자는 모든 걸 다 베풀고 살지만 남의 것에 대해 힘부로 욕심도 안 부려야 합니다." 하고 넘어갔어요. 두 개라면 하나 나눠 줄 수도 있겠지만 하나밖에 없는 걸 어떻게 주겠어요.

어느 정도 가질 만큼 가지면 그때부터는 남에게 줄 수 있습니다. 그래서 부처님께서도 능력껏 벌라고 말씀하신 것이지요. 단, 아무리 많이 벌어 놓아도 영원히 내 것은 아니란 점을 잊지 마세요. 돈이 돈인 까닭은 돌고 돌기 때문이라지요. 이리저리 돌고 도는 것에 목숨 걸진 말아야겠습니다.

얼마 전 불자 한 분이 찾아와 하소연을 하더군요.

"저는 한때 정말 잘나갔는데 지금은 망해서 어려워요. 다시 재기할 수 있는 방법이 없을까요?"

내가 대답했지요.

"방법은 있는데 하시기에 쉽지는 않을 겁니다."

"왜요?"

"잘나가던 때를 생각하면 지금의 본인이 너무 비참하다고 느껴지지요? 그 비참한 게 싫어서 자꾸 스스로의 마음에 거짓된 덧칠을 하게 됩니다. 되지도 않는 허세를 부린다든지, 아니면 정도 이상으로 의기소침해진다든지…. 그런 것들을 털어 내는 게 바로 무소유의 참뜻입니다."

과거의 어느 순간에 마음이 꽁꽁 묶여 현실을 더욱 어렵게 만든다면 그것은 소유의 마음이라고 할 수 있어요. 그 마음을 이기고 무소유

운이 좋아지는 사람의 공통적인 특징은 마음이 여유롭다는 겁니다.
마음이 여유로우면 현실도 그에 맞춰 풍요로워지게 되어 있어요.
반면에 운이 나빠지는 사람은 사사건건 조바심을 내고
안달복달하고 안절부절못합니다.

의 참뜻을 깨우치기 위해서는 과거의 미련을 털어 내고 새롭게 시작할 줄 아는 현명함이 필요하지요. 내일은 또 내일의 태양이 떠오르니까요.

앞서서 무아에 대해 얘기했는데, 무아가 왜 무아냐 하면 무상無常하기 때문입니다. 흔히 인생무상이니, 세상은 무상하다란 말들을 하지요. 무상은 변한다는 뜻이에요. 이건 결코 나쁜 게 아닙니다. 무상하지 않으면 오히려 골치 아프지요. 인도의 카스트 계급처럼 부자는 계속 부자로 살고 가난뱅이는 계속 가난뱅이로 살 수밖에 없는 것이 바로 상常이에요. 이것을 바꾸는 게 무상이지요.

잘나가던 과거에 매여 현실이 비참하다 여기는 분이 있다면, 무상의 이러한 긍정적인 측면을 되새겨 보는 건 어떨까 싶군요.

진정으로 잘산다는 것

잘살고 싶은 것은 재가불자들뿐만 아니라 모든 인간의 보편적인 소망이겠지요.

그렇다면 어떻게 사는 것이 잘사는 걸까요?

각각의 사람들마다, 또 그들이 믿는 종교마다 다 다른 대답을 내놓을지도 모릅니다. 무슨 대답이 맞는지는 각자가 판단할 문제일 테고요. 하지만 우리는 어디까지나 불자이므로 이 부분에 대해서도 불교적인 관점에서 풀어 볼까 합니다.

불교의 중심적인 세계관인 삼계三界는 미혹한 우리 중생이 윤회하며 살아가는 곳이에요. 욕계欲界와 색계色界 그리고 무색계無色界로 이루어져 있지요.

욕계는 탐욕 많고 물질에 속박되어 어리석게 살아가는 중생들의 세계입니다. 그 욕계 안에는 지옥, 아귀, 축생, 아수라, 인간, 천상의 육도六道가 있지요. 이 중 가장 심한 탐욕으로 인해 생겨난 세계가 지옥이고, 그 반대편에 있는 천상은 탐욕이 아주 적은 중생이 사는 곳이에요. 여기서 탐욕이라 함은 식욕, 색욕, 재물욕, 명예욕, 수면욕 등으로 이루어지는데 중생들은 이런 탐욕 때문에 항상 어지러운 마음으로 살아갈 수밖에 없는 것이지요.

색계는 욕심은 버렸지만 아직 자기 마음에 맞지 않는 것에 대해서는 거부감을 일으키는 진심嗔心: 성내는 마음이 남아 있는 중생들이 사는 비교적 맑은 세계입니다. 이 색계는 선정禪定의 깊이에 따라 초선천初禪天, 이선천二禪天, 삼선천三禪天, 사선천四禪天 그리고 정범천淨梵天으로 나눠지지요. 각각의 천은 또 다른 천들로 나눠지고 그것들을 다스리는 천왕들도 있지만 너무 깊이 들어가는 것 같아 이쯤에서 넘어가겠어요.

무색계는 탐욕과 진심까지 모두 사라져 물질의 영향을 받지는 않지만 아직 '나'라는 아상我相을 버리지 못하여 정신적인 장애가 남아 있는 세계예요. 무색계는 뭇 중생이 사는 세계 가운데 가장 깨끗하다고 할 수 있는데, 만약 '나'에 대한 집착으로 인한 어리석음만 떨쳐 버리면 이 단계에서 곧바로 성불할 수 있게 되지요.

정리하면, 욕계는 관능과 감각의 세계, 색계는 관능은 초월했지만 아직 형상에 대한 생각이 남아 있는 세계, 무색계는 모든 형상을 초월한 순수한 마음의 세계라고 할 수 있습니다.

원효 대사는 삼계를 우리의 일상생활 속에서 파악하였지요. 일상생활 속에서 우리는 탐욕과 성냄과 어리석음, 이 삼독심三毒心을 벗어나야만 비로소 행복할 수 있게 됩니다. 마음속의 삼독심이 얼마나 많고 적은가에 따라 지옥, 아귀, 축생, 아수라, 인간, 천상과 같은 여러 세계를 윤회하게 되는 것이지요.

우리 범부중생이 하루아침에 천상 세계에 오를 수는 없어요. 그러나 자신의 마음과 주위의 환경 등을 잘 살펴 꾸준히 정진한다면 한 계단씩 한 계단씩 올라가 마침내는 부처님 가까이 가게 되지요.

불교에서 잘산다는 것은 일상생활 속에서 바로 이것을 실천하는 것입니다.

열세 번째 법문

기도 성취와 마장

행복을 위한 조건

부처님께서는 경제적 풍요는 인간의 행복을 위한 필수조건이며, 행복하고 평화롭고 만족한 삶을 위해서는 도덕적, 정신적 발전이 매우 중요하다고 말씀하셨습니다.

디가자누라는 사람이 부처님께 여쭈었습니다.

"저는 아내와 자식이 딸린 평범한 사람입니다. 어떻게 해야 현세와 내세에 행복하게 살 수 있는지 가르쳐주십시오."

부처님께서는 "현재의 삶에서 행복과 안락을 얻기 위해서는 건전한 경제생활을 해야 하며, 정신적 가치를 지키며 미래 삶을 준비해야 한다."고 말씀하셨습니다. 현실과 이상이 조화로운 삶을 위해 노력하라고 가르쳐주신 것이죠.

우리가 이 가르침을 믿고 따르는 유일한 길이 바로 기도예요. 그런데 문제는 그게 쉽지 않다는 거지요. 뭔가 중요한 일을 하려면 훼방꾼이 나타나듯이 기도도 그렇거든요. 우리는 그걸 마장魔障이라고 하지요.

까마귀 날자 배 떨어진다

우리 속담 중에 "까마귀 날자 배 떨어진다."는 것이 있지요. 우연히 동시에 생긴 일 두 가지가 무슨 연관이라도 있는 것처럼 의심을 받을 때 쓰는 속담인데, 사자성어로 오비이락烏飛梨落이라고도 하는 이 말은 천태지자 대사의 《해원석결解寃釋結》에서 나온 거예요.

법력이 매우 높은 천태지자 대사가 어느 날 지관止觀: 흐트러진 마음을 다듬어 맑은 지혜로 만법을 비춤 삼매에 들어 있을 때, 멧돼지 한 마리가 몸통에 화살이 박힌 채 피를 흘리며 대사의 곁을 다급히 지나갔어요. 곧이어 사냥꾼이 뒤쫓아 오더니 대사에게 물었지요.

"스님, 멧돼지 한 마리가 지나가는 것을 보지 못하셨나요?"

천태지자 대사는 피 흘리는 멧돼지와 사냥꾼을 보는 순간 그들의 삼생 인연이 훤히 내다보였어요.

대사는 대답 대신 사냥꾼을 앉힌 뒤 게송을 읊어 주었지요.

오비이락파사두 烏飛梨落破蛇頭
사변저위석전치 蛇變猪爲石轉雉
치작엽인욕사저 雉作獵人欲射猪
도순위설해원결 導順爲說解怨結

까마귀 날자 배가 떨어져 뱀의 머리가 깨져 죽었네
뱀은 멧돼지로 변해 돌을 굴려 꿩을 치어 죽게 했네
꿩은 다시 사냥꾼이 되어 멧돼지를 쏘려고 겨누었네
도사가 그들의 얽힌 인연을 말해 주어 원결을 풀었네

옛날에 까마귀가 한 마리 있어 배나무에서 배를 쪼아 먹고 무심코 날아갔는데, 앉아 있던 나뭇가지가 흔들리는 바람에 배가 떨어져 그 아래에서 햇볕을 쬐고 있던 뱀의 머리를 때려서 죽이고 말았지요. 억울하게 죽게 된 뱀은 다음 생에 멧돼지의 몸으로 태어났고 당시의 그 까마귀는 꿩으로 태어났어요. 한데 이번에는 멧돼지가 칡뿌리를 캐 먹기 위해 땅을 뒤척거리다가 건드린 돌이 굴러 떨어져 알을 품고 있던 꿩을 치어 죽이고 말았어요. 그리고 그렇게 죽은 꿩이 다시 사람으로 태어나 저번 생에서 자신을 죽인 멧돼지를 활로 쏘아 죽이려는 순간이었던 겁니다.

천태지자 대사는 말했어요.

"사냥꾼이여, 그 꿩이 죽어 이번에는 그대가 된 거라오. 그대는 지금 반드시 멧돼지를 잡고야 말겠다고 생각하고 있겠지만, 이번에 그대가 멧돼지를 쏘아 죽이면 멧돼지 또한 원한을 품고 죽어 앞날에는 더욱 무서운 과보를 받게 될 것이오."

대사로부터 지난 삼생에 얽힌 내력을 듣게 된 사냥꾼은 크게 뉘우치고는 그 자리에서 활을 꺾어 던져 버렸다고 합니다. 과거에 특별한 관계도 없이 우연히 일어난 사건으로 인해 서로 죽고 죽이던 업을 그제야 비로소 끊게 된 것이지요.

우리는 살아가는 동안 까마귀 날자 배 떨어지는 식의 우연의 일치를 종종 겪게 되지요. 기도를 하는 중에도 간혹 그런 우연의 일치가 벌어지곤 합니다. 그 경우 그것을 마장으로 받아들인다면 곤란하겠지요.

강조하지만 원칙적으로 기도에는 마장이 없습니다.

마장은 좁은 마음속으로 들어온다

얼마 전 불자 한 분이 기도를 올리러 와서 내게 묻더군요.

"요즘 제가 몸이 안 좋은데 혹시 요즘 하는 지장 기도 때문에 그런 게 아닐까요?"

그렇다고 대답하면 간단하겠지만 그럴 리가 전혀 없으므로 다른 이유를 찾아보았지요.

"아마 거사님이 요즘 상갓집을 자주 가시나 보더군요. 거기 다녀올 때마다 어떤 살성을 맞는데 그것 때문에 그래요."

그러자 불자분의 얼굴이 환해졌지요.

"제가 요즘 상조회에 들어서 상갓집 갈 일이 많습니다. 몰랐으면 아마 《지장경》을 읽어서 마장이 끓었나 보다 싶었을 텐데 알고 나니 시원하네요."

이렇듯 지장 기도와는 아무 관계없는데도 마치 까마귀 날자 배 떨어지는 식으로 자꾸 연결 지어 생각하려는 경우가 종종 있는 것 같아요. 뭐, 원인을 잘 모르니 그럴 수도 있겠지요. 원칙적으로 기도에는 마장이라는 것이 없는데도 본인들이 '혹시 기도로 생긴 마장이 아닐까?' 자꾸만 의심하면 그 의심하는 마음이 마장이 되기도 해요. 사람의 마음이란 온갖 조화를 만들어 내기도 하니까요.

그런데 이런 일들이 의외로 많아요. 며칠 전에는 또 어느 불자분이 찾아와서 자기가 《지장경》을 백 번 정도 읽었는데 갑자기 뇌경색이 왔다고 하소연하더군요. 다른 사람이 들으면 마치 《지장경》 때문에 뇌경색이 왔다고 크게 오해할 판이었어요. 그래서 그 불자분의 생년월일시를 들여다보았지요. 그랬더니 62세에 중풍으로 앓아눕는 운이었지 뭡니까. 말하자면 62세에 중풍을 맞아 눕는 업이 닥쳐 있었는데 《지장경》을 백 번 읽고 기도하면서 그 업이 약화된 거였지요.

본래의 업대로라면 중풍을 아주 세게 맞아 완전히 누워 지내야만 했는데, 병증을 빨리 알아내 실핏줄 하나 막힌 걸 치료하는 선에서 끝낼 수 있었던 겁니다. 그러니 지장 기도로 중풍이 온 게 아니라, 반대로 지장 기도로 중풍을 피해 간 셈이죠. 이 얼마나 큰 효험이요, 큰 복입니까.

그런데도 자신의 업에 대해 잘 알지 못하는 것이 범부중생들의 한계이니, 꼭《지장경》이 중풍을 불러온 것처럼 해괴하게 연결시켜 버리고 마는 거예요. 사람의 마음이란 게 자신에게 안 좋은 일이 생기면 자꾸 뭔가를 원망하고 싶어 하는 줄은 잘 알지만, 그런 일로 인해 불심 자체가 흔들리는 일이 벌어지니 안타깝다 하지 않을 수 없군요.

기도를 하다 보면 특이한 현상들이 생기곤 합니다. 기도 중에 입이 찢어져라 하품이 자꾸 나오는 것도 그중 하나라고 할 수 있지요. 하지만 그건 마장 같은 게 아니라 자연적인 생리현상이라고 보면 돼요. 기도 중에 하품 하는 불자들을 20년간 쭉 살펴보니 답답한 기운이 가슴을 꽉 누르고 있다가 기도에 의해 풀리면서 몸 밖으로 배출되는 현상임을 알겠더군요. 하품만이 아니라 닭똥 같은 눈물까지 뚝뚝 흘리는 분들도 있는데 마찬가지 현상이라고 할 수 있지요.

이런 현상이 나타나는 기간은 사람에 따라 다른데, 어떤 분은 한두 시간쯤 나오다 멈추기도 하고, 어떤 분은 일주일 가까이 지속되기도 합니다. 하지만 일정한 단계가 지나면 자연적으로 소멸되어 버리는 현상이니 특별히 걱정할 필요는 없어요. '아! 이게 뭐가 잘못되는 게 아니라 오히려 잘되는 증거로구나.' 생각하면 마음이 한

결 편해질 겁니다.

또 경을 읽거나 염불하려다 보면 졸리는 경우도 있어요. 심신이 피곤할 때 깜빡 졸면 원기가 크게 회복되기도 하지요. 그러니 졸음을 참으려고 억지로 버티는 것보다는 차라리 살짝 조는 것을 권합니다. 그리고 잘만 활용하면 조는 것도 기도 과정 중 하나가 될 수 있어요. 사실 무심결에 졸고 있는 중에 불보살님들의 가피가 내려오는 경우도 드문 게 아니니까요. 졸다보면 천장에 구멍이 뻥 뚫리면서 불보살님의 손이 내려오거나, 바닥에서 올라오는 신비스러운 경험을 하기도 해요. 불치병이 있거나 아주 피곤할 때 그렇게 약을 받는 경우가 있어요. 그러니 조는 것은 장애가 아니라고 할 수 있어요. 그렇다고 평생 졸기만 하면 안 되죠. 이런 졸음증도 일정한 단계가 지나가면 사라지니 역시 걱정할 필요는 없고요.

지장 기도와 사람 마장

염불을 하면 육체적으로나 생리적으로 아주 편안하고 좋아지지요. 불치병이나 난치병에 걸렸다고 하더라도 염불을 하면 나쁜 기운이 나가고 좋은 기운이 들어와서 점점 회복되게 됩니다. 조는 과정에서 약이 내려오거나 불보살님들을 친견하는 등의 단계들을 차츰차츰 넘어서면서 우리의 믿음도 점점 깊어져요. 그때부터는 조는 일도 없게 되고 두 시간이든 세 시간이든 앉아서 염불하다가 서서히 삼매에 빠져들게 돼서 예전에는 모르던 새로운 부처님의 법을 깨닫게 되는 겁니다.

염불을 하다 보면 대성통곡이 저절로 나오기도 해요. 이때의 눈물은 두 가지로 구분되는데, 하나는 서러워서 나오는 눈물이고 하나는 기뻐서 나오는 눈물이에요. 기도 초기에는 대부분 서러워서 울어요. 그러다가 어느 정도 기도가 이루어지면 그때부터는 감격에 겨운 기쁨의 눈물이 주룩주룩 나오게 되지요. 하품이 나오는 것, 조는 것, 눈물을 흘리는 것 등은 업장의 소멸 과정에서 벌어지는 현상이라고 생각하면 별 문제 없어요.

기도에는 마장이 없다고 여러 번 얘기했지요. 그런데 사람 중에는 마장이 있어요. 그게 바로 인마人魔, 즉 사람 마장입니다.

《지장경》을 백 번 정도 읽어 가던 한 불자가 오랜만에 친구를 만났대요. 그런데 그 친구 왈 "어디어디에 용한 점쟁이가 있는데 거기 가서 굿 한 번만 딱 때리면 운이 확 열릴 거다. 한번 가 볼래?"라고 해서 날을 잡았다나요. 그러면서 굿을 하러 가도 되느냐고 내게 묻는 거예요.

지장 기도 중에는 이런 인마가 종종 찾아오니 아주 조심해야 해요. 그런 곳에 따라가게 되면 여태까지 《지장경》 열심히 읽으며 기도한 모든 공덕들이 단번에 날아가 버리고 맙니다.

누군가가 찾아와서는 그냥 굿을 한번 해라, 점 한번 봐라, 이런 식으로 꼬드기는데, 그건 반드시 마장이라고 봐도 무방해요. 누가 그러거나 말거나 오로지 불보살님들에게 의지하여 딱 끊고 나가야 하지요. 아는 사이에 그런 청을 딱 잘라 거절하는 일이 쉽지 않다는 것은 알아요. 그런 만큼 일단 건너뛰면 법력이 굉장히 강해지고 신심이 굳어지게 되지요.

그리고 가끔 가다가 부처님께서도 불자들을 테스트할 때가 있어요. 자녀들이 잘하나 못하나 부모가 테스트하는 것과 비슷하다고 생각하면 돼요. 이 경우, 자녀가 아예 풀지 못할 문제를 내는 부모는 없겠지요. 부처님께서 내는 문제도 마찬가지랍니다. 문제를 통과하지 못해 아주 쭈룩 미끄러져서 인생을 다 포기할 정도로까지 어려운 문제는 내 주시지 않는다는 뜻이에요. 그러니 어떤 경우에라도 자기 앞에 온 문제들은 해결할 수 있다고 믿고 자신감을 가지고 지혜롭게 대처하면 되는 겁니다.

이 세상에서 본인만 그런 문제를 당하고 사는 줄 알고 낙담하는 경우도 있는데, 그건 그렇지가 않아요. 많은 불자들과 이야기를 나눠 봐서 하는 얘기인데, 세상에는 더 어려운 문제를 가진 사람도 많지요.

많은 불자들이 "내 기도는 왜 안 이루어질까요?" 하고 묻습니다. 그래서 열심히 기도했느냐고 물으면 대부분 시간이 없어서 못 했다고 대답하지요. 다른 일을 할 시간은 있는데 기도할 시간만 없다? 세상에는 급하고 중요한 일이 있고, 급하지는 않지만 중요한 일이 있고, 급하지도 중요하지도 않은 일이 있어요. 기도할 시간이 없다는 말인즉, 기도를 급하지도 않고 중요하지도 않은 일이라고 여긴다는 뜻이지요. 그러다가 무슨 어려운 일이 닥치면 그 때부터 난리가 나는 겁니다.

평소 운동을 열심히 하는 사람을 예로 들게요. 그 사람이 무슨 운동 경기에 선수로 나가기 위해 운동을 그렇게 열심히 하는 것은 아닐 거예요. 하지만 꾸준히 운동을 하다 보면 기초 체력이 좋아져서 철마다 병을 물리치고 건강히 살 수 있게 되지요. 평소 운동이라고는 거들떠보지도 않는 사람은 정작 몸에 문제가 생겨야 기초 체력의 중요성을 깨닫게 돼요. 기도를 생활화하는 일이 중요한 까닭도 바로 여기 있어요.

또 돈이 없어서 절에 못 가고 공양이나 보시도 못 한다는 불자들도 있어요. 절에 가면 초도 사서 올려야 하고 향도 사서 올려야 하고 또 불전에 천 원이라도 놔야 하는데 그 돈 있으면 다른 데다 쓰고 말지, 하고 생각하는 불자들이죠.

일을 이루려면 작더라도 정성이 필요하지요. 집에서《지장경》을 일 독할 때마다 천 원짜리나 만 원짜리를 올려놓고 기도했다면, 그건 이미 부처님 전에 공양한 부처님 돈이에요. 제 주머니에서 나온 거라고 함부로 사용하면 말 그대로 공금횡령이 되는 겁니다.

젊은 분들은 잘 모르겠지만 옛날 서민 가정에서 작두샘^{수동 펌프}을 쓸 때 마중물이란 것이 있었어요. 먼저 물을 한 바가지 부어 놓고 팍팍 펌프질을 해야 밑에서부터 본격적으로 물이 솟구쳐 오르는 것이지요. 물을 마중한다고 해서 먼저 붓는 한 바가지를 마중물이라고 하는데, 부처님께 올린 그 돈이 바로 그런 마중물에 해당한다고 보면 돼요.

《구잡비유경舊雜譬喩經》을 보면 이런 얘기가 나오지요.

옛날에 사위성 밖에 사는 한 부인이 있었는데, 불교에 귀의하여 계행을 잘 지키며 살았어요. 어느 날 부처님이 그 집에 가서 걸식을 청하자 부인은 부처님께 예배를 드리고 곧 바리때에 밥을 담아 드렸지요. 그러자 부처님이 말씀하셨어요.

"하나를 심으면 열이 생기고, 열을 심으면 백이 생기며, 백을 심으면 천이 생기는 법이다. 이렇게 해서 만이 생기고 또 억이 생기는 것이며, 마침내 깨달음을 얻게 되느니라."

그런데 아직 불교에 귀의하지 않은 그 집 남편이 뒤편에서 잠자코 부처님 말씀을 듣고 있다가 입을 열었어요.

"사문 고타마님은 어찌 그리 허풍이 심하십니까? 정말 한 바리때의 밥을 보시함으로써 그런 복을 얻고, 또 깨달음을 얻을 수 있단 말입니까?"

부처님이 그 남편에게 되물으셨어요.

"당신은 지금 어디에서 오는 길인가?"

"사위성 안에서 왔습니다."

"당신은 그 성 안에 있는 니구류 나무를 본 적이 있는가?"

"보았지요. 그 나무는 높이가 무려 40리에 달하며, 해마다 수만 섬의 열매가 열립니다."

"그 나무의 씨는 얼마나 큰가?"

"겨자만 합니다."

"그 겨자만 한 씨를 한 뒤웅박쯤 심어서 그렇게 큰 나무가 자란 것인가?"

"아닙니다. 그저 씨 하나를 심었을 따름입니다."

"당신은 어찌 그리 허풍이 심한가? 겨자만 한 씨를 하나 심어 어떻게 높이가 40리에 해마다 수만 섬이나 되는 열매를 맺는 그런 나무가 될 수 있단 말인가?"

남편은 말문이 막혀 그저 머리를 조아리기만 할 따름이었어요. 이에 부처님이 말씀하셨지요.

"지각이 없는 땅조차 갚음이 그러한데, 기쁜 마음으로 한 바리때의 밥을 여래에게 보시하는 것은 어떻겠는가? 그 보시의 갚음은 이루 말할 수 없는 것이니라."

부처님의 설법에 그 부부는 곧 마음이 열려 수다함과須陀含果를 얻었습니다.

마장이 아니라 은혜

우리는 마음을 가난하게 쓰는 경우가 참 많아요. 마음을 가난하게 쓰면 현실도 가난하게 되기 십상이지요. 돈이 든다고 절에도 못 가고 공양도 못 하고 기도도 못 한다는 불자들이 있다면, 과연 물질적으로 가난해서 그런지 아니면 마음이 가난해서 그런지 한번 생각해 볼 문제예요.

세상에는 두 종류의 사람이 있어요. 투자를 해서라도 더 많은 이익을 얻으려는 사람이 있고, 그냥 가진 것 중에서 조금 먹고 말려는 사람이 있지요. 그런데 대부분의 불자들은 그냥 가진 것 중에서 조금 먹고 말려는 생각인 것 같아요. 더 많은 이익을 얻기 위해 투자하는 것을 무슨 큰일 나는 것으로 아는 모양이에요. 부처님 전에 가고 싶어도 돈 들어서 못 간다는 불자들은 그런 마음부터 고쳐야 합니다.

조금 짓궂은 얘기지만, 나는 그런 불자들에게 종종 "부처님 전에 가면 얼마나 올리시나요?" 하고 물어요. 그러면 "갈 때마다 천 원씩 올려요."라는 대답이 가장 많이 돌아옵니다. 아니, 부처님이 거지도 아닌데 어떻게 천 원짜리 한 장 달랑 올리고 '내 소원 다 들어주시오' 하고 기도하나요?

그런데 안타깝게도 이게 우리 불자들의 현실이에요. 물론 금액 자체가 문제는 아니지만, 만약 마음이 가난해서 그렇다면 이제부터라도 과감하게 고쳐야 복을 받게 됩니다. 잘되고 싶으면 먼저 마음에 여유가 있어야 한다고 했지요. 돈이 들어서 절에도 못 가고 보시도 못 한다는 것은 이미 마음이 궁핍한 상태라는 증거라고 할 수 있어요.

그리고 시도해 보려고도 하지 않고 두려워서 기도를 못 하겠다는 심약한 불자들도 있지요. 안 되면 어쩌나 하고 걱정부터 하는 거죠. 어차피 안 될 것 시도하지도 말자, 이런 생각을 하는 불자들이 꽤나 많은 것 같더군요. 그런 분들께 말하고 싶어요. 일단 시도하는 것, 도전하는 것이 중요하다고요.

안 될 줄 알았는데도 효험을 나타내는 게 바로 기도예요. 해 보지도 않고 이런 목표는 너무 커서 안 되겠다고 생각하면 결코 기적을 체험할 수 없지요. 처음의 그런 두려움만 극복한다면 그다음부터는 못 할 게 없어요. 하면 되는데 해 보지도 않고 두려워서 포기한다면 정말 불행한 인생이 아닐 수 없지요. 부처님과 불경 속의 말씀을 굳게 믿고 두려움 없이 도전해야 합니다.

기도를 할 때에는 목표에다가 지나치게 신경을 쓰면 오히려 좋지 않아요. 목표는 처음에 시작할 때 소원표를 세 번 정도 읽은 다음 잊어버리고 오로지 기도에만 집중하는 편이 좋지요. 그러면 세 번 읽는 동안 마음속에 심어진 목표의 씨앗이 저절로 싹이 돋고 자라서 열매를 맺게 되는 겁니다. 그것이 바로 부처님의 가피지요.

요약하자면, 기도를 하기 전부터 미리 걱정하고 의심하는 것 자체가 오히려 마장이 됩니다. 결과에 연연하지 않고 최선을 다하는 것이 기도의 요체라고 볼 수 있어요. 모든 것을 부처님께 맡기고 진인사대천명盡人事待天命 하듯 현재 상황에서 최선을 다하세요. 모든 두려운 생각을 탁탁 털고 최선을 다해 기도하면 마장 같은 것은 절대로 끼어들지 않을 겁니다.

다만 인과 업과 보가 머리에 떠오르는 경우가 있는데, 그건 불보살님들이 보다 쉽게 해결해 주시려는 하나의 방편으로 받아들이세요. 과거의 나쁜 업을 빨리 드러내어 소멸시키려는 은혜인 거죠. 우리가 그 업들을 충분히 소화시킬 수 있는 상황이 되면 한꺼번에 다 털어 주십니다. 이것을 믿고 기도에 임해 정진하시기 바랍니다.

열네 번째 법문

노블레스 오블리주

현대의 보살 정신

윗물이 맑아야 아랫물이 맑다는 말이 있지요.

여름철 계곡에서 피서를 하려다 보면 윗물 쪽에 자리 잡은 사람도 있고 아랫물 쪽에 자리 잡은 사람도 있지요. 그런데 물이란 게 본시 아래로만 흐르기 때문에 아랫물 쪽 사람들은 윗물 쪽 사람들의 노는 행태에 영향을 받을 수밖에 없어요. 다행히 양심적인 사람들이 윗물 쪽을 차지해 점잖게 놀아 준다면 위아래로 두루 좋을 테지만, 나만 즐기면 장땡이라는 심보를 가진 사람들이 윗물 쪽을 차지하면 상황은 전혀 달라지고 맙니다. 머리를 감는 둥 고기를 구워 먹는 둥 심지어는 흙길에 더러워진 자동차까지 닦기도 하니, 그 물을 고스란히 받아 내야 하는 아랫물 사람들은 환장할 일일 수밖에요.

사람 세상의 이치도 이와 같지요. 사회를 이끌어 나가는 상류층 사람들이 혼탁하면 그게 고스란히 아래로 이어지게 되어 있어요. 한데 요즘 우리 사회가 돌아가는 것을 들여다보고 있노라면 윗물이 완전히 맑아지기를 바라기란 불가능한 일이 아닐까 싶은 생각마저 들어요. 다행히도 아랫물은, 그러니까 일반 대중들은 그래도 깨끗한 편이어서 위쪽에서 내려오는 더러운 오물을 그런대로 정화시켜 나가고 있지요. 그래서인지 한국의 일반 대중들을 잘 살펴보면 혼탁한 연못을 맑게 해 주는 연꽃 같은 얼굴을 지닌 것 같아요.

'노블레스 오블리주'라는 말은 프랑스어에서 유래했는데 '고귀한 신분에 따른 윤리적 의무'를 뜻해요. 그 어원은 14세기 유럽, 영국과 프랑스가 한창 전쟁을 벌이던 백년전쟁 때로 거슬러 올라가지요.

당시 프랑스의 항구도시 중 하나인 칼레 시는 영국군에게 포위당한 상태였어요. 시민들은 최선을 다해 저항했지만 상황은 점점 나빠져 갔지요. 결국 온 도시가 불타고 모든 시민들이 학살당하는 참극만은 피할 요량으로 영국 왕에게 사절단을 파견하게 되었어요. 영국 왕은 거만한 태도로 칼레 시의 사절단을 내려다보며 항복 조건을 내걸었지요.

"좋다. 시민들의 생명은 보장하겠다. 그러나 그동안 어리석게도 반항한 것에 대해 누군가는 책임을 져야 한다. 그 도시에서 가장 명망 높은 시민 대표 여섯 명을 뽑아라. 그리고 그들의 목에 교수형 밧줄을 걸고 맨발로 영국군 진영으로 보내라. 칼레 시의 열쇠를 넘겨받은 후 그들을 처형할 것이다."

이 소식을 전해들은 칼레 시의 시민들은 기뻐할 수도 슬피할 수도 없었어요. 도시가 안전하게 된 것은 분명 기쁜 일이지만 그 대가로 시민들 중 여섯 명이 죽어야 했기 때문이죠. 그때 칼레 시에서 가장 부자인 외스타슈가 가장 먼저 자원하고 나섰어요.

"내가 죽겠소. 나는 그동안 칼레 시에서 많은 특권을 누렸으니 당연한 일이오. 자, 누가 나와 함께 이 명예로운 길에 오르겠소?"

그러자 시장과 부유한 상인 등이 속속 자원자의 대열에 합류했어요. 이렇게 자원한 지도급 인사들의 수는 모두 일곱, 영국 왕이 요구한 여섯 명보다 한 사람이 더 많았어요. 한 사람이 빠져야 할 상황이 되자 외스타슈가 말했어요.

"내일 아침 제일 늦게 나오는 사람을 빼도록 합시다."

이에 사람들이 모두 동의했어요.

고통스러운 밤이 지나고 아침이 되었어요. 약속된 장소에는 자원자들이 하나둘씩 모습을 나타내기 시작했지요. 하지만 한 사람은 끝내 나타나지 않았어요. 바로 외스타슈였죠.

사람들은 배신감에 치를 떨며 외스타슈의 집으로 몰려갔어요. 그러나 외스타슈는 약속 장소에 나올 수 없는 상황이었지요. 자원자 일곱 명 중 어느 한 사람이라도 비겁자의 오명을 덮어쓰지 않도록 하기 위해 외스타슈는 전날 밤 스스로 목숨을 끊은 것이었어요.

그날 여섯 명의 자원자들은 약속대로 목에 밧줄을 걸고 영국 왕 앞으로 나갔어요. 처형이 집행되려던 마지막 순간, 영국 왕은 임신 중이던 왕비의 간청을 듣고 이들 용감한 시민 여섯 명을 살려 주었답니다.

외스타슈와 이들 여섯 시민들의 용기와 높은 책임 의식은 오늘날까지도 서구 사회 지도층의 귀감이 되고 있지요.

《논어論語》에는 공자님이 말씀하신 '군군신신부부자자君君臣臣父父子子' 라는 유명한 구절이 나와요. 임금은 임금다워야 하고 신하는 신하다워야 하며 아버지는 아버지다워야 하고 자녀는 자녀다워야 한다는 뜻이지요. 이것을 전문용어로 정명철학正名哲學이라고 해요. 쉽게 말하면 이름값을 잘하라, 이 말이지요.

그런데 이게 제대로 되지 않는 게 우리 사회의 현실이에요. 예가 하도 많아 열거할 필요도 없을 것 같군요. 참 안타까운 일이지요.

짐승도 아는 노블레스 오블리주

《육도집경六度集經》을 보면 짐승도 칼레의 시민들 못지않게 노블레스 오블리주를 실천한 이야기가 나오지요.

옛날 어느 숲 속에 사슴 왕이 살고 있었어요. 그 사슴은 몸이 오색으로 빛났고 많은 사람이 탐낼 만큼 웅장하고 아름다운 뿔을 가지고 있었지요. 이 사슴 왕을 따르는 무리는 수천이나 되었다고 해요.

어느 날 그 나라의 국왕이 사냥을 나왔어요. 그때 국왕의 사냥터에서 풀을 뜯고 있던 사슴들은 갑작스런 사태에 크게 놀라 이리저리 도망을 쳤지요. 방향을 잘못 잡은 사슴들은 절벽에서 떨어지거나 바위에 부딪쳐 죽었고, 병사들의 칼이나 화살에 맞아 죽은 사슴들도 부지기수였죠. 간신히 목숨을 구한 사슴들 역시 온몸이 상처투성이었어요.

사슴들의 참담한 모습을 보고 사슴 왕은 눈물을 흘리며 말했어요.

"사슴 무리의 왕으로서 좀 더 슬기롭게 생각했어야 하는데, 무리의 안전을 생각하지는 않고 다만 맛있는 풀만 찾아 국왕의 사냥터로 들어오다니…. 결국 수많은 사슴들이 나 때문에 죽은 셈이다. 아! 이 모든 일의 책임은 내게 있다."

사슴 왕은 국왕이 살고 있는 궁전을 향해 홀로 길을 떠났어요. 사슴 왕이 궁전을 향해 걸어가는 것을 본 백성들은 신기해하며 입을 모아 말했지요.

"우리 대왕이 지극한 덕이 있으시기에 신록神鹿이 나타난 것이다. 이것은 상서로운 일이니 절대 저 사슴을 다치게 해서는 안 된다."

이윽고 국왕 앞에 나아간 사슴 왕이 무릎을 꿇고 말했습니다.

"미천한 축생들이 먹고살고자 그만 대왕의 사냥터에 들어갔습니다. 그곳에서 풀을 뜯다가 수많은 무리가 죽임을 당하고 또 생이별을 하게 되었습니다. 자비로운 대왕이시여! 차라리 필요한 사슴의 수를 미리 알려주시면 제가 알아서 궁중 요리사에게 보내도록 하겠습니다."

국왕은 이러한 사슴 왕을 갸륵해 하며 대답했죠.

"너희 사슴들이 내 사냥으로 인해 그런 고통을 겪었구나. 요리에 쓰일

사슴은 하루에 한 마리면 충분하다. 하루에 한 마리만 보낸다면 다시는 사슴 사냥을 하지 않으마."

숲으로 돌아간 사슴 왕은 국왕이 한 말을 들려주며 사슴들을 설득했어요.

다음 날부터 사슴들은 날마다 한 마리씩 순번을 정해 궁중 요리사에게 가기 시작했어요. 자신의 차례가 온 사슴은 사슴 왕에게 하직 인사를 하고 떠났지요. 사슴 왕은 울면서 그들을 위로했어요.

"목숨이 있는 모든 것은 결코 죽음을 피할 수 없다. 이 모든 게 우리 무리를 위한 일이니 결코 저 인간의 왕을 원망하지는 말아라."

그러던 어느 날 한 암사슴이 떠날 차례가 되었는데 하필이면 임신한 암사슴이었답니다. 암사슴은 사슴 왕을 찾아가 애원했어요.

"왕이시여, 죽음이 두려워 부탁드리는 것은 아닙니다. 다만 뱃속에 아기가 있으니 아이를 낳을 때까지만이라도 차례를 연기시켜 주세요."

그러자 암사슴의 다음 차례인 사슴이 울부짖었어요.

"원래대로라면 하루의 목숨이 남아 있는데 갑자기 오늘 가라고 하시면 천추의 한이 될 것입니다."

사슴 왕은 그 말을 듣고 비통해 하다가 날이 밝자 자신이 직접 궁중 요리사에게 갔어요. 궁중 요리사는 사슴 왕이 온 것을 보고 곧바로 왕에게 알렸지요. 국왕이 궁금해하며 까닭을 묻자 사슴 왕은 사실대로 털어놓았어요. 그러자 국왕이 탄식하며 말했지요.

"미물에 불과한 짐승도 자신의 몸을 죽여 무리를 위하려 하거늘, 하물며 사람의 왕이 되어 가지고 날마다 중생의 목숨을 죽여 내 몸을 살찌우려 했구나! 이것은 짐승만도 못한 짓이다."

국왕은 사슴 왕을 숲으로 돌려보내고 전국에 방을 붙이게 했지요.

"만약 사슴을 해치는 자가 있으면 사람을 해친 것과 똑같이 처벌하리라!"

그 후로 국왕과 여러 관료들이 솔선수범으로 살생을 하지 않으니, 백성은 물론 뭇 짐승들 역시 태평성대를 맞게 되었다고 합니다.

이 세상을 환하게 비추는 밝은 달

깨끗하지 못한 윗물로 말미암아 아랫물들이 많은 고통을 받고 있는 게 오늘날 우리 사회가 처한 가슴 아픈 현실이에요.

부처님께서 당시에도 희대의 살인마가 있었어요. '앙굴마'라는 젊은 수행자의 이야기인데 《잡아함경雜阿含經》 등 많은 경전에 전해지고 있지요.

사회 지도층과 스승의 올바른 가르침이 얼마나 중요한 가를 보여주고 있어요.

부처님 당시 사위성에 5백 명의 제자를 거느리고 있는 바라문이 있었어요. 귀족의 아들인 앙굴마는 그 밑에 들어가 수제자가 되었지요. 그 바라문에게는 젊은 아내가 있었는데, 이 여인이 평소부터 젊고 영민한 앙굴마를 연모하고 있었단 말이에요. 어느 날 남편이 외출하자 살며시 앙굴마에게 다가가 유혹을 했어요. 그러자 앙굴마는 단호히 말했지요.

"스승의 부인과 정을 통하는 것은 마치 독사를 몸에 두르는 것과 같습니다."

바라문의 아내는 앙굴마가 끝까지 자신의 마음을 받아 주지 않자 앙심을 품게 되었어요. 그녀는 남편이 집으로 돌아오자 이렇게 말했지요.

"오늘 당신의 수제자 앙굴마가 당신이 외출한 틈을 타서 저를 겁탈하려고 했어요."

화가 머리끝까지 난 바라문은 앙굴마에게 복수하고자 마음먹었습니다.

'저 녀석에게 잘못된 가르침을 내려 이승에서는 국법에 따라 처형을 받고 내생에서는 지옥에 떨어지게 하리라.'

이렇게 마음먹은 바라문은 앙굴마를 불러 사악한 가르침을 내렸어요.

"너의 지혜는 이미 높은 경지에 이르렀으나 도를 완성하기 위해선 마지막으로 해야 할 일이 하나 있다. 이 칼을 네게 내리니 네거리에 가서 지나가는 사람 백 명을 죽여라. 그리고 그들의 손가락을 하나씩 베어 백 개의 손가락으로 목걸이를 만들어 목에 걸면 마침내 도를 완성하게 될 것이다."

앙굴마는 스승의 말에 당황했지요.

'아, 스승님께서는 왜 이렇게 어렵고도 무서운 가르침을 내리시는 것일까? 그렇다고 스승의 가르침을 어기는 것 역시 제자의 도리가 아니지 않는가?'

앙굴마는 괴로워하면서 길을 걷다가 어느새 네거리에 이르렀어요. 한 순간 그는 그만 이성을 잃고 미치광이가 되어 닥치는 대로 지나가는 사람들을 칼로 찔러 죽이고는 손가락을 베어 목걸이를 만들었지요.

이 이야기는 앙굴마가 부처님께 귀의하여 아라한과를 얻고 무여열반無餘涅槃에 들기까지 이어지지요.

우리는 살인귀가 되어 날뛰는 앙굴마의 모습에서 오늘날 우리의 모습과 겹치는 부분을 찾아 볼 수 있어요.

수행자 앙굴마가 스승의 가르침을 따라 살인마가 되면서까지 이루려고 했던 '도'가 무엇일까요. 우리 젊은이들도 '성공'과 '출세'를 위해 많은 노력을 하거든요. 약간은 차이가 있겠지만 같은 거라고 봐도 돼요. 젊은이들은 그 시대가 가장 값지다고 여기는 그것을 성취하기 위해 노력하는 거니까요.

앙굴마의 스승은 자신의 젊은 아내의 말만 믿고 제자를 보복하기 위해 사악한 가르침을 내렸지만, 오늘날 우리는 젊은이들에게 무엇을 어떻게 가르치고 있는지 살펴봐야 되지요.

구름을 빠져나와 세상을 환히 비추는 달과 같은 스승이 절실한 시절이지요.

보은하고 봉공하는 삶

우리가 가지고 있는 능력을 잘 헤아려 쓰게 되면 자신이 행복해지고 세상이 밝아져요.

하루를 아침, 점심, 저녁 이렇게 세 파트로 나눠서 사는 게 중요해요.

아침은 나를 바꾸는 시간이에요. 수행을 인도말로 '바하바'라고 해요. '바뀌게 한다'는 뜻이에요. 새벽시간에 괴롭더라도 일어나서 오늘 하루를 평소보다는 더 멋지게 살겠다고 다짐을 하는 거예요. 그러면 나 자신이 변하게 되어 있어요. 성공의 길로 들어서는 거예요.

새벽 수행 정진 시간이 지나고 시작되는 하루 일과는 보은봉공 시간이에요.

평소에는 의식하기 어려운 일이지만, 사실 우리들은 수많은 사람들의 은혜를 입고 살아가고 있어요. 우리 손으로 옷을 안 만들어도 좋은 옷을 맘대로 골라 입을 수 있고, 피땀 흘려 가면서 농사를 안 지어도 전 세계에서 들어오는 맛있는 음식들을 골라 먹을 수 있지요. 또한 우리 자신도 열심히 제 몫을 다한다면 어느 누군가에게는 은혜를 입히며 사는 겁니다. 나 혼자 잘났다고 하지 않고 남과 더불어 사는 삶, 부처님 보시기에 그게 바로 선한 삶이요, 복이 되는 삶이요, 보은하고 봉공하는 삶입니다.

오늘날 경제가 낙후되고 정치 환경이 불안한 나라들의 공통적인 특징은 부의 불균형이 심하다는 점이에요. 어떤 나라의 경우는 인구의 2퍼센트가 전체 부의 98퍼센트를 차지하고 있기도 하지요.

이제부터는 과거의 업 타령 대신
현실에 충실하며 열심히 선행을 쌓아야 해요.
조금이라도 남들보다 큰 능력을 가졌다면
 그 능력을 선업 짓는 데 쓰시기 바랍니다.

98퍼센트의 절대 다수 국민은 고작 2퍼센트밖에 부를 가지지 못했으니 결국에 가서는 폭동이다 쿠데타다 난리가 나게 되는 겁니다. 이와는 반대로 가진 사람들과 능력 있는 사람들과 배운 사람들이 제 역할을 다하는 나라는 점점 맑아지고 아름다워지지요. 노블레스 오블리주의 중요성이 바로 여기 있어요. 가진 사람들, 능력 있는 사람들, 배운 사람들이 양보할 때 세상은 조금 더 훈훈해집니다.

이제 저녁이 되면 무엇을 해야 하나요. 반성하고 참회하는 시간을 가져야 해요.

오늘 내가 잘 살았다, 못 살았다, 내일은 오늘처럼 어리석은 짓을 다시는 하지 말아야지, 이렇게 다짐을 하는 거죠. 틀림없이 잘되게 돼 있어요.

우리 불자들은 부처님의 귀한 법을 만났으니 이제부터는 과거의 업 타령 대신 현실에 충실하며 열심히 선행을 쌓아야 해요. 혹시 조금이라도 남들보다 큰 능력을 가졌다면 이제 그 능력을 선업 짓는 데 쓰시기 바랍니다. 우리들의 인생은 너무 짧아요, 순간순간이 아쉽고 아까운 겁니다.

고통속에 눈물을 흘리며 사는 게 아니라 복을 받아서 이렇게 좋을 수가 있나 하며 덩실덩실 춤을 추고 살아야 그게 불교 잘하는 거예요.

열다섯 번째 법문

합심 기도와
나 홀로 기도

🌿 백짓장도 맞들면 낫다

내 고향에 가면 가파른 고갯길이 한 군데 있는데, 한번은 어떤 할머니가 짐을 잔뜩 실은 리어카를 끌고 올라가고 있었어요. 그런데 그 옆을 걸어가는 할아버지는 밀어 주기는커녕 뭐가 그리 좋은지 박수를 치며 웃고 있는 게 아니겠어요. 그래서 왜 그러시냐고 물었더니 "잘 올라가는지 못 올라가는지 보려고 그런다."라고 대답하더군요.

꼭 무슨 코미디 같죠. 하지만 웃으라고 하는 얘기가 아니에요. 우리 불자들도 불교를 믿고 실천하는 데 있어서 이 할아버지 같은 면이 있는 것 같아요. 보통 가정에서 대표로 한 분만 불교를 믿지요. 가족들 중에서 부인 한 명만 절에 가고 남편분들은 집에서 대개가 다 방관을 합니다. 아니, 그렇게 방관만 하면 그나마 나아요. 못 올라가게 뒤에서 아예 잡아당겨 버리는 사람들도 있으니까요. 부인은 방생 가는데 남편은 낚시질 가는 식이죠. 그러고서 소원 성취가 안 되면 "그렇게 열심히 절에 나갔는데 왜 안 되느냐?"라고 또 지청구를 합니다.

합심 기도가 중요한지 나 홀로 기도가 중요한지 분석을 해서 이왕이면 좋은 쪽을 택하는 것도 지혜라고 할 수 있어요. 그동안 부인이 집안의 대표로 홀로 기도했다면 이제부터는 조금씩 가족에게 영향을 미치도록 해 보세요. 무거운 수레를 끌고 홀로 오르막길을 오르려니 힘이 들 수밖에요. 가족이 합심해서 앞에서 끌고 뒤에서 밀면 한결 수월할 겁니다.

온 가족이 함께 잘살자는 기도인데 왜 혼자만 애를 써야 합니까. 남편이 "당신 오늘 방생 간다고, 나는 오늘 낚시질 간다."라고 한다면 기도가 과연 얼마나 되겠으며, 효험이 얼마나 있겠습니까. 그러면서 일이 조금이라도 안 되면 난리를 치는 거죠. 부처님이 영험이 없다는 둥, 개종을 하라는 둥 별의별 소리를 다 해 가면서요. 백짓장도 맞들면 나아요. 하물며 고달픈 인생을 살아가는 데 함께 마음을 합치지 않으면 헤쳐 나가기가 훨씬 더 어려워지는 겁니다.

그동안 나 홀로 기도를 했다면 오늘부터는 가족들에게 감동을 주어야 합니다. 가족들을 위해 노력하는 아름다운 모습을 보여 주어야 한다, 이 말이에요. 열 번 찍어 안 넘어가면 스무 번 찍고 스무 번으로도 안 되면 백 번을 찍어서, 나중에는 질려서라도 함께하게 만드세요. 다 가족들 좋으라고 하는 것이니까요. 기도란 뿌리부터 좋아지려고 하는 것이므로 혼자 해서는 효과가 크지 않고 오래가지도 못해요. 가족을 일으켜 세워서 함께 나아가세요. 대한민국 남편들 대개가 무슨 일을 해 보려고 해도 쑥스러워서 못 하는 경우가 많으니까 안 들어준다고 쉽게 포기하지 말고요.

"남편이 출장을 가서 자유 시간입니다. 남편 눈치를 보고 사는 게 숨막히고 답답하여 발버둥이라도 치고 싶었는데 이제야 자유 시간을 갖게 되었습니다."

우리 '안심카페'에 체험담이 많이 올라오는데 이런 글을 심심치 않게 볼 수 있어요. 답답해서 발버둥이라고 치고 싶은 그런 환경에서 기도가 제대로 될 수가 없지요. 리어카를 뒤에서 끌어 당기는데 앞으로 나갈 수가 없지요. 그런데 남편을 잘 이끌어서 합심 기도를 하는 불자도 많이 있어요.

"저도 처음 경전을 읽을 때는 남편한테 부끄러워서 방문을 닫아놓고 했는데, 지금은 남편보고 옆에 앉아서 들으라고 합니다. 남편은 가끔 고개도 끄떡끄떡 거리며 뭔가를 알겠다는 시늉을 하기도 합니다. 이만해도 많이 좋아진 거죠."

이분은 처음부터 남편에게 무리한 것을 시키지 않았어요. 그게 지혜라면 지혜인 셈이죠.

운전하고 가다가 도로에 교통사고를 당한 동물을 보면 "나무아미타불"을 세 번만 하라고 시켰답니다. 쉬우니까 잘 따라 하더래요. 시간이 조금 지나고 나니 남편이 "나무아미타불 관세음보살" 하면 안 되냐고 물어오더라는 거예요. 그래서 차를 타고 혼자 갈 때는 아무도 듣는 사람이 없으니 큰 소리로 "관세음보살, 관세음보살, 관세음보살…"하라고 했더니 시키는 대로 하더라는 거죠. 그 다음에는 지장보살을 가르쳐주고, 혹시 꿈이라도 꾸면 보고하라고 했대요.

"요즘 남편은 저를 대단한 눈으로 보고 있어요. 이 정도면 성공한 거 맞죠. 제가 하고 있는 것이 정답인지는 모르겠습니다. 그냥 저는 남편이 기도에 관심을 보이는 것만으로도 감사할 따름입니다."

대한민국 남편들이 잘 저지르는 잘못 중 하나가 자녀에게 무슨 문제가 생기면 전부 부인의 책임으로 돌리는 것이지요. 성적이 떨어져도, 또 학교에서 사고를 쳐도, 남편은 부인을 향해 그저 화만 내려고 합니다. "어떻게 키웠기에 애가 저 모양이야!" 이런 식으로 말입니다.

아니, 애를 엄마 혼자 키웁니까? 아빠는 그동안 다른 나라에 있없나요? 자녀가 잘되기를 바라려면 반드시 아버지들이 나서서 가르치고 기도해야 해요. 상한 아버지는 뒷심 지고 앉아 있고 힘없는 엄마 혼자서 무거운 수레를 끌고 올라간다면 언제 목적지에 닿을지 알 수 없는 일이지요. 가까운 미래에 온 가족이 합심해서 기도하는 모습을 마음속에 떠올리면서 정진하도록 하세요.

지금은 어려운 일이 많아도 부처님께 기도를 하다 보면 담대해지게 됩니다. 마음이 담대해지는 것이 기도의 효력 중 첫 번째에 해당하지요. 어떤 어려움이 있어도 정신을 바짝 차리고 기도하면 결국에는 길이 열리게 돼요. 우리가 기도를 지속하면 믿는 바가 생기고 마음이 안정되면서 사물을 올바로 판단할 수 있는 지혜가 나오고 살길이 열립니다. 불보살님들의 위신력에 기대어 인간은 상상할 수 없는 기적이 일어나는 것이지요.

기도와 지혜

최소의 투자로 최대의 효과를 거두는 것을 경제의 기본 원칙이라고 하지요. 이것을 다른 말로 표현하자면 지혜롭다고 할 수 있는 거예요.

조선시대부터 전해져오는 이야기입니다. 이 이야기는 우리 생활 속에서 지혜가 어떻게 쓰이는 지를 확실하게 알려주고 있어요.

어느 양반집에 장원급제한 아들이 있었답니다. 장원급제를 했으니 장래가 밝고 집안도 좋은데다 잘생기기까지 했으니 더 없이 좋은 신랑감이죠. 이 청년이 장가를 가게 됐는데 신부를 공개 모집하며 시험을 보기로 했어요. 그 시험 문제가 참 재미있어요.

쌀 한 되를 가지고 한 달을 사는 사람을 신부로 맞겠다는 거예요. 그런데 신부 후보자 혼자가 아니라 몸종 다섯을 데리고 버티라는 겁니다. 여섯 명이 쌀 한 되로 한 달을 살라는 얘기니 쉽지 않은 문제지요.

신랑감이 좋으니 구름처럼 몰려들었겠죠. 한번 해보겠다고.

도전하는 규수들의 대부분은 쌀 한 되를 30일치로 나눠서 물을 많이 붓고 죽을 끓여서 조금씩 나눠 먹는 거예요. 보름도 못가서 영양실조가 걸려가지고 나가떨어지는 거예요. 그렇게 해서 다들 포기하고 돌아갔는데, 마지막에 한 참한 아가씨가 나타나서 쌀 한 되로 몽땅 밥을 하는 거예요. 그리고 몸종 다섯을 불러서 배불리 먹이고 나서는 지시를 하는 거예요.

"배불리 먹었으니 나가서 바느질거리하고 빨랫감을 받아 오너라."

다섯이 나가서 동네를 다 뒤지고 돌아다니니 일이 엄청나게 많은 거예요. 또 일을 척척해서 보내니 일거리가 계속 늘어나는 거죠. 그렇게 한 달이 지나고 나서보니 쌀이 몇 가마니나 쌓이게 된 거죠. 몸종 다섯을 배불리 먹이고 신나게 일을 시킨 거예요.

이게 바로 지혜예요. 이렇게 지혜로운 아가씨가 며느리로 들어 왔으니 그 집은 어떻게 되었겠어요.

이왕 사는 거 잘 살아야 되겠지요. 잘 살려면 지혜가 있어야 해요. 우리를 잘 살게 해주는 그 지혜가 기도에서 나온다는 것을 굳게 믿고 실천해야 해요. 혼자 하는 기도보다는 온 가족이 힘을 합쳐서 하는 합심 기도가 가장 효과가 빨라요.

기도를 하면 어떤 효력이 생길까요.

우선 마음이 담대해집니다. 담대해진다는 것이 뭡니까. 믿는 바가 생긴다는 말이에요.

"설마 부처님이 나를 죽게 내버려 두시기야 하겠어?" 이런 믿음이 생기면 마음이 안정되면서 사물을 올바로 판단할 수 있는 지혜가 나오게 되고 살 길이 열리게 된다는 거예요.

당당함과 자신감이 있으면 안 되는 일이 없어요. 미국에서 광고영업왕이 된 분의 이야기인데, 이분도 내성적이라 굉장히 소극적이었답니다. 그런데 우연히 '자신감'에 관한 강연을 듣고 인생을 한번 바꿔보겠다고 결심을 한 거죠.

광고 세일즈 일을 시작하면서 우선 광고를 잘 주지 않기로 소문난 사람 12명의 명단을 작성했답니다. 그리고 한 달간 집중적으로 광고를 내라고 설득을 하니 11명이 광고를 주더라는 거죠. 그런데 마지막 1명은 끝까지 버티더라는 거예요. 그 마지막 한 명을 포기했으면 광고영업왕이 됐겠어요? 이 사람은 아침마다 일어나서 "너는 나한테 광고를 줘야 한다. 꼭 줘야한다." 이렇게 염력을 써가며 60일을 찾아갔더니 그제야 광고를 주면서 묻더라는 거예요.

"나는 당신에게 광고를 주지 않으려고 60일간 변명거리를 찾았는데 당신은 어떻게 60일간을 하루도 빼지 않고 찾아올 수 있었느냐?"

"지난 60일간 사장님이 광고를 주지 않으려고 이리저리 피하셨는데, 저는 사장님으로부터 그 피해가는 방법들을 다 공짜로 배웠습니다."

이러니 성공하지 않을 수가 없는 거예요. 그런데 여러분들은 어떠세요. 딱 세 번만 거절당하면 그 다음에는 여러분 스스로가 피해 가잖아요.

여러분이 겪는 어려움이 결국은 여러분들을 더 크게 성공시키기 위한 디딤돌이에요. 쉽게 포기하면 안 돼요.

기도를 하면 절제하고 지키는 힘이 생기게 되죠. 육바라밀이 뭐예요. 보시, 지계, 인욕, 정진, 선정, 반야 이렇게 6가지예요. 보시, 지계, 인욕 그러니까 계율을 지키는 것이 절제하는 거예요. 인욕은 말 그대로 참는다는 거죠. 그 다음 선정, 반야 이것은 수호, 그러니까 지키는 거예요.

오래 참고 견디면 내공이 쌓여 크게 빛을 보게 되지요.

"도토리가 천 번을 구르나, 호박이 한 번 구르나 마찬가지다."라는 말이 있어요. 호박이 한 번 굴러서, 호박이 덩굴 채 굴러오도록 내공을 쌓는 것이 기도예요.

여기서 우리가 확실하게 짚고 넘어가야 할 것이 있어요. 기도의 힘, 효험, 내공 이러한 것이 왜 필요하냐는 거예요.

생존경쟁에서 살아남는 것이 진리이기 때문입니다. 그 모든 것은 자기 자신을 이기는 거, 극기克己에서 나온다는 것을 명심하시기 바랍니다.

그러니까 생존경쟁에서 살아남는다는 것은 자기 자신과의 싸움에서 이기는 거예요. 죽은 물고기는 어떻습니까. 물이 흐르는 대로 둥둥 떠내려가지요. 그런데 살아 있는 물고기는 물살이 아무리 세더라도 거슬러 올라가잖아요. 그게 바로 극기예요.

"전쟁터에 나가 적과 싸워 천 명을 이기는 것보다 자기 자신을 이기는 것이 더 힘들다."

숫타니파타에 나오는 말이죠.

새벽에 일어나기가 쉽지 않지요. 그래도 일어나는 겁니다.

새벽기도는 생존경쟁에서 살아남는 가장 좋은 방법이에요.

나로 하여금 분한 마음이 솟아오르게 하는 상대방이 있을 때에는 그가 왜 그런 행동을 하는지 한번 헤아려 보세요.

만일 그가 잘못된 지식으로 인해 그렇게 행동한다는 것을 알게 되면 이해하는 마음도 생기고 인내하려는 마음도 생겨날 겁니다.

🙏 공업중생

합심 기도는 공동체 정신과 상통합니다. 온 가족이 부처님 속에 하나가 되어 함께한다면 이루지 못할 일이 없지요. 시쳇말로 '콩가루 집안'이라고, 망하는 집안의 공통적인 특징은 뭉치지 못하고 뿔뿔이 흩어진다는 점이에요. 무슨 일만 벌어졌다 하면 서로 잘났다고 주장하며 치고받고 싸우는 것이 그런 콩가루 집안의 행태지요.

가족은 사회의 축소판이에요. 불교에서는 사바세계에서 함께 살아가는 우리들을 공업중생共業衆生이라는 말로 표현하기도 해요. 개인의 운명은 그 개인 혼자만의 업에 의해 결정되는 것이 아니라 그 개인을 포함한 집단 공동의 업에 의해서도 영향을 받는다는 의미에서 나온 말이지요. 내가 지은 죄업이 아니라고 아무리 우겨도 우리는 함께 죄업을 만들어 가는 셈이에요. 이렇듯 나와 너는 같은 세상에서 함께 숨 쉬고 함께 업을 짓는 공업중생인데도 우리는 그것을 모르고 살고 있지요.

예를 한번 들어 볼까요?

지금이야 유기농 농법이니 친환경 농법이니 하며 많이 개선되었다고 하지만, 얼마 전까지만 해도 도시인들은 벌레 먹은 채소보다 겉보기에 멀쩡한 것을 더 좋아했어요. 그러다 보니 농부들은 논밭에 농약을 치게 되고, 도시인들은 그 농약 묻은 채소를 먹게 되었지요. 농약은 해충 익충 가리지 않고 벌레들을 죽이고, 그 벌레들을 잡아먹고 사는 물고기와 새를 죽이고, 나아가 사람들의 몸에 쌓여 병을 만들고, 그들이 낳은 2세들을 고통스럽게 만들었어요.

그렇다면 이 농약으로 말미암은 업이 농약을 만든 공장 주인의 잘못일까요, 농약을 친 농부의 잘못일까요, 아니면 겉보기에 멀쩡

한 것을 좋아하는 도시인의 잘못일까요?

각자가 내 잘못이 아니라며 항변할 거리가 있을 거라 봐요. 공업共業이란 게 바로 이렇습니다. 같은 세상에서 살아간다는 것은 착하고 안 착하고의 문제 이전에 공동적인 업보이기도 한 겁니다. 그 업보를 알고 책임을 나누려는 의지가 없으면 당장은 편할지 몰라도 나중에는 모두 불행해지고 마는 것이지요.

불교에서는 남을 위해 살아가는 존재를 보살이라고 불러요. 모든 중생을 제도하겠다는 원願을 세운 다음 끊임없이 정진한 끝에 그 일을 달성했다 하더라도, 자신이 한 일에 대한 우쭐함을 마음속에 품고 있다면 보살이 아니지요.

경전을 보면, 어느 날 유리왕의 군대가 쳐들어와서 국민들이 도륙당할 운명에 처하자 목건련目犍連: 석가모니 부처님의 십대제자 중 한 사람은 국민들 가운데 유능한 사람 5천 명을 커다란 자루에 담아 머나먼 별나라에 숨겨 놓았다는 이야기가 나와요. 전쟁이 끝난 다음 목건련은 부처님께 자랑스럽게 말씀드리지요.

"제가 5천 명을 저 별나라에 숨겨 놓았습니다. 그들이 다시 나라를 이끌어 갈 겁니다."

그러자 부처님께서 말씀하셨어요.

"별나라에 옮겨 놓았던 사람들을 데려와 보아라."

목건련이 신통력으로 사람들을 다시 내려놓고 보니 모두 죽어 있었어요. 목건련은 크게 놀라 부처님께 여쭈었지요.

"세존이시여, 이게 어찌 된 일입니까?"

부처님께서 답하셨지요.

"그들은 바로 공업중생이니라."

또한 《보살본생만론》에는 이런 구절이 나옵니다.

"그때의 백성들은 비법을 멋대로 행하고 죄악을 습관적으로 저질러 복력이 쇠퇴했다. 선신善神들이 떠나 버리자 갖가지 재난이 다투어 일어났으니 모두 공업으로 말미암은 것이다. 하늘은 크게 가물고 여러 해 동안 비가 내리지 않았으니, 초목은 타들어 가고 샘은 말라 버렸다."

이렇듯 개인의 운명은 개인에게만 맡겨져 있지 않고 사회의 운명과 함께하는 겁니다. 나는 가족과 이어져 있고, 가족은 사회와 이어져 있지요. 그러므로 기도를 할 때도 나와 가족과 사회를 함께 생각해야 해요. 나의 용맹정진으로 가족이 깨닫고, 내 가족의 합심 기도가 사회로 퍼져 나간다면, 종국에 가서는 이 사바세계 전체가 불국정토로 변할 겁니다.

열여섯 번째 법문

기도 성취를
빠르게 하는 법

육도윤회 벗어나기

우리는 어렵고 힘들 때 부처님께 매달립니다.

"자비하신 부처님, 이번 이 어려운 일을 해결해주세요."

몸과 마음을 정갈하게 하고 정성을 다해 기도를 하는 거죠. 이때 혼자 하는 기도보다는 합심 기도가 더 효과가 빠르다고 여러 번 얘기했어요. 그런데 외부에서 기도에 도움을 줄 수 있는 방법들도 있지요. 조상 천도와 방생 수복이 바로 그것들입니다.

많은 분들이 천도재와 제사를 혼동하고 있어요.

천도재薦度齋의 '천薦'자는 세상을 옮겨 간다는 뜻이에요. 옮겨 간다는 것은 바꿔 간다 그런 뜻이에요. 누가 옮겨 가고 바꿔 가느냐, 살아 있는 사람일 수도 있고 돌아가신 조상님일 수도 있지요.

앞서 살펴본 대로 불교의 고유한 세계관 중 하나가 육도윤회예요. 중생은 지옥, 아귀, 축생, 아수라, 인간, 천상으로 육도윤회를 하게 되는데, 천도란 그 여섯 가지 세상을 돌아다니면서 스스로 지어 받는 자리로부터 옮겨 가는 것을 가리켜요. 본래의 업대로 갈 자리에서 더 좋은 자리로 옮겨 간다고 생각하면 쉬울 거예요.

인간으로 살면서도 괴롭고 힘든 점이 많지만 그보다도 더 괴로운 중생은 지옥, 아귀, 축생, 이 삼악도에 속하는 중생이지요. 지옥의 고통, 아귀의 배고픔, 축생의 두려움, 이런 것들은 인간이 차마 견뎌 낼 수 없는 괴로움이니까요. 이런 세계로부터 빠져나오는 것을 불교에서는 천도라고 표현합니다.

우리가 스스로 천도하는 방법이 있는데 부처님께서 말씀하신 계정혜戒定慧의 삼학이 그것이에요. 이는 불교 수행자가 닦아야 할 가장 기본적인 세 가지 공부 방법을 가리키지요. 일체의 법문은 모두 이 삼학으로 귀결된다고 보면 됩니다. 그러면 계정혜가 뭔지 하나씩 살펴볼까요?

계戒는 몸과 마음에 좋은 습관을 들이는 것이죠. 그릇됨을 막고 악을 고치는 것이 바로 계입니다. 계에 의해 몸과 마음이 조절되면 그때부터는 마음을 통일하는 정定이 생겨요. 우리가 선정禪定을 중요시하는 이유는 맑은 마음으로 참다운 세상을 관찰하여 바른 지혜를 획득하기 위해서지요. 그렇게 획득한 지혜가 바로 혜慧, 즉 도리를 명석하게 분별하는 마음입니다. 불교의 최고 목적은 깨우

침의 지혜를 얻는 거예요. 이러한 계정혜의 삼학을 통해 악한 일을 하나씩 줄이고 착한 일로 돌려가는 것이 자신을 천도하는 가장 좋은 방법입니다.

그런데 일단 죽은 다음에는 스스로 천도를 하지 못하게 돼요. 대부분의 사람들은 죽는 순간 하나의 생각에 집착하는 경우가 많은데, 그렇게 죽어 버린 영가는 모든 게 딱 막혀서 소통이 되질 않는 겁니다. 이때 악업을 많이 지은 영가는 괴로워서 몸부림을 치지요. 과거에 어떤 사람을 미워했다면 그 미워하는 마음이 불덩이가 되어 늘 활활 타 들어 가는 괴로움을 당하는 것이지요.

《지장경》의 '여래찬탄품如來讚歎品'을 보면 이런 구절이 나옵니다.

"보광보살이여, 모든 중생들이 꿈에 귀신이나 여러 가지 형태를 보되 혹은 슬퍼하고 혹은 울며 혹은 근심하고 혹은 탄식하며 혹은 두려워함이 나타나면, 이는 일생이나 십생 또는 백생 천생의 과거세에 부모나 형제자매나 또 남편이나 아내 등 권속이 악도에서 벗어나지 못하는 것이다. 그들은 스스로를 구원할 복된 힘이 없으므로 속세의 혈육이나 과거 전생의 인연이 있는 분들에게 호소하여 악도에서 구원해 줄 것을 원하는 것이니, 보광보살이여, 그대는 위신력으로써 그러한 사람들에게 방편을 베풀어 악도에서 벗어나게 해야 할지니라. 보광보살이여, 그대의 위신력으로 그 권속들이 뭇 불보살상 앞에서 마음을 경건히 하고 이 경을 읽거나 혹은 사람을 청하여 세 번이나 혹은 일곱 번을 읽게 한다면, 악도에 떨어진 권속들이 몇 번 듣고 해탈하여 다시는 꿈속에서나 깨어 있을 때나 비참한 모습을 보지 않게 되리라."

악도에 떨어져 불에 타는 고통을 느끼거나 물구덩이에 들어가 숨을 못 쉬어 몸부림치는 중생을 상상해 보세요. 얼마나 불쌍한 일입니까? 또 탐욕이 많은 사람들은 축생으로 태어나 항상 배고픔과 굶주림과 두려움으로 떨고 있으니, 이 또한 얼마나 가련한 일입니까?

천도하는 진정한 의미를 알게 되면 우리는 지금 이 세상에서 어떻게 살 것인가에 대해서도 알게 되지요. 그걸 모르면 늘 괴로움으로부터 벗어나지 못하고 많은 고통을 당하게 됩니다.

세상의 모든 담장은 언젠가는 다 무너지지만, 절대로 무너지지 않는 담장이 하나 있어요. 바로 마음속에 쌓이는 증오의 담장이지요. 이 담장이 한번 쌓이면 형제간에도 평생 안 보고 사는 사람들이 많아요. 영가들의 경우도 마찬가지입니다. 일단 증오심이 맺혀 버리면 영원히 풀 길이 없어요. 그래서 인연을 맺은 사람의 꿈속에 나와 울며불며 괴롭다고 하소연하는 건데, 그걸 제대로 알아듣지 못하면 그냥 방치하고 마는 겁니다. 죽은 사람도 괴롭고 산 사람도 괴로운 일이지요.

길게 보면 미울 것도 서운할 것도 없어요. 상대방 입장에서 보면 또 그럴 수도 있는 게 우리네 인생살이입니다. 그런데 자꾸 내 입장에서만 보려니까 밉고 서운한 거예요. 그래서 평생 안 보겠다며 딱 자르는데, 그런 모진 기운들이 뭉쳐 버리면 뚫을 길이 없어져요. 부처님 말씀을 보면 "세상살이 하는 데 제일 중요한 것 중 하나가 좋은 생각을 하는 것이다."라는 구절이 나오는데, 이게 듣기는 쉽지만 실천하기가 아주 어렵지요. 괴로움에서 벗어나 즐거움의 세계로 나아가는 길이 바로 좋은 생각을 하는 것인데, 이런 방법은 세상에서 오직 불교 외에는 가르쳐 주지 않아요.

오늘날에는 사십구재를 교회에서도 지내고 성당에서도 지내고 무속에서도 지내고 단학 수련하는 데서도 지내고 다 지낸다고 하더군요. 사십구재는 본래 불교에 있는 건데 왜 다들 지내려고 하는 걸까요? 사십구재를 지내면 좋아진다는 걸 알았기 때문이에요. 좋은 것은 굳이 안 가르쳐 줘도 다 알게 되어 있지요. 그러니 서로 가져다 쓰려고 하는 거예요.

천도의 복덕

우리가 살다 보면 육신이 병들어 아픈 것, 사업이 잘 안 풀리는 것, 자녀들이 속 썩이는 것 등등의 문제에도 조상의 업이 작용하는 경우가 있어요. 업보에 묶인 영가는 자기의 괴로움을 계속 호소하게 되고 그것이 염파가 되어서 자손에게 안 좋은 영향을 미치는 거죠.

그래서 나는 어디가 편찮다는 분들이 찾아오면 가장 먼저 관련된 영가를 찾아내려고 애를 써요. 영가의 고통을 풀어 주고 바꿔 주는 것이 그 병을 고치는 지름길이라고 생각하니까요. 예를 들어 물에 빠져 돌아가신 분은 물에 빠져 숨이 막히는 그 괴로운 순간만을 기억하게 되지요. 그 순간을 포착해서 풀어주는 겁니다. 그럼으로써 영가의 괴로움을 달래고, 나아가 그 영가로 인해 안 좋은 영향을 받던 분의 현실적인 문제를 해결해 주는 것이 바로 천도라고 할 수 있어요.

고통의 원인은 무명無明에 있어요. 어리석음이 뭉쳐서 무명을 이루게 되지요. 그 어리석음을 살짝 돌려놓아 깨달음으로 나가게 만들면 살아 있는 사람이나 영가 모두에게 복덕이 됩니다.

부처님 말씀은 간단하면서도 의미가 깊어요. 부처님께서는 이런 말씀도 하셨지요.

"어떤 일을 하고 나서 후회하고 눈물을 흘리면서 괴로워한다면 그 행위는 잘했다고 할 수 없다."

짧은 몇 마디로 잘한 일과 잘못한 일의 정의를 이렇게 멋지게 내리신 분은 아마 부처님밖에 없을 겁니다. 나도 웃고 남도 웃을 수 있는 것이 참다운 행복이지요.

다시 천도 얘기로 돌아가서, 천도를 몇 번이나 해야 영가가 좋은 곳으로 갈지 궁금해하는 불자들이 많아요. 천도는 제사와는 다른 부분이 조금 있지요. 제사는 돌아가신 분을 위해서 지내는 것이지만 천도는 살아 있는 사람에게 바로 도움이 됩니다. 살아 있는 우리들이 당면한 문제를 스스로의 힘으로 해결하지 못할 때 불공을 드리고 천도를 하는 거예요. 그런데 많은 분들이 제사와 불공, 천도재를 구분을 못해요. 제사는 돌아가신 분을 위해 지내는 거고,

불공은 쉽게 말해서 부처님께 공양을 올리는 거예요. 삼계의 대도사이시고, 사생의 자부이신 부처님을 천도할 일이 있겠어요. 소상들 중 원한, 욕심, 집착 같은 것이 강한 분들로 인한 나쁜 기운을 부처님의 위신력으로 탁 깨뜨려서 환하게 밝혀 주는 거예요. 불공과 천도는 원칙적으로 다른 거지요.

'잘되면 자기 탓 못되면 조상 탓'이라는 말도 있지만, 원칙적으로 조상 탓은 없다고 봐요. 어떤 조상이 찾아와서 자손의 재물을 손해나게 하는 것은 아니지요. 그건 이미 손해가 난다고 운수에 나와 있는 거예요. 그 손해날 것을 안 나게 하는 방법이 무엇이냐 하면, 그 운수에 관련된 조상을 찾아서 공양을 잘 올리는 것이죠. 쉽게 말하면, 재수가 없거나 사업이 막혔을 때 한이 맺힌 어려운 조상을 위해서 불공을 드리면 액운으로부터 벗어날 수 있다는 얘기입니다.

천도를 몇 번 해야 하는지 궁금해 하시는 불자님들께 답하지요. 천도는 돌아가신 분들을 위한 것이기도 하지만 살아 있는 사람의 소원 성취를 위한 것이기도 해요. 그러므로 한 번을 하든 두 번을 하든 횟수와는 무관합니다. 하는 만큼 돌아오니까요.

"세상에 아무런 빽도, 돈도, 비빌 언덕도 없어요. 평생 힘들게 사느라 조상님께 기도 한 번 올려드리지 못했는데, 제 조상님 천도재 한 번 올려 주세요."

나이가 드신 불자 한 분이 저를 찾아와 간절하게 청했어요.

어느 대학에서 교수를 딱 한 명 뽑는데 아들이 응시를 한 거예요. 미국에 유학까지 갔다 왔고, 참 잘난 아들이지만, 세상에는 워낙 강자들이 많잖아요. 남들처럼 밀어 줄 힘이 없으니 얼마나 답답했겠어요.

이 불자는 참 지혜로우신 분이에요. 부처님의 힘을 빌려 조상님께 기원한 거예요. 자손 잘 되게 해달라고, 당연히 기쁜 소식을 받았지요.

천도재에 대해서 조금 더 이야기를 해볼까요.

얼마 전에는 고등학교 교장을 지내신 분의 49재를 지내는데 그 영가님의 따님 친구가 같이 왔었어요. 그 따님은 절에 열심히 다녔는데 친구는 절에 처음 왔다고 하더군요.

그런데 재를 다 지내고 나니 따님이 아니라 그 친구가 놀라운 얘기를 하는 거예요.

재를 지내는 처음부터 영안이 열려서 영가님의 모습을 다 보았다고 하더군요.

스님께서 집전하시는 순서에 따라 영가님이 들어와 목욕을 하고, 음식을 드시고 나서는 새 옷으로 갈아입고 하늘로 올라가더랍니다.

소원성취를 하는 기도에는 여러 가지가 있는데 조상천도와 방생 수복이 좀 더 수월하고 중요하다고 경전에 나와 있어요.

《지장경》을 읽다보면 꿈을 많이 꾸는 분들은 적게 꾸게 되고 꿈을 꾸지 않던 분들은 꾸게 되고 하는 그런 현상이 나타나지요. 그건 다 좋은 현상이에요. 고민할 거 없어요. 기도를 지극정성으로 잘 했다고 생각하고 더 열심히 하면 돼요.

나와 조상은 하나라고 할 수도 없고, 둘이라고 할 수도 없어요. 하나라고 하기에는 조상의 영향을 받는 경우가 많고, 둘이라고 하기에는 내 맘대로 안 된단 말이지요. 그래서 우리가 지장경을 읽고 천도기도를 하고 방생수복을 하는 거예요. 또 경전을 찍어서 조상님의 이름으로 많은 분들에게 나눠드리는 법공양을 올리는 거지요. 이렇게 하는 것은 나와 둘이 아닌, 또 나와 하나가 아닌 조상님들이 번뇌장과 업장 그리고 보장으로부터 벗어나게 해드리는 그런 절차가 되는 거지요.

🪷 방생 수복

산목숨을 해하지 않는 것이 소극적인 선행이라면, 방생放生은 죽어가는 목숨을 살려주는 적극적인 선행善行이에요. 살심殺心을 줄이고 자비를 베푸는 일로 그 공덕이 헤아릴 수 없이 커 단명자는 수명을 늘리고 병고에 시달리는 사람은 빠르게 병고에서 벗어나게 돼요.

그런데 방생을 해보지도 않은 사람들이 많은 말을 합니다.

"환경을 파괴하는 짓이다."

"이중으로 살생하는 짓이다."

이런 식으로 비난을 하거든요.

자비심 없이 형식적으로 하는 행위라면 참다운 방생이 아니에요. 그러나 방생을 통해 우리 마음속의 살심을 줄이고 생명에 대한 존중심을 길러 준다면, 우리 모두에게 이로운 지혜라고 생각합니다. 그러므로 방생 자체는 절대로 나쁠 수 없지요. 하지만 진정한 불교인들이라면 환경보호 문제도 염두에 두어야 하기 때문에, 실천하는 데에 많은 주의를 기울일 필요가 있어요.

"인간 방생을 해야지 무슨 물고기를 잡았다가 다시 방생하느냐?"

이렇게 따지는 분도 있더군요. 하지만 인간에 대해서는 방생이란 표현을 쓰면 안 됩니다. 인간은 상부상조하는 대상이지 방생하는 대상이 아니에요. 비록 지금은 좋은 위치에 있지만 언제라도 어려운 위치로 떨어질 수 있는 게 인생이지요. 어려운 위치에 빠진 사람에게 누군가 작은 도움을 주면서 방생했다고 표현한다면 그 도움을 진정으로 고마워할 사람은 그리 많지 않을 겁니다. 방생 공덕은 생각보다 효과가 커요. 하루는 어떤 여자 불자님이 찾아와 묻더군요.

"스님, 저는 암이 계속 전이되어서 수술을 일곱 번이나 받았어요. 도대체 저희 집에 어떤 업이 있어서 제가 이런 고통을 당하는 걸까요?" 그래서 새벽 예불이 끝난 뒤 입정에 들어갔는데, 관찰해 보니 그 집안에 살생을 많이 한 분이 있더군요. 그래서 그 불자님에게 물어보았어요.

"혹시 윗대 어른 중에 살인 살생을 많이 하신 분이 있나요?"

"맞아요. 일제강점기 때 형사로 독립운동하는 사람들을 잡으러 다녔던 분이 계셔요. 그분은 한국전쟁 때는 경찰로 근무하면서 빨치산들과 직접 총격전도 벌였다고 해요. 그 뒤로는 권력 기관에서 근무하기도 했고요."

직업을 위해 살생을 한 공으로 현생에서는 잘 먹고 잘 입고 잘 쓰고 살았겠지요. 그러나 한 인간으로서는 남의 소중한 목숨을 빼앗은 악업을 많이 지었어요. 그래서 죽은 영가가 그 업을 풀어 달라고 며느님에게 부탁을 하는 겁니다. 그 며느님은 사주팔자에 몸에다 칼을 많이 댄다고 나와 있었어요. 그래서 방생을 한번 해 보라고 권해서 자라 방생을 하게 되었지요.

이처럼 살인으로 쌓인 업도 방생을 통하면 참회할 기회를 얻고 생명의 존엄성을 깨우칠 수 있어요. 그래서 기도를 하면서 조상 천도와 방생 수복을 겸할 기회를 갖는다면 원하는 바를 훨씬 빨리 이룬다고 얘기한 겁니다.

방생을 할 때에는 마음속의 탐욕과 성냄과 어리석음의 삼독심까지도 함께 방생할 수 있어야 해요. 그러지 않으면 진실한 방생이 아니에요. '안심카페'에 올라온 체험담은 기도에 대해 다시 한번 생각하게 해줍니다.

거룩하신 부처님, 감사합니다.

딸의 사고로 한 맺힌 조상님 영가께서 오신 것을 알았고, 딸의 몸을 빌려 오신 영가님 덕분으로 부처님을 만났습니다.

지장경 기도를 하며 세세생생 지은 업을 참회해야 하는 것을 알았습니다. 억세고 거칠며 고집스러운 저를 조복하여 업장을 소멸시켜 주시는 부처님, 감사합니다.

결혼생활 20여년 내내 나를 탓하던 남편이 미웠는데, 제가 그 남편에게 진 빚이 있었다는 것을 알게 되었습니다. 저를 괴롭힌다고 생각했던 남편은 선망 조상님이셨고, 저의 딸 또한 저를 조복시켜 부처님께 귀의하도록 오신 지장보살님이셨습니다.

이제는 남편의 모진 말에 상처받지 않습니다.

"아, 내 업장이 또 소멸되고 있구나! 감사합니다."하며 부처님께 감사를 드립니다.

언젠가, 저의 기도가 성취되는 날이 오겠지요. 그날을 위해 다짐을 합니다.

"어떠한 일이 있어도 절망하거나 포지하지 않겠다."

"어떠한 실패가 닥쳐와도 눈물은 흘릴지언정 나 자신을 포기하지 않겠다."

"기도하는 삶으로 나의 모든 지혜를 열겠다."

부처님 전에 다짐을 하고 또 합니다.

열일곱 번째 법문

구하면
얻으리라

🟢 부처님의 약속

《약사경藥師經》에는 "좋아하는 것을 구하면 모두 다 얻는다."라는 부처님 말씀이 나옵니다. 이상하게 들릴지도 모르겠지만, 우리 인간들은 의외로 싫고 나쁘고 지긋지긋한 것을 구하는 경향이 있어요. 욕심 부리고 미워하고 남이 못되기를 바라면서 속으로 즐거워하는 것이지요. 모두 다 우리 마음속에 똬리를 틀고 앉은 탐욕과 성냄과 어리석음의 삼독심 때문이라고 할 수 있지요.

그러나 그런 바람은 바라는 본인 스스로를 해칠 뿐이에요. 그런 마음으로 기도를 한들 바라는 것이 이루어질 턱이 없지요. 정말로 행복해지길 바란다면 그런 중생심을 버리고 어렵더라도 한 발짝씩 부처님의 원만한 마음자리를 향하여 올라가야 합니다. 청정한 마음으로 기도하고, 참되고 아름답고 좋아하는 것을 구하세요. 그러면 부처님이 모두 다 이루어 주신답니다.

부처님께서는 경전을 통해 구하면 얻으리라고 약속하셨어요. 그런 만큼 우리 불자들은 강한 신심을 가지고 당당하게 기도하여 바라는 바를 모두 성취해야 합니다. 그것이 부처님에 대한 예의이자 우리 불자들의 의무라고 할 수 있어요.

그러면 '우리가 좋아하는 것'에는 어떤 것들이 있을까요?
여러 가지가 있겠지만 이왕이면 선하고 참되고 긍정적인 것을 구하는 것이 바람직합니다. 건강을 구하고 장수를 구하며 부귀해지기를 구하고 풍요로워지기를 구하세요. 운명은 정해져 있으나 바꿀 수 있다고 여러 번 강조했지요. 우리가 소극적인 생각을 버리고 적극적으로 구하고 실천하면 운명을 좋은 방향으로 변화시킬 수 있게 됩니다.

우선 건강과 장수를 구하세요.
고령화 사회로 본격적으로 접어든 오늘날의 한국에서 건강은 무엇보다도 중요한 요소입니다. 한 집 걸러 한 집씩 암 환자가 있을 만큼 한국인들의 건강 상태는 심각한 수준이라고 하더군요. 단명하는 사람이 많던 옛날이라면 그저 장수하는 것이 소망이겠지만, 지금은 거기에 더하여 건강하게 장수하는 것이 소망이 되었지요.

우리가 소중히 여기는 소망은 부처님께서도 소중히 여기십니다. 그러니 부처님 전에 나아가 건강하게 상수하기를 구하세요. 평생 건강하지 않다고 사주에 나와 있다고 하더라도 부처님 전에 구하는 마음이 진정하고 간절하다면 건강해질 수 있습니다. 암이든 백혈병이든 혈우병이든 파킨슨병이든 그 어떤 불치병이든 간에 부처님의 드높은 가피 앞에서는 보잘것없는 것들에 지나지 않을 테니까요.

그리고 부귀와 풍요를 구하세요. 부처님께서는 가난하게 살라고 가르치신 분이 아닙니다. 오히려 부귀와 풍요를 구하면 구한 대로 얻을 거라고 말씀하셨죠. "아, 나는 팔자에 재물이 없대. 그러니까 가난하게 살 수밖에 없어." 이러고 주저앉아 있을 게 아니에요. "부처님 전에 나아가 구하면 부귀와 풍요도 얻을 수 있대. 그러니 더 적극적으로 나아가 구해 봐야겠다." 이런 마음으로 부처님을 조르고 또 졸라야 합니다.

관심이 없으면 아예 시작도 되지 않아요. 반면에 관심을 가지면 모든 것이 새롭게 보여요. 오늘 머리 손질하러 가야지 마음먹으면 사람들의 머리 모양만 눈에 들어오게 되지요. 또 핸드폰을 바꿀까 하고 생각하면 사람들 핸드폰에만 눈길이 가게 됩니다. 마찬가지로 부귀와 풍요를 바라면 모든 관심사가 자연적으로 그쪽으로 가게 되지요. 자료를 모으고, 방법을 찾고, 그러다 보면 어느 때인가 그 방면에 관한 전문가가 되어 부귀와 풍요를 누릴 수 있는 겁니다. 그러니 팔자타령을 할 시간이 있으면 그 시간에 부귀하고 풍요로운 자신의 미래를 상상하고 부처님 전에 나아가 간절히 구하세요. 그다음 현실에서 조금씩 그 관심을 실천해 나간다면 팔자에 들어 있지 않은 행운도 얼마든지 잡을 수 있어요.

어떤 사람은 이렇게 말하지요. 부처님께는 달라고 부탁하는 것이 아니라고요. 그러나 《약사경》에는 분명히 '구하면 얻는다'고 되어 있어요. 부처님께 달라고 비는 것은 절대로 욕심이 아니에요. 그걸 이루어서 혼자 쓰면 욕심으로 바뀌는 것이지요. 그러므로 받은 복이 있다면 이웃들과 나눌 줄 아는 마음도 결코 잊지 말기를 바랍니다.

열심히 기도해서 실패했던 아들을 다시 일으켜 세워준 한 불자의 이야기예요.

"내 아들 돈자루 되게 해 주세요."

실패를 딛고 다시 일어서려고 애쓰는 아들을 위해 이렇게 10년을 부처님께 빌었답니다.

그 아들이 다시 성공했으니 옛말이 되었지만 이분의 이야기를 듣노라면 '아하, 이렇게 사는 것이 인생이로구나'하는 생각이 들어요.

그분의 아들은 20대 후반에 크게 벌었다가 거듭되는 실패로 궁지에 몰리게 되었는데 어린 딸의 유치원비가 없을 지경이었답니다. 그런데 그 아들은 주저앉지 않고 분발했어요. 아직은 젊고 힘이 있으니 쌀가마니 배달부터 시작했어요. 그것을 보는 어머니의 심정이 얼마나 아팠겠어요. 그 어머니도 좌절하지 않고 부처님께 매달려서 간절하게 기원을 한 거예요. 그 어머니가 기도하는 방법을 알고 있었다는 게 참 다행이에요. 부처님께 솔직하게 달라고 매달린 거죠. "부처님, 제 아들 돈자루 되게 해주세요, 돈푸대 되게 해주세요."

그 아들이 당연히 성공하는 거예요. 돈을 다시 번거죠. 한번 실패의 경험이 있으니 이제는 이웃과 나눌 줄도 알게 되었고, 무엇보다도 겸손해졌어요. 주위의 신망을 받는 후덕한 사업가로 거듭 태어나게 된 겁니다.

여러분도 자녀를 위해 기도를 해보세요. 잠시 잠깐이 아니라 꾸준히 십년만 해보세요. 십년이 부족하면 다시 또 십년, 소원이 이뤄질 때까지 하는 겁니다.

자식이 때로는 원수 같다는 생각이 들 때도 있겠지요. 그러나 바로 그 자녀가 당신을 기도하게 하고 부처님을 만나게 해주는 거예요. 자녀가 은인인 셈이죠. 기도는 결국 자신을 위한 것이고, 자신의 영생을 위한 것이니까요.

욕됨을 참으면 복으로 변한다

무엇인가를 성취하려면 부단한 노력이 필요합니다. 열 번 찍어

정말로 행복해지길 바란다면 중생심을 버리고 어렵더라도
한 발짝씩 부처님의 원만한 마음자리를 향하여 올라가야 합니다.
청정한 마음으로 기도하고, 참되고 아름답고 좋아하는 것을 구하세요.
그러면 부처님이 모두 다 이루어 주십니다.

넘어가지 않는 나무 없다는 속담이 있지만, 현실에서는 열 번 찍는 것으로 넘어가지 않는 커다란 나무가 꽤 많이 있어요. 만일 열 번 찍어도 넘어가지 않는다면 '안 되니까 포기하자' 이러지 말고 '아! 이건 큰 나무구나!' 생각하고 더욱 부지런히 찍어야 하는 겁니다.

넓은 유리판 위에 한 바가지의 물을 뿌려 놓으면 유리판 위를 굴러가던 물방울들이 커다란 물방울 쪽으로 몰려가 합쳐지는 것을 볼 수 있지요. 복의 속성도 비슷한 면이 있어요. 어떤 복이 커지면 그쪽으로 전부 딸려가 합쳐지게 됩니다. 이것이 부처님께서 성취하도록 도와주시는 방법이에요.

복을 짓는 방법에도 몇 가지가 있어요. 첫 번째로는 경제적으로 복을 짓는 방법이에요. 우리들이 가지고 있는 것 중에서 재산을 유용하게 써서 자선사업과 봉사활동을 하는 일이죠. 다음으로는 말과 글로 복을 짓는 방법도 있어요. 사람들에게 용기를 갖게 하고, 희망을 갖게 하고, 기쁨을 줄 수 있는 말과 글을 사용한다면, 그것도 아주 큰 복을 짓는 일이 됩니다.

부처님께서는 이런 말씀을 하셨어요.
"나쁜 일은 하지 않는 것이 좋다. 왜냐하면 나중에 고통이 찾아오기 때문이다. 착한 일은 하는 것이 좋다. 왜냐하면 나중에 기쁨이 찾아오기 때문이다."

참 쉬운 가르침 같지만 실천하기는 무척 어려울 겁니다. 나중에 고통이 오든 기쁨이 오든 우선 앉은자리에서 저 하고 싶은 대로 하고 마는 것이 바로 인간이니까요. 하지만 어렵더라도 조금씩 바꿔 나가도록 하세요. 그러면 어느 순간부터는 마음이 밝아지고 맑아지고 풍요로워집니다. 그런 마음이 이루어져야만 비로소 실제 생활 속에서 실천할 수 있게 되지요.

앞서서 육바라밀에 대해 배웠지요? 평소 기도를 할 때 그 육바라밀 중에서 인욕바라밀을 실천해 보도록 하세요. 누가 나를 업신여기고 괴롭혀도 성내기 전에 부처님을 생각하고 그분의 명호를 불러 보세요. 부처님께서는 수행하실 때 야차들이나 외도들이 욕을 하고 침을 뱉고 심지어 팔다리를 잘라 내더라도 그들을 탓하지 않고 너그러이 용서하셨습니다.

따지고 보면 그들이 저지르는 업은 내 업을 녹여주는 역할을 하지요. 내가 참으면 참을수록 내 업이 빨리 녹습니다. '가능한 한 빨리 내 업을 소멸시켜 주려고 저들은 악업까지 지어 가면서 저렇게 행동하고 있구나' 하고 생각하면 오히려 고마운 마음까지 들게 될 거예요. 사실 본인도 선업을 지으면서 나를 깨우쳐 주면 그보다 더 좋은 것은 없겠지만, 그건 부처님이나 하실 수 있는 일이겠지요.

그러니 그 당시에는 대거리를 하고 싶기도 하고 한 대 패 주고 싶기도 하겠지만 인욕바라밀을 공부하는 불자의 마음으로 너그럽게 넘기도록 하세요. 이 인욕바라밀이 잘되면 기도의 가피와 효험도 훨씬 더 풍요로워지게 되니까요. 《보왕삼매염송寶王三昧念誦》을 보면 "억울함을 당해서 굳이 밝히려고 하지 마라. 억울함을 밝히면 원망하는 마음이 생긴다."라는 구절이 나오지요. 이와 관련된 우화 한 토막을 소개합니다.

하루는 한 외도가 부처님께 와서 험담과 욕설을 늘어놓았어요. 그러자 부처님께서 말씀하셨지요.
"바라문이여, 그대에게 묻겠다. 만약 누가 그대에게 선물을 했는데 그대가 받지 않고 도로 돌려준다면 그 선물은 누구의 것이 되겠는가?"
그 외도는 대꾸했어요.
"그야 가져온 사람의 것이 되겠지요."
그러자 부처님께서는 미소를 지으시며 말씀하셨어요.
"그대가 아무리 나를 비방하고 욕한다 하더라도 나는 그대를 미워하지 않는다. 나는 그 비방과 욕을 받지 않을 것이기 때문이다. 그러니 그대가 내게 한 모든 비방과 욕은 이제 그대의 것이 아니겠느냐?"

🙏 천수천안

한국의 불자들은 관세음보살을 아주 좋아하고 존경하지요. 그런데 정작 관세음보살이 어떤 분인지 아는 불자는 많지 않은 것 같습니다. 그냥 머릿속으로 대강 흐릿하게 그려 보고 있는 정도가 아닌가 싶어요.

기도를 제대로 드리려면 그 기도를 받으시는 불보살님이 어떤 분인지 알고 있어야 하지요. 그래야 감응이 빠르고 효과도 정확해요. 또 알면 알수록 친숙한 마음이 일어 늘 가까이 모시며 더욱 부지런히 기도할 수 있게 됩니다. 우선 관세음보살의 전생 이야기를 살펴보기로 하지요.

옛날 남인도에 한 부부가 살고 있었어요. 그들 사이에는 두 아들이 있었는데, 부인이 병들어 죽자 아버지는 몇 년 후 재혼을 했지요.

얼마 뒤 나라에 큰 흉년이 들어 생활이 어려워지자 아버지는 이웃 나라로 장사를 하러 떠나게 되었습니다. 아버지는 새로 맞은 부인에게 두 아들을 잘 돌보라고 부탁하고 집을 나섰지요. 그런데 새어머니는 심성이 그리 좋지 못한 여자였어요. 아버지가 집을 비우자 그녀는 전처소생의 두 아들이 장차 자신이 사는 데 방해가 될 것으로 판단하고 죽여 버리기로 마음 먹었지요.

비바람이 몰아치는 날 저녁, 그녀는 한 사공과 짜고 바다 위에서 아버지가 기다린다며 아이들을 조각배에 태워 바다 한가운데로 보냈습니다.

엉겁결에 조각배에 타게 된 형제는 곧 태풍을 만나게 되었어요. 그들은 무서움과 추위에 떨며 서로 부둥켜안고 어머니를 부르며 울어 댔지만 바다 한가운데서 구해 줄 사람은 없었지요. 사방에서 휘몰아치는 비바람을 못 견딘 조각배는 뒤집혀 바닷속으로 가라앉고 말았습니다. 그들은 파도에 휩쓸려 한 무인도에 도달하게 되었지요.

무인도에서 근근이 목숨을 연명하던 형제는 끝내 굶주림에 지쳐 쓰러지고 말았어요. 형은 가냘픈 목소리로 동생에게 밀했어요.

"아우야, 이제 우리 목숨이 다 된 것 같구나. 아무리 찾아봐도 살아날 길이 없는 우리 신세가 가련하구나."

"형, 이제 우리는 죽는 거야?"

아우는 눈물을 흘리며 형을 바라보았지요. 그러자 형이 다시 말했어요.

"이 세상에는 우리처럼 가련한 신세를 가진 사람이 많이 있을 것이다. 우리처럼 부모를 잃고 배고픔과 추위에 떠는 사람, 풍랑에 휩싸여 고생하는 사람, 독을 가진 짐승에게 물리거나 악한 귀신에게 시달리는 사람, 부처님의 바른 법을 만나지 못해 깨달음을 구하지 못하는 사람, 다음 생에 우리는 그런 사람들을 위해서 세상의 고통을 걷어 주는 존재가 되자."

형제는 손가락을 깨물어 흐르는 피로 찢어진 옷자락에 서른두 가지의 원願을 써서 나뭇가지에 걸어 놓고 죽었습니다. 그리하여 나중에 형은 관세음보살이 되고 아우는 대세지보살이 되어 사바세계에서 고생하는 중생들을 도와주는 불보살님들이 되었다고 합니다.

관세음보살은 천 개의 눈과 천 개의 손을 지니고 자비로운 마음으로 온 중생의 기도를 듣고 보살펴서 이루어 주는 분입니다. 《법화경法華經》의 '관세음보살보문품'에 따르면 "고통에 허덕이는 중생이 마음속으로 관세음보살을 간절하게 염원하면서 그 이름을 부르기만 하면 즉시 듣고 구출해 준다."라는 구절이 나옵니다. 그러면 불구덩이가 연못으로 변하고 성난 파도가 잠잠해지며 높은 산에서 떨어져도 공중에서 멈추게 된다고 하지요. 즉 갖가지 재앙으로부터 중생을 구원하는 불보살님이 바로 관세음보살인 겁니다.

관세음보살이 왼손에 들고 있는 연꽃은 모든 중생이 본래부터 갖추고 있는 불성佛性을 나타냅니다. 활짝 핀 것은 불성이 깨어나 성불 한 것을 뜻하며, 꽃봉오리로 맺힌 것은 번뇌와 망상에 물들지 않고 장차 피어날 불성을 상징하지요.

우리 불교에는 자비로운 보살님들이 많이 있지만 특히 관세음보살은 마치 어머니처럼 자애로운 분이에요. 우리가 어렵고 힘들 때 그분께 의지하여 기도하면 우리는 엄마 품에 안긴 아기처럼 편안해질 수 있지요. 그리하여 구원을 받고 힘을 얻으면 우리 또한 어려움에 처한 사람들에게 따스한 손길을 내미는 자비의 보살행을 실천해야 합니다.

열여덟 번째 법문

불교와
풍수지리, 길일 택일

다섯 가지 욕심

"여인들에게는 다섯 가지의 욕심이 있다. 귀한 집에 태어나기를 바라고, 부귀한 집안으로 시집가기를 바라고, 남편이 자기 뜻대로 따라 주기를 바라며, 자식이 많기를 바라고, 집안에서 자기 마음대로 하기를 바란다."

부처님께서 기원정사에 계실 때 제자들에게 하신 말씀이에요. 이 구절은 여인에게만 해당되는 것이 아니라 남성들도 마찬가지고, 세상 사람들 모두 다 마찬가지겠지요. 한마디로 잘 살고 싶다는 것인데 사람들은 이를 위해 많은 방편을 찾게 되지요.

명당의 의미

풍수지리라든가 또는 무슨 행사를 할 때 좋은 날을 택하는 것이 불교적으로 어떤 의미가 있는지 궁금해 하는 분들이 많아요.

동양 문화권에 사는 우리들에게는 풍수지리도 중요하고 또 택일이나 관상도 중요합니다. 그런데 불교에서는 그런 것들을 최고의 법으로 치지는 않아요. 부처님께서는 "점술이라든지 점성술 같은 것에 의지하지 말고 또 신변통에 의지하지 말라." 하고 말씀하셨지요. 그런 것들이 필요하다고는 해도 근본적인 것은 될 수 없으며, 혹시 잘못 빠지면 오히려 정신을 혼란시키기만 하기 때문이에요. 그러니 그런 것들에 지나치게 집착해서는 안 된다는 전제하에 이야기를 하고자 합니다.

당나라 때 위산영호라는 도력이 높은 스님이 계셨지요.

하루는 불자 한 분이 찾아와서 "아주 좋은 터가 있는데 그 터에 맞는 제자 한 명을 보내주십시오. 그 터에 절을 짓고 세상을 교화하면 이름을 크게 날리게 될 것입니다."

그러자 위산 스님이 "그럼 내가 가면 어떻겠는가?"하고 물으니 그 불자가 그 도력이 높은 스님에게 "안 됩니다. 스님은 그 터를 감당하실 수 없습니다."하고 답하는 거예요. 그리고는 제자들을 둘러보더니 "아. 이 스님입니다. 이 스님은 천오백 제자를 거느릴 수 있을 뿐만 아니라 크게 선풍을 날릴 것입니다."하며 젊은 스님 한 분을 가리키는 거예요.

그 불자의 말대로 이 스님은 그 터에 절을 짓고 주지를 맡아 불법을 널리 펼쳤지요. 이 스님이 바로 위산 스님과 함께 위앙종을 세운 앙산 스님이에요.

지금 우리나라에서 천 년 이상 되는 고찰들은 대체로 천 년 이상 가는 명당에 자리 잡고 있어요. 풍수지리가 최고의 법은 아니지만 우리 범부중생들이 사는 곳에서는 꽤 중요한 요건으로 작용하는 것 같습니다. 그래서인지 많은 사람들이 풍수지리의 효력을 철석같이 믿고는 조상이나 자기 자신의 묘를 명당자리에 쓰려고 해요. 이게 적당하면 괜찮은데 도를 넘어서 집착으로까지 이어지니까 사회적으로 문제가 되는 것이지요. 그나마 근래에는 화장 문화가 점차 정착되고 있는 것 같아 다행이라고 생각해요.

물론 묏자리라든지 집터 같은 것들을 아주 무시해서는 안 되지요. 옛날부터 내려오는 생활 문화로 그 나름대로 의미를 지니고 있으니까요. 하지만 아무리 좋은 터를 잡는다고 해도 그 터에 살 만한 복력이 있고 지혜가 있어야 합니다. 그래야 발복도 되고 사람에게 이로운 거예요. 만일 그렇지 못하면 심각한 부작용이 일어날 수도 있는 것이지요.

어느 보살님 한 분이 절에 와서 이런 얘기를 들려주더군요. 한 지방 도시에 소위 5대 부자라는 사람들이 있었는데 지금은 다 망해서 몽땅 빈털터리가 되었다고 합니다.

사연인즉, 25년 전에 그 5대 부자는 그 도시의 부자들만 모이는 클럽을 만들어서 활동했는데, 이 다섯 사람 모두 우리나라에서 풍수지리를 제일 잘 본다는 도사를 모셔다가 조상 묘를 이장을 했답니다. 묘 한 자리 옮기는데 땅값은 별도로 주고 5천만 원씩 내고 천하 명당이라는 자리를 골라 이장을 했다고 하더군요. 한데 이장을 하고 15년이 지난 뒤 그 다섯 사람 모두 망했다는 겁니다.

흥미로운 사실은, 묘를 쓰고서 20년인가 지난 다음에 다시 어떤 풍수지리가가 와서 그 묏자리를 보더니 "모두 물이 들었습니다."라고 말해 자손들이 파 보니 정말로 다섯 자리 모두 물이 들어차 있었다지 뭡니까.

우리나라에서 제일가는 풍수지리가가 천하 명당이라며 쓴 묏자리들인데, 그 자손들은 왜 다 망하고 그 자리엔 왜 물이 들어차게 된 걸까요?

따지고 보면 당연한 일이에요. '명당'이라고 하는 것은 밝을 '명明' 자에 집 '당堂'자를 써서 '밝은 집'이란 뜻인데, 여기서 밝음은 지혜를 상징하지요. 그것도 보통 지혜가 아니라 복이 바로 뒷받침이 되어 주는 지혜 말이에요.

묏자리 하나 옮기는 데 당시 돈으로 5천만 원씩이나 들일 것이 아니라 차라리 고아원이나 양로원 같은 사회복지시설을 지었다면 지혜도 되고 복력도 되었을 겁니다. 한데 나만 편하게 살고 내 자손들만 잘살아야겠다는 욕심으로 재물을 헛되이 쏟아부었으니, 밝을 '명' 자를 쓰는 천하 명당이 어두울 '명' 자의 천하 명당冥堂으로 바뀌고 만 것이지요. 욕심이 가져온 번뇌장은 우리나라에서 제일 가는 풍수지리가의 눈마저도 가린 셈입니다.

진정으로 복을 지으려는 마음이 있어서 그 돈으로 남을 돕는 선업을 지었더라면 조상을 아무 곳에나 묻어도 명당이 되었을 거예요. 그리고 예전에 이미 좋은 자리를 썼기 때문에 나름대로 발복이 되어 잘 살게 된 것인데, 그것을 뽑아다가 엉뚱한 데다 넣은 꼴이 된 거예요.

돈을 조금 벌면 범부중생들이 공통적으로 하는 일이 있어요. 첫째가 자동차 바꾸는 일, 두 번째는 마누라 바꾸는 일, 그리고 조금 더 여유가 생기면 조상 묏자리를 전부 옮기는 일을 하지요. 그런 일들은 모두 허욕이에요. 허욕이 발동되면 망조로 들어가지요.

풍수지리에 묶여서 꼭 이장을 할 필요는 없다고 봐요. 부처님 말씀은 곧 심법心法이므로 진짜 명당은 마음속에 있기 때문이에요. 마음을 밝게 하고 그 자리가 명당이라고 꾸준히 생각하면 정말로 명당으로 바뀌게 되지요.

궁극적으로 부처님의 법에서는 어떤 장소로 옮기느냐가 중요한 게 아니라 내가 어떤 마음을 갖느냐가 중요한 거예요. 심법이라고 해서 유별난 뭔가를 해야 한다는 얘기는 아닙니다. 그저 복업을 짓기 위해 선업을 꾸준히 닦으면 돼요. 우리가 평소에 복을 지어 놓으면 저절로 좋은 곳에 들어가게 되지요. 그러니 명당에 못 들어가면 어떻게 하나 걱정하기보다는 좋은 복이 오도록 기도를 하는 편이 훨씬 나아요.

풍수지리는 자연의 지혜 중 하나입니다. 자연의 지혜란 결국은 인과법이지요. 다시 말해, 본인이 어떻게 하느냐에 따라서 조상들이 명당에 들어갈 수도 있고 못 들어갈 수도 있다, 이 얘기입니다.

나쁜 사람이 잘사는 이유

'선인선과善因善果 악인악과惡因惡果'라는 말이 있어요. '좋은 씨앗은 좋은 열매를 맺고 나쁜 씨앗은 나쁜 열매를 맺는다'는 뜻으로 착한 일을 하면 좋은 과보를 받고, 악한 일을 하면 나쁜 과보를 받는다는 말입니다. 불교의 진리이자 또한 천지자연의 원리이기도 하지요.

그런데 주위를 둘러보면 착한 사람이 잘살지 못하고 오히려 나쁜 짓만 골라 하는 사람이 잘사는 경우를 흔히 보게 되지요. 많은 사람이 실망을 하고 한탄을 하기도 하지요. 여기서 우리가 알아 둘 것이 있어요. 사람이 태어나서 죽기까지의 한 생에서 이 '선인선과 악인악과'가 잘 이루어지지 않는다는 점이에요. 무슨 말인고 하니 짧은 한 생에서 착한 행동이 곧바로 잘사는 것으로 이어지지 않을 수도 있다는 얘기지요. 여기서 한 생을 꼭 한평생이라고 단정 지을 필요는 없고, 10년, 20년, 30년 단위로 생각해도 돼요.

하지만 착한 일을 하면 지금 바로 좋은 점이 있는데 이것을 '선인낙과善因樂果', 즉 '착한 일을 하면 즐겁다'는 말로 표현할 수 있습니다. 이것만으로도 충분히 착한 일을 할 가치가 있는 겁니다.

'나는 착하게 사는데 왜 이렇게 못살죠?'라고 묻는 사람은 대개 착하게 사는 사람이 아니라 멍청하게 사는 사람이에요. 그저 자기 혼자 착하다고 착각하면서 사는 것이니까요. 스스로 착하다고 말하는 사람은 착한 사람이 아닙니다. 남들이 착하다고 알아줘야 진짜 착한 사람인 거죠.

선인은 다음 생으로 넘어가야 비로소 선과로 돌아옵니다. 1년 동안 착한 일을 해도 좋은 결과가 안 나올 수 있지만, 10년, 20년 꾸준히 착한 일을 해 나가면 어느 순간 복이 깃들기 시작하지요.

악인악과도 마찬가지예요. 악한 짓을 하고서도 잘사는 것처럼 보이는 사람들이 있지만, 그 씨앗이 싹트고 자라서 익으면 결국 악과로 돌아옵니다. 또한 악한 일을 하면 지금 당장도 괴로워요. 낯두꺼운 사람이 설령 괴롭지 않은 척해도 밤에는 악몽에 시달리지요. 이것을 '악인고과惡因苦果', 즉 '악한 일을 하면 괴롭다'는 말로 표현합니다.

한 생에는 '선인낙과 악인고과'이고 일단 다음 생으로 넘어가면 '선인선과 악인악과'라고 생각하면 알기 쉬울 겁니다. 어쨌든 간에 결국에는 그 업을 그대로 받는 것이므로 우리 불자들은 언제나 착하게 살기 위해 노력해야겠지요.

지금 못사는 이유가 전생에 복을 지은 게 없기 때문이라고 대충 생각하거나 이야기할 수는 있어요. 하지만 그건 어림짐작하는 것이고, 이제부터라도 현실에서 복을 짓는 것이 중요합니다. 모름지기 불자라면 자기 묘를 쓰는 방법을 알아야 돼요. 따로 풍수지리를 공부하라는 얘기가 아니에요. 현재를 살면서 선업을 짓고 복을 짓는 것이 자기 묘를 잘쓰는 가장 좋은 방법이에요.

이왕에 한번 묘를 쓴 다음에는 그것을 옮기는 일이 무척 힘든 경우가 많아요. 형제간에도 이해타산이 다르게 작용하기 때문입니다. 그 묘를 쓰고부터 부자가 된 것 같다는 형제가 있는데 다른 형제가 이장한다고 하면 사단이 나겠지요. 집안이 뒤집어지는 것보다는 뭔가 다른 방도를 찾는 편이 나을 겁니다. 그럴 때는 부처님 말씀에 의존하세요. 그 말씀이란 게 바로 심법입니다.

우리가 기도를 하고 불보살님들의 위신력을 통해서 끊임없이 변화를 주면 나쁘던 것도 틀림없이 좋게 바뀝니다. 우리 힘으로 안 되는 것을 되도록 만들어 주는 것이 기도니까요. 불보살님들의 위신력은 안 되는 것을 되게 해 주고 불가능한 것을 가능하게 만들어 주지요.

복력이 있으면 아무리 나쁜 곳으로 옮기더라도 좋은 자리로 찾아가게 해 줍니다. 이사를 할 경우 들어갈 집도 마찬가지예요. 재수가 없는 사람들은 저마다 문이 잘못 들어섰네, 화장실이 잘못 들어섰네, 한마디씩 하지만, 아파트 대문이나 화장실을 뜯어서 다른 곳으로 옮길 수는 없는 노릇 아니겠어요. 그렇다고 몇 억짜리 집을 그다음 날 팔고 이사 갈 수도 없는 노릇이겠지요. 그러므로 평소에 늘 복업을 많이 지어 놓으라는 얘기입니다.

또 부처님께서는 늘 좋은 생각을 하라고 말씀하셨어요. 좋은 생각이 행복한 삶을 만들어 내지요. 그러니 좋은 생각을 해야 되는데, 우리 중생들은 그게 또 잘 안 됩니다. '이사를 가는데 재수 없는 날이 걸리면 어쩌지?' 이런 생각을 자꾸 하다 보니 정말로 재수 없는 날이 딱 걸려 버리는 거예요. 몸에 습관이 배는 것처럼 생각에도 습관이 뱁니다. 자꾸 나쁜 쪽으로만 생각하는 것도 일종의 습관이라고 보면 돼요. 그런 나쁜 습관의 고리를 끊는 게 바로 기도지요. '난 틀림없이 가장 좋은 곳으로 갈 것이다. 부처님을 믿고 기도를 드리니까'라는 생각을 열심히 해 보세요. 어느 때 어느 곳으로 가든 다 좋은 곳으로 변할 겁니다.

나날이 좋은 날

과연 택일이란 것을 해야 하야 하는가, 말아야 하는가? 이것도 범부중생들의 마음을 혼란시키는 큰 문제라고 볼 수 있어요.

중국의 운문 선사가 초하루 법회 때 설법을 들으러 모인 제자들에게 물었습니다.

"오늘부터 어떻게 살면 되겠느냐?"

아무도 대답을 안 하자 운문 선사가 자답했지요.

"일일시호일日日是好日."

풀이하면 나날이 좋은 날로 살라는 뜻입니다.

일일시호일인데 특별히 좋은 날을 가릴 필요가 뭐 있느냐고 묻는 사람도 있겠지요. 그런데 일일시호일이라고 하는 것은 적어도 운문 선사쯤 되는 수준이니까 할 수 있는 표현입니다. 세상만사를 초탈한 선사에게 무슨 택일이 필요하겠어요. 그러나 세상의 잡다한 일들에 묶여 사는 우리 중생들에겐 꼭 그렇지만도 않지요. '법씨 뿌릴 때가 따로 있고 보리씨 뿌릴 때가 따로 있다'는 말처럼 일에는 적절한 시기가 있는 법이에요. 그러니 택일이라는 것도 복력과 지혜를 발휘하는 일이라고 할 수 있을 겁니다.

우리보다 앞 세상을 살다간 많은 사람들이 '조금 노력해서 더 좋아지는 방법이 없을까?' 하고 연구하다 보니까 방향도 좋은 방향이 있고 날도 좋은 날이 있다는 통계적, 확률적 사실들을 찾아내게 되었지요. 그런 산물 중 하나가 음양오행설인데, 택일하는 방법도 거기에서 나옵니다.

물론 우리가 불교를 믿고 공부하는 것은 좋은 날을 잡기 위해서가 아니에요. 좋은 날 나쁜 날의 구분조차 뛰어넘자는 게 불교의 참 가르침이지만, 뛰어넘지 못하는 상태에서라면 잘 가려 골라 쓰는 지혜도 필요하다고 봅니다. 먼저 잘 가려 골라 쓰고 나서, 그 뒤에 일일시호일 하는 단계까지 가면 가장 좋겠지요.

그렇다면 어떻게 해야 나날이 좋은 날을 만들 수 있을까요?

우리 범부중생들에게는 수입이 많이 오른 날도 좋은 날이고, 남들에게 좋은 것을 얻은 날도 좋은 날이지요. 그러나 부처님의 관점에서는 이게 많이 달라요. 부처님께서는 베푼 것이 많은지 받은 것이 많은지를 따져 좋은 날과 그렇지 못한 날을 가리시지요. 그래서 내가 베푼 것이 많은 날은 복을 지은 날이 되고, 내가 받은 것이 많은 날은 복이 조금 소모된 날이 되는 겁니다. 물론 복을 지은 날이 좋은 날이 되겠지요. 어때요, 우리들과는 사뭇 다르지요? 그러니 운문 선사처럼 나날이 좋은 날로 만들고 싶다면 나날이 복을 짓도록 하세요.

평소 성심성의껏 기도를 하고 복을 지으면 자연스럽게 좋은 날이 다가오지요. 특히 결혼과 같은 인생의 중대사는 평소 차곡차곡 준비를 해야 하는데, 이제까지 안 하다가 서른아홉쯤 되어 불똥이 떨어져서야 점을 봐야겠다는 둥 굿을 해야겠다는 둥 난리를 치고 다닙니다. 그렇게 해서는 좋은 배필을 만나기 어려워요. 미리미리 복을 짓고 공덕을 쌓아야 하지요.

세속에서 잘사는 방법 중에는 장소를 택하는 방법과 시간을 택하는 방법이 있지요. 그중 장소를 택하는 방법보다는 시간을 택하는 방법 쪽을 잘 활용하는 것이 더 좋다고 봐요. 장소의 경우는 어느 정도 부유해야 선택권이 생기지만, 시간은 자기가 노력하기에 따라 그 가치가 높아지기도 하고 낮아지기도 하기 때문이지요.

그러므로 시간을 잘 택해서 활용하는 일은 세속을 사는 큰 지혜라고 할 수 있어요. 법씨를 뿌릴 때에도 병충해나 자연재해를 입지 않고 풍요롭게 거둘 수 있는 적절한 기간이 있는데, 인생에도 그런 기간이 있지요. 그것을 활용하면 성공에 빨리 이를 수 있을 겁니다. 평소에 기도와 독경을 열심히 하고 부처님께 정성껏 공양을 올리는 분들은 그런 때를 잘 맞추지요.

요약하지요. 풍수지리나 좋은 날을 택일하는 것은 세속의 지혜에 속합니다. 세속을 살아가는 범부중생들에게 세속의 지혜가 어찌 중요하지 않을까요? 그러나 궁극적으로 불교는 일시적인 욕망의 세계를 떠나 세세생생 잘사는 법 쪽으로 문이 열려 있어요. 그러므로 풍수지리나 길일 택일 같은 것에 너무 집착하면 안 됩니다.

풍수지리나 길일 택일 모두 결국에는 잘살기 위함인데, 받는 것보다 베푸는 것이 많아야 진정으로 잘사는 것임을 깨닫는다면 불교는 우리들에게 세세생생 가장 중요한 보배가 될 겁니다.

복은 스스로 짓는 것입니다.

하루를 살면서 만족스러웠던 일이나 흐뭇했던 일 한 가지를 메모해 보세요. 그리고 또 오늘 부족했었다고 생각되는 일도 한 가지만 적어 보세요. 훗날 이것들을 살펴보면 자신의 생각과 인생이 많이 달라진 것이 보일 겁니다.

행복시작 불행 끝, 성공시작 실패 끝, 멋진 인생이 될 것입니다.

열아홉 번째 법문

좋은 이름
좋은 방향

🌱 복은 마음 따라온다

석가모니 부처님께서는 도솔천에서 내려오셔서 마야 부인의 태중에 드시었다가 룸비니 동산에서 탄생하십니다. 태어나시어 왕궁으로 돌아오시자 당대에 성인으로 추앙받던 아시타 선인이 찾아와 왕자의 모습을 살피더니 "왕자께서는 32가지 위인상과 80가지 뛰어난 상을 모두 갖추고 계십니다. 전륜성왕이 되거나 반드시 붇다가 되어 모든 중생들을 구제할 것입니다."라고 하며 기쁨의 눈물을 흘립니다. 이어 당대의 최고 바라문들이 모여 왕자의 이름을 '싯다르타'라고 짓습니다. '모든 것이 뜻과 같이 이루어진다'는 뜻이지요.

요즘 자녀들이나 본인의 이름을 새로 짓는 경우가 많더군요. 그래서인지 "좋은 이름과 나쁜 이름이 있습니까?"라는 질문을 종종 받는데 그때마다 나는 "있습니다."라고 대답합니다. 제가 이십 년 넘게 신도들을 교화하고 포교현장에 있다 보니 여러 사람들을 만나며 이름이 참 중요하다는 것 느꼈는데 그 경험을 바탕으로 말씀을 드리는 거예요. 좋은 이름은 행운을 불러오기도 하고 나쁜 이름은 불행을 불러오기도 하지요. 마당쇠는 마당쇠밖에 더 되겠느냐고 하는 말도 그래서 생겼다고 봐요.

이름은 우선 부르기 쉽고 고상해야 하며 나아가 음양오행의 수리에 맞아야 하지요. 요즘은 인터넷에 음양오행 수리까지 맞춰서 이름을 지어주는 프로그램이 있다고 하더군요. 많은 사람들이 이름의 중요성을 알고 있다는 의미가 되겠지요. 하여튼 이름을 잘 지어 인생을 멋지게 살았으면 좋겠어요.

사실 별것 아닌 것처럼 보이는 작은 일로 인해 우리의 운명이 좌우 되는 경우가 많이 있어요. 말 한마디에 운명이 바뀌는 경우도 있고, 몇 푼 아닌 돈 때문에 운명이 바뀌는 경우도 있잖아요. 우리가 늘 부르고 듣는 이름이 어느 정도 운명에 관여하는 것은 사실이라고 봐요.

얼마 전 하수구가 막힌 일이 있었어요. 하수구 뚫는 기계를 가져다가 작동시켰는데 용수철같이 생긴 것이 몇 번 요동을 치는가 싶더니 쉽게 뻥 뚫리더군요. 알고 보니 무슨 큰 돌덩어리가 막은 게 아니라 머리카락이나 먼지 같은 것들이 쌓여서 막힌 것이있지요. 우리 운명도 이처럼 아주 작고 별것 아닌 요인에 의해 막힐 수 있어요. 대동맥이 터져서 죽는 사람보다는 실핏줄이 막히고 터져서 죽는 사람이 많아요.

좋은 이름은 행운을 불러오고 나쁜 이름은 불운을 불러오는 이유는, 그 이름이 다른 사람에 의해 자주 불리기 때문이지요. 이름이 불릴 때면 그 부름에 담긴 기운이 일종의 파장을 일으키게 됩니다.
　사람의 말에 담긴 힘은 무시할 수 없어요. 잘못 부르거나 잘못 옮기면 생각지도 못한 문제가 벌어질 수 있다는 뜻이에요. 불교 경전을 보면 '여시아문如是我聞: 당시 팔리어로 '내 귀에는 이렇게 들렸다'라는 뜻'이라는 구절로 반드시 시작을 해요. 내 귀에는 이렇게 들렸는데 잘못 들었을 수도 있다. 내가 하는 말이 부처님의 말씀과 차이가 있을 수 있으니 잘 새겨들으라는 의미를 담고 있는 거예요. '부처님께서 이렇게 말씀하셨다'와는 큰 차이가 있는 거예요.
　우리 주변에서도 같은 말을 달리 들어 오해가 생기는 경우를 자주 보게 되죠.

복이 없거나 재수가 없는 분들은 희한하게도 같은 말을 잘못 들어서 손해를 보곤 해요. 언젠가 어느 불자님과 대화를 한 일이 있는데, 그때 내가 그 불자님에게 말했어요.

"이 절에 와서 백 일 동안 기도하면서 일을 해 주면 5백만 원 드리겠어요. 백 일 동안 있기 싫으면 월로 나눠서 한 달에 2백만 원 드리지요." 이 얘기를 그분은 백 일 있으면 2백만 원 준다는 얘기로 들은 모양입니다. 사실 그렇게 듣기도 쉽지 않은데 그 당시 복이 없고 재수가 없으니 가장 나쁜 말소리만 조합해 가지고 들은 거죠. 한 달에 2백만 원씩 쳐서 백 일이면 6백만 원이 넘으니 백 일에 5백만 원 받는 것보다 당연히 낫겠지요. 기왕에 도와주는 거 조금 더 밀어 주려고 그런 건데, 좋은 건 다 빼놓고 백 일에 2백만 원 준다는 말로 알아듣고는 기분 나쁘다며 그냥 떠나 버렸으니 그것도 다 자기 운수랄 수밖에요.

인생을 업그레이드하는 방법

부처님 말씀에 이런 구절이 있어요.

세상에는 네 종류의 새가 있다.

구시라라는 새는 소리는 좋은데 모양이 추하다. 새매는 모양은 좋은데 소리가 안 좋다. 올빼미는 모양도 추하고 소리도 안 좋다. 그러나 공작새는 모양도 좋고 소리도 좋다.

마찬가지로 사람에게도 네 종류가 있다.

어떤 사람은 몸은 비록 허름하고 행동거지는 뛰어나지 못하나 항상 법의 깊은 뜻을 이해하고 스스로 받들어 행한다. 이런 사람은 구시라처럼 소리는 좋은데 모양이 추한 사람이다.

어떤 사람은 얼굴이 잘생기고 행동이 점잖지만 법을 외우지도 못하고 받들지도 않는다. 이런 사람은 새매처럼 모양은 좋은데 소리가 안 좋은 사람이다.

어떤 사람은 계행도 잘 지키지 않고 법을 듣지도 않으며 혹 들었다 해도 바로 잊어버린다. 이런 사람은 올빼미처럼 모양도 추하고 소리도 추한 사람이다.

어떤 사람은 행동거지도 점잖고 얼굴도 단정하며 법을 항상 받들어 행하고 조그만 허물이라도 부끄러워하며 고쳐 나간다. 이런 사람은 공작새처럼 모양도 좋고 소리도 좋은 사람이다.

수행자는 항상 공작새처럼 모양도 좋고 소리도 좋은 사람이어야 한다.

부처님의 가르침대로 우리 불자들은 모두 모양도 좋고 소리도 좋은 사람이 돼야 합니다. 하지만 그게 하루아침에 되는 것은 아니지요. 인생을 업그레이드 하는 방법은 네 가지 있어요. 《요범사훈 了凡四訓》이라는 책을 보면 운명을 뛰어넘어 진정으로 성공하는 네 가지 방법을 제시하고 있지요.

첫 번째는 입명지학立命之學이에요. 이는 자기 자신을 아는 것이죠. 자기 자신의 성격과 그 장단점을 아는 것, 행동하는 데 장단점을 아는 것, 습관의 장단점을 아는 것, 환경의 장단점을 아는 것이 바로 입명지학이에요.

　나 자신이 아무리 잘났다고 생각하더라도 남들이 소리도 추하고 모양도 추하고 성격도 더럽다고 충고하면 고쳐야 합니다. 자신의 나쁜 점을 고치는 사람만큼 훌륭한 사람은 없지요.《천수경》의 첫 구절이 정구업진언淨口業眞言인 '수리수리 마하수리 수수리 사바하'인데, 이를 풀이하면 '좋아졌네, 좋아졌네, 몰라보게 좋아졌네'라는 뜻이에요. 뭐가 좋아졌느냐 하면 입으로 말하는 것이 좋아졌다는 것이니, 사람들에게 좋은 이야기, 기쁜 이야기, 아름다운 이야기를 하게 되었다는 의미입니다.

　두 번째는 개과지법改過之法이지요. 개과지법이란 지난 허물을 거울삼아 똑같은 실수나 실패를 반복하지 말자는 뜻이에요. 그렇다고 해서 과거의 일만 들여다보며 후회로 세월을 보낸다면 그건 곤란해요. 과거에 지나치게 집착하면 정신이 혼란스러워지지요. 과거는 어쨌거나 지나간 일이고, 지금부터 착하게 살면 되는 겁니다.

　세 번째는 적선지방積善之方이라고 하는데, 이를 설명하기 위해서는 이《요범사훈》을 지은 요범이라는 사람의 얘기를 해야겠어요.

　요범은 명나라 때 사람이고 본명은 원황이라고 하지요. 원황은 젊은 시절 자운사라는 절에서 잠시 머물렀는데, 어느 날 그 절에 도사 한 분이 찾아왔어요. 그 도사는 한참 원황의 얼굴을 째려보더니 이렇게 물었지요.

"너는 공부해서 과거에 급제할 팔자인데 어째서 의술을 공부하느냐?"

"그래요? 그러면 도사님, 제게 얘기해 봐야 소용없으니까 우리 어머니께 그 말씀을 좀 해 주세요."

그래서 도사는 원황의 모친을 찾아가 과거에 급제할 팔자라고 일러 주었어요. 도사가 떠나려 하자 원황이 다시 말했지요.

"도사님! 이왕에 지도해 주시는 것이니 제 일생에 대해서도 말씀해 주세요. 그러면 열심히 노력할게요."

"이놈아, 팔자에 다 나와 있는데 하긴 무얼 해. 그냥 마음이나 비우고 과거볼 준비나 해."

원황은 도사가 일러 준 대로 마음을 텅 비우고 살았습니다.

그런데 얼마 후 운곡 선사라는 분이 자운사를 찾아왔어요. 3일 동안 참선을 한 선사는 떠나는 날 아침에 원황을 불렀지요.

"시주는 마음속에 번뇌가 일어나지 않는 것 같은데 무슨 공부를 하셨는가?"

"일전에 어떤 도사분이 제가 과거에 급제할 팔자라시며 마음을 비우라고 일러 주시더군요. 그래서 다 비웠지요. 이제 저는 모든 것을 팔자소관으로 여기고 뭔가를 인위적으로 이루려 노력하지 않습니다."

"그런가! 자넨 형편없는 범부로구먼."

"그러면 팔자소관이 아니란 말씀입니까?"

"그렇지. 평범한 사람들에게나 팔자가 맞는 거지, 지극하게 선한 사람이나 지극하게 악한 사람은 팔자가 안 맞는 거야."

"그렇습니까? 그럼 조언을 좀 해 주십시오."

"팔자타령 하지 말고 스스로 운명을 개척해 보게."

"잘 알겠습니다."

원황은 그때부터 끝낼 '요了' 자에 범부 '범凡' 자를 써서 '범부를 끝냈다'는 뜻의 '요범'으로 호를 바꾸었지요. 그러고는 운곡 선사가 일러 준 방도대로 자신의 운명을 개척해 나가기 시작했어요. 3천 번의 선업을 짓겠다는 원을 세운 다음 하루에 하나씩 착한 일을 찾아 해 나가며 그 사실을 매일 책에 기록했습니다. 그로부터 10년이 지나자 요범은 마침내 3천 번 선업의 원을 이루었다고 해요. 과거 도사가 말한 그의 팔자는 그저 과거에 급제해 관리가 되는 것에 지나지 않았지만, 그는 그것을 넘어 큰 공덕을 짓는 의미 있는 생을 살게 된 것이죠

이래서 불교가 참 좋은 것 같아요. 한 생에 지은 복을 한입에 톡 털어 넣고 다음 생에 지옥으로 가는 게 아니라, 금생보다 내생이 좋고, 오늘보다 내일이 좋고, 이달보다 다음 달이 좋고, 올해보다 내년이 좋고, 그렇게 자꾸 선업을 지어서 발전하자는 게 바로 불교니까요.

네 번째는 겸덕지효謙德之效라고 하는데, 노력의 진정한 효과는 겸손함과 덕에서 나온다는 뜻입니다. 재주가 아무리 뛰어나고 가진 것이 아무리 많아도 사람이 편협하고 자만하면 일이 거꾸로 꼬이고 말지요.

우리가 다음 생에 뭘로 어떻게 태어날지 모르지만 한 번 주어진 인생이에요. 신나고 배부르게 살아야 해요. 이제부터는 사주팔자에 얽매여 고생하지 말고 입명지학, 개과지법, 적선지방, 겸덕지효를 날마다 실천하여 우리의 운명을 찬란하게 꽃피워 나가야 하겠습니다.

행운은 좋은 인연을 따라온다

누구나 내 자식에게는 세상에서 제일 좋은 것을 주고 싶어 합니다. 이름을 지어 줄 때는 바짝 신경이 쓰이지요. 이름에 따라 잘살고 못살고 한다는데 소홀히 할 수 없는 노릇이지요.

하면 대체 어떤 이름이 좋은 이름일까요? 이름난 작명가를 찾아가면 될까요? 용한 점쟁이를 찾아가면 될까요? 요즘은 작명가나 점쟁이도 이름을 지을 때 음양오행상의 수리를 따른다고 하네요. 하지만 아무리 이름난 작명가나 점쟁이가 지은 이름이라고 해도 이름에 따라 모두 잘살고, 복을 받는 것은 아니에요. 복 받고 잘사는 게 그리 간단하면 얼마나 좋겠어요.

우리의 삶에 영향을 주는 요소는 여러 가지가 있겠지요. 그러나 한 가지 분명한 것은 복은 지은대로 거둔다는 거예요. 사람들이 쉽게 행운이라고 하는데 그게 복을 받는 거죠. 그런데 복이라는 것이 좋은 인연을 통해 들어온다는 점을 알아야 합니다. 평소에 꾸준히 선업을 쌓는다면 좋은 방향으로 문이 열리게 되지요. 이름도 마찬가지예요. 탐욕과 성냄과 어리석음으로부터 벗어난 원만한 사람은 평범한 이름을 갖더라도 얼마든지 잘살 수 있어요. 이름뿐만 아니라 방위 면에서도 마찬가지예요. 어떤 방향으로 이사를 가든 좋은 일이 기다리고 있지요. 그런 사람은 좋은 일은 더 빛나게 하고, 설령 나쁜 일이라도 부처님의 지혜를 활용하여 좋은 일로 바꾼답니다.

우리 절에 인생을 업그레이드하기 위해 열심히 기도하시는 분이 많이 있어요. 최근 '안심카페'에 올라온 글을 함께 읽어보도록 하지요.

백일기도를 시작한지 한 달 보름이 되어가네요.

나 자신을 바꾸는 기도를 시작했지요.

항상 '누구 때문에' 하는 생각으로 주변 사람들을 원망했고 심지어 가족들조차도 미워했습니다. 모든 사람들이 다 나를 힘들게 하는 것으로 보였으니까요. 날이 갈수록 점점 더 힘들어지게 되더군요.

용기를 내서 법안 스님을 찾아뵈었어요.

스님 앞에 서니 제 자신이 진솔해지더군요.

"도대체 저 어찌 해야 하나요?"

엄청 기대를 하고 스님께 여쭈었는데 스님의 답은 아주 간단했어요.

"기도해보고 나서 이야기 하자."

다른 사람과 달리 나는 정말 너무 어려운데 스님께서는 너무 평범한 답을 주시는 거 아닌가 하는 생각에 약간은 섭섭했지만 스님의 말씀 그 딱 한마디 "기도하라." 그 말씀을 거역할 수가 없더군요.

그런데 이상한 것은 스님께서 주신 말씀이 별로 없는데 스님을 뵙고 나니 마음이 편해지더군요.

스님 말씀 듣고 나서, 아무생각 없이 그냥 "제 남편 잘되게 해주세요." 하면서 기도를 시작했어요.

그렇게 일주일을 보내고 나니 그게 아니더군요. 한참을 기도하고 있는데 제 자신이 서럽고 남편이 미워지며 한 없이 눈물이 쏟아졌어요. 앞에 계시는 약사여래부처님도 저와 같이 눈물을 흘리시더군요. 그렇게 울다 보니 한 순간 "이게 아니다. 나 자신을 바꿔야 한다."는 생각이 들었어요. 그랬더니 살아오면서 잘못했던 것들이 눈앞에 선명하게 떠오르더군요.

정말 한없이 참회를 했습니다. 참회를 하며 다시 눈물을 흘리고 나니 그동안 내 마음속에 쌓였던 미움 마음들이 올라오며 녹아 없어지는 것이 느껴지더군요.

스님께 말씀 드렸어요.
"제 스스로 제 자신을 보고나니 정말 기도다운 기도를 할 수 있었어요."
스님께서 환하게 웃으시더니
"고비가 몇 번 더 있으니 기도의 끈을 놓지 마라."고 하시네요.
스님이 무슨 말씀을 하시는지 이제는 제가 알아들을 수 있어요.

제가 조금씩 바뀌니까 그걸 남편이 느끼나 봐요. 이전에는 치고 올라오는 화를 참을 수 없었는데 이제는 얼른 기도로 바꾸거든요.

스님 말씀대로 생각이 바뀌면 행동이 바뀌고 자신의 운명이 바뀐다는 것을 확실하게 믿게 되었네요. 몇 번의 고비가 더 있다고 하신 말씀 가슴에 새겨 기도로써 넘겨보려 합니다.

항상 지혜로 이끌어 주시는 스님께 감사드립니다.

여러분하고 저는 좋은 인연입니다.

이렇게 더없이 좋은 부처님 법이 있는데 배울 줄도 모르고 써먹을 줄도 모르니 안타까운 일이에요. 부처님 법 만났을 때 공부해야 해요, 공부.

스무 번째 법문

불교의 관점에서 본 궁합

궁합을 좋게 하는 방법

"과거생을 알고자 하느냐, 금생에 받은 과보가 그것이니라. 미래생이 궁금한가, 현재 네가 짓고 있는 바를 보면 된다." 《열반경》에 나오는 말이지요. 세세생생 살아가는 범부중생들에게 지금 생을 살면서 복을 많이 지으라는 말씀이에요.

주변에는 남들이 보기에는 부족함이 없는 부자로 살지만 부부사이가 나빠 고통을 겪는 사람들이 있어요. 재물복은 있으나 인복이 없는 경우지요. 그런가 하면 재물복, 인복 둘 다 없는 사람도 있어요. 아주 불행하게 사는 거죠. 그러면 불행한 사람은 다 팔자소관이거니 하면서 계속 불행하게 살아야 하나요. 그냥 포기하고 살 것이 아니라 개선하는 방법을 찾아야지요.

 행복한 가정을 꾸리기 위해 결혼하기 전에 궁합을 보지요. 생년월일시를 음양오행으로 따져서 부족한 것은 서로 채워주고 힘을 합해 잘살 수 있느냐, 아니면 서로가 상대에게 해를 주는 그런 관계이냐를 살펴보는 거죠. 부부간의 궁합뿐만 아니라 사업하는 동업자들 간의 사업 궁합, 함께 먹는 음식 간의 음식 궁합도 이런 식으로 따져서 좋은 쪽을 택하려고 하지요.
 부부간의 금슬은 아무리 강조해도 부족하지 않아요. 가정이 화목하고 행복하면 그게 바로 극락이고, 그런 가정이 모여 세상을 극락으로 만들지요. 한데 신혼 시절에는 알콩달콩 깨가 쏟아지게 살다가도 금방 헤어지는 부부가 많아요. 또 평생 함께 살기는 하지만 단 하루도 편한 날 없이 죽어라고 싸워 대는 부부도 많고요. 사는 게 지옥이지요. 이 경우 두 사람의 궁합이 어떤지 살펴볼 필요가 있겠지요.
 사업을 함께하는 동업자 간에도 문제가 벌어지는 경우가 많아요. 동업을 하면서 한쪽에서 일방적으로 복을 다 가져가 버려 다른 쪽은 빈껍데기만 남는 경우도 있고, 처음에는 좋은 관계를 유지하다가 갈수록 틀어져 원수처럼 되어 버리는 경우도 있어요. 이 경우도 나쁜 궁합 때문일 가능성이 높지요.

그러면 궁합이 나쁘니 평생을 지지고 볶고 지옥으로 살 수밖에 없는가 하면, 그렇지 않습니다. 앞선 강의들을 통해 운명은 바꿀 수 있는 거라고 여러 번 강조한 것을 기억하지요? 생년월일시를 자기 마음대로 선택할 수 없는 이상 궁합이란 이미 정해진 운명이나 마찬가지라고 생각할 수도 있어요. 하지만, 부처님의 법을 통하면 얼마든지 좋게 만들 수 있어요.

자, 그렇다면 어떻게 해야 나쁜 궁합을 좋게 만들 수 있을까요? 가장 좋은 방법은 바로 공양이에요. 여기서 공양이란 부처님께 바치는 것과 이웃 사람들에게 베푸는 것, 거기에 더해 이웃으로 하여금 자신처럼 공양을 하도록 권하는 것 전부를 포함하지요. 이웃에게 권유하는 것도 앞의 것들 못지않게 중요해요.

만일 내가 소유한 것으로는 공양을 잘 올렸는데 이웃으로 하여금 공양을 하도록 권하지 않으면, 재물복은 타고났지만 인복은 없는 것입니다. 이 경우가 앞에서 얘기한, 남들이 부러워할 만큼 부자로 사는데 부부간에는 서로 원수처럼 사는 그런 가정이에요. 그러므로 자기 자신도 공양을 잘해야 할 뿐만 아니라 다른 사람에게도 공양을 올리도록 열심히 권유해야 해요. 상대방 입장에서 보면 자신이 복을 지을 기회를 얻어 선업을 쌓게 되었으니 권유한 사람을 고맙게 여겨야겠지요.

다른 사람에게는 공양을 올리라고 권하면서 자기 자신은 공양을 올리지 않으면, 인복은 있으나 재물복은 없는 것입니다. 부부간 금슬은 좋아 서로 잠시도 떨어져서는 못 살면서도 먹고살 재물은 부족한 경우가 되겠지요.

자기 자신도 공양을 올리지 않고 남에게도 공양 올리도록 권하지 않으면, 재복도 없고 인복도 없는 것입니다. 그와 반대로 자기 자신도 공양을 잘 올리고 남에게도 권유해서 복을 짓게 하면, 재복과 인복 모두 풍부해서 행복하게 살게 되지요.

물론 네 가지 경우 중 가장 불쌍한 것은 인복도 없고 재복도 없는 사람들인데, 불자들 중에서도 그런 이들이 많은 것 같아요. 마음에 여유를 갖고 보시를 하면 몇십 배로 불어나 되돌아온다는 것을 명심하도록 하세요.

나의 천사를 찾아라

부부 문제든 동업자 문제든 간에, 인연법이라고 해서 나에게 덕이 되는 때가 있고 해가 되는 때가 있어요. 그것을 부부간에는 궁합이라고 표현하고, 동업자 간에는 합이 드느냐 안 드느냐로 표현하지요.

부부간에 생기는 문제들을 보면 원진살이니 상충살이니 하는 것들이 있는데, 그중에서 제일 고약하다는 것이 바로 원진살입니다. 안 보면 보고 싶고 보면 짜증나고 원망하는 것이 원진살이에요. 이런 살을 예방하거나 소멸시키려면 부처님께 온 정성으로 기도를 드려야 해요. 내 마음속의 삼독심이 녹아 없어질 정도로 해야 하지요. 그러고 나면 귀신마저도 감농하여 불러갈 겁니다.

일전에 불자들에게 원수의 이름을 하나씩 적어 오라고 한 적이 있었어요. 그랬더니 전부 남편이나 아내의 이름을 적어 오는 게 아니겠어요. 앞에서도 말했지만 부부란 팔천 생의 인연으로 맺어진 사이인데, 첫 번째로 꼽는 원수가 자신의 배우자라니 보통 큰 문제가 아닐 수 없다는 생각이 들더라고요.

그래서 우리 불자들은 눈을 크게 뜨고 남편이나 아내의 좋은 점을 찾기 위해 노력해야 합니다. 인간이란 게 간사한 면이 있어서 가까운 사이일수록 소홀해지는 경향이 있지요. 그러다 보니 장점은 눈에 안 띄고 자꾸 단점만 눈에 들어와요. 이는 마음속에 삼독심이 뱀처럼 똬리를 틀고 들어앉아서 내가 제일이라고 속살거리기 때문이지요. 그런 간교한 뱀 때문에 팔천 생의 소중한 인연을 원수로 여긴다면 불자로서 부끄러운 일이 아닐 수 없을 겁니다.

만일 부부 궁합이 안 좋다고 하더라도 펄펄 끓는 용광로에 한 조각 얼음 덩어리가 들어간 것처럼 순식간에 녹이고 잘살 수 있게 만드는 것이 바로 부처님의 법이에요. 얼굴에 붙은 작은 눈으로만 보지 말고 마음의 눈을 뜨고 보면 자신의 남편, 자신의 아내가 천사임을 알게 되리라 믿습니다.

만일 자신의 잘못을 일러 주고 꾸짖어 주는 지혜로운 이를 만난다면 금 항아리가 묻힌 곳을 일러 주는 사람처럼 가까이 하도록 하세요. 그 사람을 가까이 하면 진흙탕 속에 사는 중생일지라도 연꽃처럼 피어날 겁니다. 네가 뭔데 나한테 잘했다 잘못했다 지적하느냐고 불평하기 쉽지요. 제일 가까운 부부간에도 그렇습니다. 그러나 상대방의 지적을 통해 자신의 잘못을 깨닫고 뉘우쳐서 새사람이 되는 것처럼 복된 일이 세상에 또 어디 있겠습니까.

잠시 사바세계를 떠나 하늘나라 이야기를 해 보지요
절에 가면 처음에 나오는 문이 있는데 대부분 사천왕이 지키고 서 있어요. 그 사천왕이 계신 사천왕천이 수미산 중턱에 있지요. 거기까지가 땅이고 그 위로는 하늘인데 그 하늘이 도리천이에요. 12월 31일 자정이면 보신각에서 종을 서른세 번 치지요. 왜 서른세 번인고 하면 도리천이 삼십삼천이기 때문이에요. 그 하늘이 열리라고 서른세 번 치는 겁니다. 그 도리천에 계시는 왕이 바로 제석천왕帝釋天王이에요.
어느 때 그 삼십삼천에서 말라바리꽃다발을 만드는 천신 한 분이 꽃목걸이를 만들기 위해 행복의 동산으로 갔다고 해요. 그 동산에서는 말라바리의 아내인 1천 명의 선녀들이 꽃목걸이를 만들고 있었는데, 그중 5백 명은 나무에 올라가 꽃을 따고 다른 5백 명은 밑에서 그녀들이 던진 꽃을 주워 목걸이를 만들었지요.
그런데 그때 나뭇가지에 앉아 있던 한 선녀가 갑자기 사라져 인간 세계로 내려가 버렸어요. 인간 세계로 내려온 그녀는 어느 집의 여자 아이로 태어나게 되었어요. 부모는 그 아이의 이름을 파티푸지카라고 지었는데, 신기하게도 파티푸지카는 태어날 때부터 전생을 기억하는 능력이 있어서 자신이 전생에 말라바리의 아내였다는 사실을 알고 있었지요.

파티푸지카는 열여섯 살이 되던 해에 결혼을 했어요. 하지만 그녀는 천상 세계로 다시 돌아가 원래의 남편과 살고 싶다는 생각이 너무나 간절했지요. 그래서 그녀는 초하룻날과 보름마다 아침저녁으로 스님들께 공양을 올렸어요. 그때마다 한결같은 발원은 천상 세계에 있는 남편과 다시 만나고 싶다는 것뿐이었어요. 스님들은 그녀의 간절한 소원을 익히 아는 터여서 그녀를 '남편을 존경하는 여인'이라고 불렀다고 해요.

이후 파티푸지카는 임신을 해서 아기를 낳았고, 그 아기가 걸을 만하게 되자 다시 아기를 낳아 모두 세 명의 아들을 두게 되었지요. 그러는 동안에도 그녀는 스님들께 지성으로 공양을 올리며 다섯 가지 계를 받아 지니고 법문을 받들어 잘 실천하고 살았어요.

그러던 어느 날 파티푸지카는 갑자기 병을 앓더니 곧 죽고 말았어요. 그러고는 예전에 살던 삼십삼천에 다시 모습을 나타냈지요. 인간 세계에서는 오랜 시간이 흐른 뒤였지만 천상 세계 동산에 있는 선녀들은 여전히 꽃목걸이를 만들고 있었어요. 천상 세계의 시간은 인간 세계의 그것과 근본적으로 다른 까닭에 아직 하루도 채 지나지 않았던 겁니다.

그녀를 다시 보게 된 말라바리가 이상해 하며 물었어요.

"아침부터 방금까지 당신이 보이지 않던데 대체 그동안 어디 있었던 거요?"

"저는 잠시 천상 세계를 떠나 있었습니다."

"그래요? 하면 어디를 다녀온 거요?"

"인간 세계의 한 가정에 아기로 태어났지요."

"거기에 얼마 동안 머물러 있었소?"

"어머니의 태중에서 열 달, 태어나서 결혼하기까지 16년, 그 뒤 아들 셋을 낳을 동안 인간 세계에 머물렀지요. 저는 인간으로 있는 동안 스님들께 공양을 올리면서 다시 천상 세계의 낭군님 곁으로 돌아가게 해 달라고 발원했습니다."

"그랬구려. 그런데 그곳 사람들의 수명은 대체로 얼마나 됩니까?"

"길게 잡아도 백 년 정도일 뿐입니다."

"아, 참으로 짧은 수명이로군요."

"그렇습니다."

"그렇게 짧은 수명밖에 누리지 못하는 인간들은 어떠하였소? 태어나 살아가는 동안 게으르게 하는 일 없이 보내던가요? 아니면 수행자들에게 공양을 올리고 정신을 통일하면서 열심히 자신을 살피던가요?"

"낭군이시여, 그들은 대체로 아무 생각 없이 사는 것 같았습니다. 마치 사기들의 수명이 한없이 길어서 죽음이란 사기들과 아무런 관계가 없는 듯이 살아가고 있었지요."

그녀의 대답을 들은 말라바리는 혀를 찼어요.

"당신의 말대로 인간이 단지 백 년밖에 살지 못한다면, 그들은 잠이나 자면서 정신을 딴 데 빼앗겨서는 안 될 것이오. 그래서야 어떻게 해탈을 성취할 수 있겠소? 인간의 백 년은 천상의 하룻밤 하루 낮에 지나지 않거늘 그런 곳에 살면서 정신을 차리지 않고 방탕하다면 이는 참으로 안타까운 일이 아닐 수 없소."

"그렇습니다. 하지만 저는 지금 낭군님을 만나 시간을 잊었습니다."

말라바리는 기뻐하며 그녀의 손을 잡았지요.

"부인, 우리 함께 더욱더 정진하여 행복을 길이 누리도록 합시다."

음식궁합

음식 궁합이라고 하면 대개 함께 먹는 음식끼리 서로 보해 주느냐, 서로 충돌하느냐를 따지는 것을 말하지만, 여기서는 조금 다른 각도에서 음식 궁합을 얘기해 볼까 해요.

나는 20년 동안 약사 기도를 하면서 기도 중에 불자들이 먹어선 안 되는 음식 다섯 가지를 찾았는데, 첫 번째가 개고기, 두 번째가 뱀 고기, 세 번째가 노루 고기, 네 번째가 염소 고기, 그리고 자라 고기였어요. 그 다섯 가지가 심신을 정결하게 하고 정성을 쏟아야 하는 기도와는 궁합이 아주 안 맞는 음식들지요.

이 얘기는 반드시 기도할 때에만 해당하는 것이 아니에요.

최근에 의학적으로 밝혀진 사실인데, 그런 것을 먹으면 핏속에 혈전이 되는 물질이 늘어나서 아무 곳이나 핏줄을 막아 버린다고 하더군요. 그래서 중풍을 맞고, 치매가 오고, 암에 걸리게 된다는 것이지요.

어느 지역에 노루 사냥을 다니는 사냥 클럽이 있었다고 해요. 열 사람이 모여 노루 사냥을 다녔는데 몇 년이 지나자 그 열 사람이 다 망하고 다 이혼하고 다 파탄 났다고 하더군요. 노루 사냥은 굉장히 나쁜 거예요. 군부대에서도 노루는 못 잡게 하는데, 노루를 잡으면 반드시 사고가 나기 때문이지요.

아는 젊은이가 군대 갔다는 이야기를 들었는데, 6개월 정도 있다가 제대를 했다고 하더군요. 제대를 왜 그렇게 빨리 했느냐고 물었더니 유격 훈련을 받다가 매달린 줄이 끊어져 떨어지는 바람에 신장이 파열돼서 의가사제대를 하게 되었다나요. 그래서 물었죠. 혹시 군에서 노루 잡은 적이 있느냐고. 아니나 다를까, 잡은 적이 있다고 대답하더군요. 둘이서 함께 잡았는데 본인은 사고로 신장이 파열되고 다른 한 명은 약 먹고 자살했다고 합니다.

개고기, 뱀 고기, 노루 고기, 염소 고기, 자라 고기 이 다섯 가지만 안 먹어도 중풍, 치매에 걸리거나 암에 걸릴 확률이 확 줄어들게 될 겁니다. 동의하지 않을 분들도 분명히 있겠지만 나쁜 음식들임은 확실하니 본인도 삼가고 주위에도 먹지 말라고 권유하길 바랍니다.

 사실 먹고살기 위해 하는 것이 아닌 취미로 하는 낚시나 사냥은 불자들뿐만 아니라 모든 사람들이 해서는 안 되는 일이라고 봐요.
 어느 집에 아기가 태어났는데 입안이 온통 헐고 백태가 잔뜩 끼는 바람에 난리를 치른 일이 있었지요. 의사에게 보여도 안 낫고 약을 써도 안 나으니 부모들 마음이야 오죽했겠어요. 왜 그런지 확인해 달라고 해서 심안으로 살펴보니 낚싯줄과 낚싯바늘이 입안에 가득 들어 있는 게 보이는 것이었어요. 부친 되는 양반에게 물어보니 역시 낚시에 홀딱 빠져 있다고 하더군요. 그래서 낚시 그만두고 참회하도록 권했어요.
 이처럼 자손에게도 해롭고 본인 건강이나 사업에도 해로우니 불자들은 낚시질이나 사냥 같은 것에 절대로 빠지지 마시길 바랍니다. 특히 마누라 속 썩일 요량으로 방생하는 날 일부러 낚시 다니는 남편들이 있는데, 그러면 부인이 기도니 방생이니 밤낮으로 애써 봐야 말짱 꽝이에요. 그런 사람일수록 "그렇게 열심히 비는데 왜 이 모양 이 꼴이냐?"라며 부인 탓, 부처님 탓을 하지요. 제 지은 업이 무거워 저절로 그쪽으로 끌려 들어가는데도 말이죠.

흔히 입으로 짓는 구업이라고 하면 말하는 업으로 여기곤 하는데, 입은 말만 하는 곳이 아니라 음식이 들어가는 곳이기도 합니다. 그러니 안 좋은 음식을 먹으면서 기도를 하면 실패하는 경우가 왕왕 나오게 돼요. 돈에 시간에 여러 비용 들이면서 하는 기도인데, 자칫 안 좋은 음식으로 그 효과를 망치는 일이 없도록 해야겠지요.

'안심카페'에 올라온 글이에요. 기도를 통해 화목한 가정을 일궈가는 얘기지요.

스님께서 가르쳐주신 대로 기도를 했어요.
어느 날부터인가 서서히 집안이 정리부터 되면서 화목한 가정이 되어가고 있네요.
환경이 깨끗해지니 무엇보다 마음이 푸근해지더라고요. 가족들도 저의 마음과 같으리라 생각해보면서 변함없이 한결같은 마음으로 기도 정진할 수 있도록 서원해봅니다.
불과 2년 전만 하더라도 남편이 제게 버팀목이 안 되니 저 남자 믿고 한평생 살 수가 없노라고 이혼을 하려고 했습니다. 지금 그때를 생각하면 너무나 끔찍해 가슴을 쓸어내립니다. 저 남편 그늘이 얼마나 크며, 무덤덤한 남편이 얼마나 소중한지 그때는 몰랐습니다. 아빠 없는 아이들은 생각만 해도 가슴이 저려옵니다.
저는 제게 문제가 있다는 사실을 그때는 몰랐습니다. 제가 일등 신부이고 정말 괜찮은 마누라이며 좋은 며느리인 줄 알았거든요.

　기도를 시작하니 우선 저 자신부터 돌아보게 되더군요. 정말 저 자신도 모르게 눈물이 쏟아지더군요. 서러움이 몰려오더니 가슴이 복받치기 시작하는데 울음을 참을 수가 없었습니다. 이런 걸 참회라고 하나요. 참회를 하고 나니 제 모습이 보이기 시작하더군요.

　제가 누구라는 것을 알게 되었습니다.

　신발정리는 제가 다 합니다.

　예전 같으면 힘이 들었겠지만 이제는 억척이가 되었어요. 아침에 일어나서 남편 도시락 준비하고 아이들 밥을 챙겨줍니다. 작은 애를 안고서요. 저녁이 되면 아이 셋 목욕을 시키고 집안 청소를 혼자서 다 합니다. 일반 주부들이 다 하는 일인데 저는 거들떠보지도 않았던 거예요. 이런 일들이 살아가면서 얻는 진정한 행복인 것을 몰랐던 거지요.

　행복도 돈도 하루아침에 오는 것이 아니라 이렇게 좋은 기의 흐름과 함께 조금씩 조금씩 서서히 오리라는 것을 믿으며 저도 부자로 행복하게 살게 될 날이 가까이 다가오고 있음을 감히 상상해봅니다.

스물한 번째 법문

수계불자와 염주

불교윤리와 계율

　이 지구상에 단 한 사람만 산다면 그런 상황을 세상이라고 하지는 않겠지요. 여러 사람이 어울려 살다보니 우리가 사는 세상이라고 하는 거죠. 그런데 사람은 누구나 자기 존속을 위해 행동하기 때문에 옆에 있는 사람과 부딪히는 일이 생기게 되지요. 누군가 자기 혼자만을 위해 행동한다면 다른 사람들이 그를 받아주지 않게 됩니다. 거기서 괴로움이 생기는 거고, 또 받아줘서 내 뜻대로 이뤄지면 즐거워하지요. 따라서 사람과 사람 사이에 윤리적 성격의 법칙이 생겨나게 되는 거지요.
　그러나 불교윤리는 인위적으로 규칙을 만들거나 사회적인 관습에 의해 생긴 게 아니라 자연의 법칙을 기초로 하고 있어요. 부처님은 중생들이 영원히 변하지 않는 자연의 법칙을 스스로 이해하고 그에 따라 행동하도록 이끌어 주셨지요.

부처님은 "보시布施와 지계持戒를 실천하면 생천生天한다."고 하셨고, 원효元曉 대사도 '하늘나라에 오르는데 계가 좋은 사다리다, 승공천상乘空天上 계위선제戒爲善梯.'고 했지요.

'계戒'를 지키라는 말씀인데 그 계라는 것이 그렇게 어려운 말이 아니에요.

'계戒'는 '습관이 된 행위'를 뜻요. 예를 들자면 우리가 밖에 나갔다 집에 돌아오면 손발부터 닦잖아요. 이게 습관인데 그걸 하지 않으면 기분이 영 좋지 않지요. 계는 이처럼 좋은 행위를 하는 습관을 길러 하루라도 하지 않으면 안 되도록 하라는 뜻이 있어요. 그리고 자발적으로 '나는 이러이러한 일은 하지 않겠다.'고 결심하는 것을 뜻하기도 하지요.

이에 비해 '율律'은 규정과 규칙을 뜻하는데 공동생활을 위한 규범이에요. 출가수행자들이 지켜야 할 금지조항으로 무엇 무엇은 하지 말라는 강제적인 면이 있어요.

그러니까 계는 도덕적인 의미에 가까운 것으로 자율적이며, 율은 법률적인 의미에 가까운 타율적인 면이 있는 거라고 이해하면 되겠지요.

불자와 수계受戒

"비구들이여, 내가 열반에 들고난 후에는 마땅히 계율을 보물처럼 존중하고 공경해야 한다. 그러면 마치 어둠 속에서 빛을 만나는 것과 같고 가난한 사람이 보배를 얻은 것과 같다. 계율이 곧 여러분들의 큰 스승임을 알아야 한다. 내가 세상에 머문다 해도 이와 다를 바가 없다."

불자들은 일상생활에서 계를 지켜야 해요. 누가 강요하거나 해서 하는 것이 아니라 자발적으로 해야 해요. 계를 지키는 일은 자신의 도덕적 소양을 계발하는 것이기도 하지만 넓게 생각하면 이웃에 대한 최고의 봉사가 되는 겁니다.

부처님께서 도를 이루신 후 중생들에게 특히 강조하신 것 중 하나가 욕망에 관련된 문제였지요. 욕망으로 인해 갖가지 번뇌가 일어나 계를 범하게 되기 때문이에요. 욕망을 없애라는 얘기가 아니에요. 욕망은 에너지이기도 하므로 나름 중요한 거예요. 다만 음욕, 물욕, 명예욕 등 탐욕에 얽매여 몸을 망치지 말라고 경계하신 겁니다. 이는 욕망을 생명 에너지로 잘 승화시켜 선하고 보람찬 일을 하라는 뜻이기도 합니다.

불교에서 말하는 오계, 즉 다섯 가지 계율은 '살생하지 말라', '도둑질하지 말라', '음행을 하지 말라', '거짓말하지 말라', '정신을 혼미하게 하는 술과 약물 등을 먹지 말라'는 것입니다. 이는 불교의 가르침인 동시에 실생활에서 도덕적이고 건강한 삶을 살기 위해 인간이 지켜야 하는 도리이기도 하지요. 오계를 지키는 게 실생활에 도움이 되니까 부처님께서 지키라고 하신 겁니다. 아무 도움도 되지 않는다면 왜 굳이 지키라고 강조하셨겠어요.

평생 절에 다녔다고 해도 오계를 받아 지키지 않았다면 참된 불자가 아니에요. 그 사람은 단지 불교를 좋아할 뿐이고 취미 생활을 했을 뿐이지요.

불자들에게 계를 받으라고 하면 "혹시 계율을 완벽하게 지키지 못 할지도 모르니 안 받겠습니다."라며 지레 걱정으로 안 받는 분들이 있어요. 그건 마치 대학에 가서 공부를 제대로 할 자신이 없으니 아예 대학에 안 가겠다는 것과 같은 말이에요. 불자가 계를 받는다는 것은 입학 허가서를 받는 것과 같아요. 계를 받고 하나씩 지켜 가면서 열심히 정진하는 것은 학점을 따는 것이라고 볼 수 있겠지요.

수계受戒, 즉 계를 받았다고 해서 바로 계를 완벽하게 지키게 되는 것은 아니에요. 어떤 과목을 공부한다고 해서 그 과목에 통달한 박사가 되는 것은 아니듯 말이에요. 그저 한 걸음 한 걸음씩 완전함을 향해 걸어가자는 것이지요.

구더기 무섭다고 장을 못 담가서야 되겠어요?

일단 계를 받았다면 열심히 지키려고 노력해야 됩니다. 대학에서도 학점을 따려면 배운 것을 복습하고 또 시험도 치르는 과정을 거쳐야 하지요. 처음부터 백점 받는 천재는 드물어요. 빵점 받던 학생도 꾸준히 노력하면 능히 백점 받는 우등생이 될 수 있습니다.

계를 받은 불자는 스스로 자신이 불자라는 것을 표시를 하게 되지요. 대만에 가면 모든 수계불자들이 합장주를 차거나 만자 옴자 목걸이를 걸고 다니는 걸 볼 수 있어요. 그런 이들은 설령 누군가에게 조금 실수를 하더라도 얼른 합장을 하면서 "아미타불!" 합니다. 그러면 대부분 양해를 해 주지요. 대만에서 나온 계율 서적을 보면, 수계불자는 반드시 본인이 불자라는 표시를 외부적으로 드러내야 한다고 되어 있어요. 스스로 불자라는 자부심도 가져야 될 뿐 아니라 '나는 불자다'라는 생각을 가질 때에야 비로소 계율을 지키려고 노력한다는 게 그들의 주장이지요.

수계를 하면 반드시 외부로 '나는 불자다'라는 표시를 하고 다니므로 평소에도 불자로서의 마음가짐을 잊지 않게 됩니다. 그러면 행주좌와行住坐臥, 즉 길을 다니고 머물고 앉고 눕는 모든 행동거지마다 자연스럽게 품위가 배어 나와 보는 사람으로 하여금 '저 사람은 불자로서 언행이 참 아름답구나'라는 생각을 갖게끔 만들게 되는 것이지요.

어느 날 한 바라문이 부처님께 여쭈었습니다.

"부처님이시여, 누구든 10층에 오르려면 1층부터 차례로 올라가야 합니다. 코끼리도 길들이는데 순서가 있습니다. 부처님의 가르침도 이와 같은 순서가 있습니까?"

"물론이다. 그 순서와 길이 마련되어 있다. 어떤 사람이 처음으로 교단에 들어오면 먼저 계율을 지킬 것을 가르친다. 그 다음에는 여섯 감각기능을 잘 지키라고 가르친다. 그 다음에는 숲 속 고요한 곳에서 탐욕과 분노와 의혹에서 벗어나 지혜로써 번뇌를 제거하도록 가르친다. 그 다음에 모든 집착과 불선不善에서 벗어나 무상안온한 경지에 도달하는 길을 가르친다."

"부처님의 그 가르침을 받으면 모두 열반에 이릅니까?"

"어떤 사람은 열반에 이르지만 이르지 못하는 경우도 있다."

"부처님이시여, 열반이라는 경지가 있고 거기에 이르는 길이 있고 거기에 이르는 방법을 가르쳐 주었는데, 왜 누구는 거기에 이르고 누구는 이르지 못합니까?"

"그러면 내가 한 가지 묻겠다. 누가 그대에게 길을 물어와 그대가 그 길을 자세히 일러 주었지만 그가 가리켜 준 길이 아닌 엉뚱한 길로 간다면 어찌하겠느냐."

"그걸 제가 어찌 하겠습니까. 저는 그저 길을 가리켜준 것뿐입니다."

"나 또한 그러하다. 나는 다만 길을 안내할 뿐이다."

긍정적인 마음을 끌어내야 한다

염주를 걸고 다니면 좋으냐고 묻는 분들이 있어요. 염주는 긍정적인 에너지를 발산하는 그런 효과가 있다고 답해주지요. 미국 사람 중에 불자이면서 유명한 학자이기도 한 사람이 있는데, 그가 쓴 책을 보면 '모조'라는 용어가 나오지요. 모조는 부적이란 뜻도 되고 진언이란 뜻도 되는데, 부적은 자기 마음속에 들어 있는 잠재적인 생각들 중에 긍정적인 것을 끄집어내는 역할을 한다고 해요. 부적이 좋다 나쁘다, 이런 문제를 떠나서 스스로 믿는 마음, 나는 잘될 것이라는 긍정적인 마음을 지니게 해 준다는 면에서는 나쁘지 않다고 생각합니다. 그런 마음은 심리적인 안정감을 갖는데 적지 않은 도움을 줄 테니까요.

그런 의미로 본다면 부적이나 달마도나 달마도 카드 같은 것들도 다 의미가 있다고 할 수 있을 겁니다.

그런데 부적 같은 물건을 몸에 지니면 심리적으로 걱정거리가 하나 생기게 되지요. 만약 이 부적을 가지고 다니다가 잃어버리기라도 하면 또다시 불운이 오지 않을까 하는 걱정 말이에요. 이럴 때 필요한 게 조심은 하되 집착은 하지 않는 중용의 마음이겠지요. 그런 물건들이 비록 궁극적인 의지처가 되지는 않지만, 마음속에 있는 긍정적인 에너지를 끌어내고 부정적인 에너지를 몰아내는 데 도움을 준다면 그 효과가 굉장히 크다고 할 수 있을 겁니다.

그런 물건들 가운데 효력이 가장 강한 것이 바로 염주예요. 특히 사람을 살리는 일을 하는 분이 염주를 걸고 다니거나 합장주를 차고 다니면 부처님으로부터 입는 가피가 아주 크지요. 남을 위해 좋은 일을 할 때에는 부처님의 마음과 바로 연결되기 때문입니다. 신심이 돈독한 분들 중에는 순간적으로 실수를 하거나 사고가 일어났을 때 염주가 방광放光을 하고 흉사를 막아 주는 것을 체험한 분이 제법 있지요.

사는 게 너무 힘들어 부부가 농약을 한 병씩 들고 여관으로 갔답니다.

그 남편이 농약을 마시기 전에 부인을 보니 너무 미안한 마음이 들더라는 거예요. 나 같은 남자 만나서 고생만 하다 이렇게 가게 되니 미안하다고 하며 자기 목에 걸려 있는 염주를 벗어서 마지막 선물이라며 부인의 목에 걸어주는데 이 염주가 방광放光을 한 거예요. 염주에서 빛이 났다는 거예요. 어떻게 됐겠어요. 얼마 전에 서울에서 만났는데 시내버스 운전하면서 잘 살고 있어요.

해마다 정초가 되면 108염주를 수천 개씩 만들어서 나눠드리는데 그 염주가 생명을 살렸으니 이보다 더 강력한 부적이 어디 있겠어요.

좋은 습관과 열정과 지혜

서양의 물질문명에 오염된 나머지 아름다운 불국정토를 잃어버린 채 아수라처럼 살아가는 것이 오늘날 한국의 현실이에요. 그래서 먼 옛날 실재했고 먼 미래에 실재할 수 있는 불국정토를 허무맹랑한 공상으로 무시하곤 합니다. 따라서 우리가 수계를 받아 불자로 살아간다 함은 세속의 혼탁하고 드센 파도에 휩쓸리지 않고 부처님의 진리를 공부하며 줏대 있게 살아감을 의미하지요.

하면 수계불자가 된 다음 우리는 어떤 공덕을 지어야 하는 걸까요?

앞의 이야기에서 보았듯 천상 세계의 시간은 우리 인간 세계의 그것과는 아주 달라요. 이곳에서 평생을 살아도 천상 세계의 하루밖에 안 되는 그런 경우들도 있는 것이지요. 우리가 인간 세계를 벗어나 저 천상 세계로 다시 가려면 그만큼 노력을 하고 무엇인가 공덕을 지어야 합니다.

《아미타경阿彌陀經》에서는 "자기가 쓰고 남은 작은 공덕으로는 극락에 갈 수 없다."라고 가르치고 있어요. 늘 불보살님께 깨끗한 공양을 먼저 올리고 나서 남은 것으로 자기를 공양하는 것이 진정으로 큰 복덕이지요. 조금이라도 여유가 있고 기회가 있을 때 적극적으로 복을 지으라는 뜻이에요.

공양은 일회성보다는 꾸준히 올려서 마음속의 창고에 복덕이 차고 넘칠 때라야 비로소 의미를 갖게 돼요. 일회성 공양이 나쁘다는 얘기는 아니지만, 꾸준히 올리는 습관을 들이는 것이 훨씬 좋습니다. 공양도 습관을 들이고, 기도도 습관을 들이고, 다른 사람들에게 선행을 베푸는 것도 습관을 들이세요. 습관이라는 건 반복과 집중으로 만들어 지지요. 반복과 집중으로 꾸준히 노력하면 모든 바람이 자연스레 성취되어 복이 풍성하게 들어올 겁니다.

좋은 습관과 더불어 공덕을 짓기 위한 또 하나의 중요한 요소는 바로 열정이에요. 그런데 이 열정과 맹신을 구별하지 못하는 사람들이 많은 것 같아요. 나 자신만을 위해 아무것도 돌보지 않는 열정은 맹신이 되고 맙니다. 맹신의 막다른 곳에는 멸망이 기다리고 있지요. 이는 사이비 종교에 빠진 신도들의 경우를 보면 잘 알 수 있을 겁니다.

열정은 나와 남이 한가지로 좋아지게 만들지요. 나도 이롭고 세상도 다 이롭게 하는 열정이 흘러넘칠 때 공덕이 지어지고 소원하는 바도 멋지게 이루어지는 거죠. 다시 한 번 강조하겠어요. 불교적인 열정은 모두를 아름답고 풍요롭게 만들어 줍니다. 나와 내 가족, 내가 속한 일부 집단만을 위해서만 기도하면, 그 기도에 담긴 열정이 독성을 띠게 되어 맹신으로 바뀐다는 사실을 명심하기 바랍니다.

공덕을 짓고 소원하는 바를 이루기 위해서는 좋은 습관과 열정이 필요하다고 했지요? 그런데 그것들은 쉽게 가질 수 있는 게 아니에요. 인간에게 씌워진 멍에와도 같은 어리석음은 좋은 습관보다는 나쁜 습관 쪽으로, 열정보다는 맹신 쪽으로 인간들을 이끌곤 합니다. 따라서 좋은 습관과 열정을 갖기 위해서는 그러한 어리석음을 걷어 낼 수 있는 지혜가 반드시 뒷받침되어야 하지요.

그렇다면 지혜를 얻기 위해 무엇을 해야 하느냐, 바로 부처님의 법을 공부하고 따르세요. 부처님의 법속에 지혜로 나아가는 길이 있으니까요.

장자들이여, 계행이 나쁘고 계를 파한 자에게는 다섯 가지 위험이 있다.

계행이 나쁘고 계를 파한 자는 나태로 큰 재물을 잃게 된다.

계행이 나쁘고 계를 파한 자는 악명이 자자해진다.

계행이 나쁘고 계를 파한 자는 어떤 모임에 가더라도 의기소침하여 들어간다.

계행이 나쁘고 계를 파한 자는 정신이 혼미하여 죽는다.

계행이 나쁘고 계를 파한 자는 죽어서 처참한 곳, 불행한 곳, 지옥에 떨어진다.

장자들이여, 계를 받들어 지니면 다섯 가지 이익이 있다.

계를 지킨 자는 나태하지 않은 결과로 큰 재물을 얻는다.

계를 지킨 자는 나태하지 않은 결과로 훌륭한 명성을 얻는다.

계를 지킨 자는 나태하지 않은 결과로 어떤 모임에 가더라도 두려움이 없고 당당하다.

계를 지킨 자는 나태하지 않은 결과로 정신이 혼미하지 않고 죽는다.

계를 지킨 자는 나태하지 않은 결과로 죽은 뒤에 좋은 곳이나 하늘나라에 태어난다.

우리 수계불자들도 좋은 습관과 열정과 지혜로써 공덕을 열심히 지어 세세생생 행복을 누리기를 바라겠어요.

스물두 번째 법문

기도를 올리면
길흉이 무의미해진다

중생의 관점과 부처님의 관점

"자식보다 더 사랑스러운 것이 없고, 소보다 더 귀한 재물이 없으며, 태양보다 더 밝은 것이 없고, 바다보다 더 빨리 흐르는 것이 없나이다."

한 사람이 이렇게 여쭙자 부처님께서 답하십니다.

"자기 자신보다 더 사랑스러운 것이 없고, 곡식보다 더 귀한 재물이 없으며, 지혜보다 더 밝은 것이 없으며, 생각보다 빨리 변하는 것은 없다."

중생들의 관점과 부처님의 관점이 이렇게 다른 거죠.

잘나가는 사람과 잘나가지 못하는 사람을 쉽게 구분할 수 있어요. 지혜가 있느냐 없느냐 그 차이점만 살펴보면 돼요.

세상살이가 생각한 대로 살아지는 거는 아니잖아요. 혼자의 힘만으로는 안 되니까 누군가에게 의지를 하고 지혜를 빌려다 쓰는 거지요. 산에 올라갈 때 스틱을 하나 짚으면 20%정도 힘이 덜 든다고 해요. 요즘은 스틱을 두 개씩 들고 가더군요. 그게 바로 지혜이지요.

어느 분한테 도움을 주려고 말을 했어요.

"지금 아주 어렵고 힘들 텐데 부처님을 믿고 의지해보시지요."

그랬더니 이분이 아주 단호하게 답을 하네요.

"저는 아직 부처님을 믿거나 의지할 생각이 없습니다."

어떻게 되겠어요. 고통을 받을 만큼 받으며 세월을 보내다가 끝날 때쯤 돼서야 말귀가 열리게 되겠지요.

많은 사람들이 제게 묻습니다. "언제쯤이나 제가 이 가난에서 벗어나나요?", "다시 건강하게 살 수 있을까요?" 길흉에 대해서 묻는 거지요. 우리가 살아가면서 길흉이 없을 수는 없어요. 매사가 길흉으로 판가름이 나니 그걸 미리 알고 싶어 하는 마음은 이해가 돼요. 하지만 길흉보다는 "어떻게 살 것인가."가 더 중요해요.

우리가 원하는 것은 건강한 몸과 넉넉한 재산 그리고 자식 잘되는 거잖아요. 그걸 우리가 원한다고 마음대로 구해지겠어요. 그래서 부처님께 기도를 드리며 매달리는 거지요.

부처님께서는 우리가 원하는 것을 주시려 모든 것을 다 준비해 두고 계시니까요.

불교에서 바라보는 길과 흉

험난하고 굴곡 많은 인생길에서 우리는 일상적으로 길과 흉을 만나게 되지요. 다들 길을 바라지 흉을 바라지는 않을 텐데, 어째 흉다길소凶多吉少 한 것이 인생인 것 같아 안타까운 마음도 들어요.

한데 불교에서는 이 길흉을 조금 다른 관점에서 바라보지요. 그렇다고 길을 바라지 말고 흉을 바라라는 얘기는 당연히 아니에요. '일일시호일日日是好日'이라는 운문 선사의 명쾌하고도 현명한 답을 떠올려 보세요. 나날이 좋은 날이니 흉이 끼어들 여지가 없게 되지요. 때문에 궁극적으로 불교에서는 부처님의 위신력을 통하여 길흉마저도 초월할 수 있는 경지를 추구합니다. 부처님의 법을 진심으로 따른다면 길과 흉을 가릴 것 없이 나날이 좋은 날을 살 수 있게 된다는 얘기예요. 하지만 재가불자들에게는 참으로 어려운 경지라는 것, 충분히 인정해요. 그러니 자신에게 닥친 흉을 길로 바꾸는 지혜가 필요하지요.

이번 강의를 통해 어떤 때는 흉을 길로 바꾸자고 얘기하기도 하고 어떤 때는 길흉을 아예 초월해야 한다고 얘기하기도 할 텐데, 그를 위한 변명부터 미리 늘어놓았다고 생각해도 좋아요. 그러면 본격적으로 길흉에 대해 얘기해 보지요.

실생활에서 길흉이란 말을 가장 흔하게 접하게 되는 것이 바로 택일과 관련된 얘기가 나올 때라고 생각해요. 일일시호일은 먼 나라 얘기 같기만 하고, 길한 날도 있고 흉한 날도 있는 게 중생들의 범속한 삶 같습니다.

비 오는 날은 우산 장사가 잘되지요. 그러면 비 오는 날이 길한 날일까요?

또 햇볕이 쨍쨍한 날은 아이스크림 장사가 잘되지요. 그러면 햇볕 쌩쌩한 날이 길한 날일까요?

길흉이라는 게 우산을 파느냐 아이스크림을 파느냐 같은 것으로 결정된다면 더 높은 관점에서 볼 때 그것도 참 우스운 일일 겁니다. 부처님의 가르침을 꾸준히 따르다 보면 더 높은 곳에서 더 멀리 볼 수 있게 되지요. 부처님의 가피는 길흉이라는 개념을 뛰어넘게 해 주시니까요.

길흉이라고까지 표현하기엔 뭣하지만 자신에게 닥친 곤란한 문제를 여유로운 마음가짐으로써 기회로 바꾼 어느 지혜로운 신사의 이야기를 들려드리지요. 어느 신사가 미국에서 한국으로 오는 비행기를 탔는데, 예쁜 아가씨가 자기 자리를 차지하고 앉아 있었다고 해요. 그래서 확인해 보니 그 아가씨도 그 자리의 좌석표를 가지고 있었다는군요. 성미 급한 사람이라면 일단 열이 오르겠지요. 큰 항공사에서 어떻게 좌석표를 이중으로 끊었느냐고 호통부터 내지르면서 말이에요. 그런데 그 신사는 달랐어요. 우선 스튜어디스를 조용히 불렀지요.

"표가 중복되었군요."

그러면서 표를 보여 주니 스튜어디스는 적잖이 당황했을 겁니다. 그때 그 신사가 말했지요.

"저는 저 예쁜 아가씨의 무릎에 앉아서 가도 상관없는데 어떻게 할까요?"

그러자 스튜어디스가 씽긋 웃더니 이코노미 클래스에 있던 자리를 비즈니스 클래스로 한 단계 높여 주었다고 합니다.

만약 그 신사가 열이 올라 호통을 치고 성질을 부렸다면 스튜어디스가 어떻게 나왔을까요? 아마도 그 아가씨를 비즈니스 클래스로 보내고 신사를 이코노미 클래스에 앉히지 않았을까요? "손님의 본래 자리를 찾아 드렸습니다. 이제 만족하셨나요?" 하고 속으로는 비웃으면서 말이죠.

문제가 없는 사람은 죽은 사람이지요. 산 사람에게는 항상 문제가 끊이질 않는 법이에요. 일일호시일로 그 어떤 문제라도 초월한 경지에 올랐다면 모르지만, 그렇지 않다면 문제를 여유로운 마음으로 받아들이세요. 피할 수 없다면 즐기라는 말도 있잖아요. 문제를 기회로 바꾸는 것, 흉을 길로 바꾸는 것은 모두 여러분의 마음가짐에 달려 있습니다.

청정한 마음의 도량

집에다 불상이나 불화를 모시는 것은 어떻냐고 묻는 분들이 많아요. 나는 불자들이 가정에 불상이나 불화를 모시는 것을 원칙적으로 반대하지요. 각자 원불을 모시고 살면 얼마나 좋겠느냐고 말하기도 하는데, 원불은 가정에다 모시는 것이 아니고 원찰에다 모시는 것이 좋다고 생각해요.

중국이나 대만, 일본에 가 보면 가정에 불상을 모시는 사람이 아주 많아요. 또 태국에 가 보면 집 문 앞에다가 불상을 모셔 놓고 들락날락하며 꽃을 올리고 공양을 올리고 절도 하는 모습들을 흔히 보게 되지요. 그러나 한국 가정에서 불상을 모시는 것은 최소한 아직까지는 바람직하지 않다고 봐요. 왜냐하면 중국이나 대만의 경우 모든 불자들은 일단 수계식을 한 뒤에는 음식부터 가립니다. 일본에서도 가정 내 불단 위에다 불감佛龕을 만들어 모셔 놓고 스님들과 똑같이 아침저녁으로 예불을 올리지요. 음식이나 부부생활 같은 면에서도 아주 조심한다는 것을 알 수 있어요.

반면에 한국의 불자들은 어떠한가요? 아파트에다 불상을 모셔 놓고는 그 앞에서 고기도 구워 먹고 생선도 구워 먹지요. 불상이 빤히 보이는 곳에서 술 한잔하는 일도 비일비재하고요.

《천수경》을 보면 "도량청정무하예道場淸淨無瑕穢 삼보천룡강차지三寶天龍降此地라는 구절이 나오지요. 도량이 깨끗하고 맑아야 삼보천룡이 내려와서 복을 준다는 뜻이에요. 음식이든 행동이든 가려야 할 것을 전혀 가리지 않으면서 불상을 모시고 살면 오히려 해가 될 수 있어요. 그래서 불상이든 불화든 가정에 모시는 것은 원칙적으로 반대하는 거죠. 꼭 모시려면 일단 점안點眼이라는 절차를 정확하게 밟고, 스님들에 거의 준해서 예불을 하고 공양을 올려야만 합니다.

절에서는 고성방가도 없고 부부간에 서로 싸움도 안 하니 청정할 수밖에 없지요. 가정에서도 그 정도의 환경을 조성할 수 있다면 모셔도 무방하지만, 그렇지 않으면 삼가도록 하세요. 그리고 아무 그림이라든지 혹은 여행 가서 산 조그마한 불상을 모셔 놓고 절도 하고 경도 읽는 불자들이 있는데, 점안 절차를 제대로 밟지 않은 상태에서 하는 기도는 별로 소용이 없다는 것을 알아 두세요.

되풀이하지만 나는 원칙적으로 재가불자가 불상을 가정에 모시는 것은 반대합니다. 그래도 굳이 하려거든 음식이라든지 부부생활이라든지 언어생활이라든지 이런 문제들을 잘 절제한 다음에 하기를 권합니다.

불자들 중에는 다니는 원찰에다 촛대 하나 사다 올려놓고는 갈 때마다 그 촛대가 안녕하신지 정성스레 확인하는 분들이 있어요. 그러다가 조금이라도 제대로 관리되지 않는다 싶으면 열 받아서 "내 촛대를 왜 이렇게 망가트렸냐!" 하고 주지 스님에게로 달려와 따지곤 하지요. 촛대라는 건 물질이기 때문에 언젠가는 부서지게 돼 있어요. 그러니 촛대 하나 부서졌다고 너무 속상해 하지 말고, 마음속에 환한 촛불을 켜도록 하세요. 그것이 기도고 마음공부예요.

또 원불을 모셔 놓고 1년에 한두 번 들러 휙 둘러보고 가는 분들도 있지요. 부모님 문안 인사 올리듯 아침저녁으로 찾아와 기도하는 것은 힘들겠지만 그래도 한 번 뵙는 것보다는 두 번 뵙는 것이, 다섯 번 뵙는 것보다는 열 번 뵙는 것이 훨씬 낫지 않겠어요? 불교가 심법이라고 해서 형식을 아주 무시하면 안 되겠지요. 형식이란 괜히 생긴 게 아니에요. 그 속에는 내용이 함께 담겨 있지요. 물론 고승 대덕처럼 마음을 깨쳤다면 파격적으로 형식을 깰 수도 있겠지만, 그저 겉멋이 들어 형식을 무시하면 쪽박을 깨어 소중한 밥을 쏟아 버리는 결과를 맞게 될 겁니다.

🟣 잘못이 있을 때엔 여법하게 참회하라

이유는 잘 모르겠지만, 우리 불자들은 교리 공부는 제대로 하지 않으면서 자기가 불교에 대해 잘 안다고 생각하는 경향이 있는 것 같아요. 기초 교리에는 불교의 핵심이 거의 다 들어 있는데도 기초라고 무시하고 자기가 이해하지도 못할 높은 곳만 쳐다보고 있지요. 기초가 단단히 잡히면 나중에 그곳으로 상승법문이 다 고여 들겠지만, 그렇지 않으면 밑 빠진 독에 물 붓는 꼴이 되고 맙니다.

부처님께서는 사람들이 잘못을 저질렀을 때 사람들의 대응 방식이 어떻게 다른지에 따라 어리석은 사람과 슬기로운 사람이 구분된다고 말씀하시기도 했어요.

대응 방식을 세 가지로 나누어 설명하셨는데, 첫 번째는 잘못을 잘못이라고 보지 못하는 거지요. 어리석은 사람이에요. 마음속에 도사린 탐진치의 삼독으로 인해 잘못을 인정하려 드는 대신 오히려 자기가 옳았다고 고집을 부리지요.

두 번째는 잘못을 잘못이라고 보고 여법하게 참회하는 거예요. 사람이면 누구나 잘못을 저지를 수밖에 없어요. 이때 어리석은 사람은 잘못이라는 것을 알고 난 다음에도 절대로 여법하게 참회하지 않아요. 오직 슬기로운 사람만이 자신의 잘못을 솔직하게 인정하고 여법하게 참회할 수 있지요.

마지막으로 다른 사람이 잘못을 지적해주면 그것을 받아들이느냐 안 받아들이느냐에 따라 어리석은 사람과 슬기로운 사람이 구분이 되지요.

주의할 것은 부처님의 법 안에서는 어리석은 사람과 슬기로운 사람이 백지 한 장 차이도 나지 않는다는 점이에요. 바꿔 말하면 누구나 어리석은 사람이 될 수도 있고 슬기로운 사람이 될 수도 있다는 얘기입니다.

어리석음을 피하고 슬기로움을 얻기 위해서는 자기 자신을 객관적으로 들여다볼 줄 아는 올바른 눈이 필요하지요. 그러니 혹시 다른 사람이 잘못을 지적하더라도 '이게 날 건드려?' 하고 화부터 내

기보다는 어째서 그런 지적을 받게 되었는지 반성하고 부처님 전에 나아가 여법하게 참회하도록 하세요.

 어리석은 사람 얘기 하나 하고 넘어가지요.
 아버지와 아들이 짚신을 삼아서 장에 내다 파는데 아버지 짚신은 잘 팔리는데 아들이 만든 짚신이 안 팔리는 거예요. 아들이 아버지한테 물었어요.
 "아버지, 왜 아버지 것만 팔리고 제 것은 안 팔리지요?"
 그런데 이 아버지가 그 답을 안 가르쳐주는 거예요. 자기 아들인데도, 아들 짚신이 잘 팔려서 돈을 벌면 큰일이라도 나는 걸로 생각했나 봐요. 이 아버지라는 사람이 그러다 죽을 때가 돼서야 아들에게 '털 털 털' 이라고 얘기하고는 숨을 놓더랍니다. 짚신을 만들 때 성글게 만들지 말고, 털을 좀 다듬어서 몽글게 잘 만들라는 거였어요.
 웃을 일이 아니에요. 우리 불자들이 새겨들어야 돼요.
 부처님 법이 얼마나 좋은데 여러분들은 가족에게 조차도 그걸 나눠주지 않으니 참 어리석은 거지요.

문제를 기회로 바꿔라

 어리석은 사람과 슬기로운 사람의 차이점에 대해 알아봤어요. 슬기로운 사람은 어리석음을 알고 난 뒤에 실천을 하는 거예요. 기도를 하게 되면 마음가짐이 바뀌게 되고 관점이 바뀌게 돼요. 그렇게 되면 좋다, 나쁘다, 즉 길흉이 의미가 없어지게 돼요. 마음가짐 거기에 길 흉, 행 불행, 성공 실패 모든 게 달려 있어요.

사람들이 자그마한 일로 다투고 나서는 주로 하는 말이 있어요. "재수 없어." 그러잖아요.

그런데 누가 재수가 없는 걸까요. 내가 재수가 없을 까요. 상대방이 재수가 없는 걸까요. 재수 없어, 재수 없어, 자기 자신에게 재수가 없으라고 축원을 하는 거예요.

어떤 문제가 생기면 일단 기쁘게 받아들여 보세요. 이 기회를 통해서 내가 무엇을 배울 것인가, 무엇을 얻을 것인가를 생각해보면 틀림없이 거기서 답이 나와요.

30년 전만 해도 폐결핵 요양원이라는 시설이 별도로 있을 정도로 폐결핵은 큰 병이었어요. 17살 먹은 젊은이가 거기 수용되어 있는데 매일 죽어나가는 사람들을 보니 얼마나 두려웠겠어요. 두려움에 떨고 있는데 옆에 있던 할아버지가 말씀을 해주시는 거예요. "이보게 젊은이, 몸은 이미 폐결핵에 걸렸지만, 마음만은 병들지 않도록 하시게."

그 말을 들은 젊은이가 마음을 바꿨어요. 육체는 이미 내 소관이 아닌 바에야 마음만이라도 고통 대신 즐거움을, 슬픔 대신 기쁨을, 두려움 대신 희망을 한 줌씩 보태어 나갔지요. 간절한 기도로 병마를 물리친 거예요. 이 젊은이는 완쾌된 후에도 계속 긍정적인 마음으로 자신을 키워 후에 미국의 유명한 대통령이 되었답니다.

 이렇듯 간절한 마음으로 열심히 기도하면 길흉이 무의미해지고 얻는 것만 생기게 되어 있답니다. 육신을 움직이는 것은 마음이에요. 그러므로 마음가짐을 바르게 고치면 육신의 병도 자연히 치유되지요. 백척간두에 올라서 있을지언정 마음가짐을 어떻게 가지느냐에 따라 살 수도 있고 죽을 수도 있는 겁니다.
 설령 불가능해 보일지라도 믿음을 갖고 기도에 임하면 어느 때인가 길흉이 아무 의미 없어지는 순간이 오지요. 좌절 대신에 도전하세요. 기도는 곧 도전입니다. 우리 힘으로는 불가능하기 때문에 부처님께 다 맡기고 도전하는 겁니다. 새로운 시작을 하는 겁니다. 기도의 바탕은 신심과 정성이에요. 오늘은 졸리니 자고 내일부터 하자며 게으름을 피우면 그건 신심도 아니고 정성도 아니지요. 죽어도 이 기도만은 하고 죽겠다는 마음이 기적을 일구어 냅니다. 그러면 그다음부터는 기적은 상식이 되는 거죠.

 운명을 좋게 바꾸는 일은 모든 사람들의 공통된 소망이에요. 운명대로 끌려간다면 기도는 아무런 의미가 없지요. 내 힘으로 운명을 개척하겠노라 작정했다면, 신심과 정성을 다해 기도하면서 자신감을 가지고 밀어붙이는 겁니다. 소원 성취는 불보살님들의 가피에 의해 이루어집니다. 불보살님들을 감동시키고 싶으면 자기 자신부터 감동시키도록 하세요.

　자기 감동은 자기 연민이 아니에요. 값싼 감상에 젖어 울지 말고 하늘을 쳐다보고 웃으세요. 스스로 인생의 실패자라고 생각하지 않는 이상 그 누구도 나를 인생의 실패자로 만들 수 없어요. 스스로 못났다고 생각하지 않는 이상 그 누구도 나를 못난 사람으로 만들 수 없지요. 우리는 모두 정말로 소중한 존재고 정말로 행복하기 위해서 태어난 존재인데, 눈물과 한숨으로 생을 보낸다면 얼마나 큰 낭비겠어요.

　소중한 것을 소중한 줄 모르고 허비하면 어리석은 사람이겠지요. 그런데 우리는 무엇이 진정으로 소중한지도 잘 모르는 상태로 살아갑니다.

　한순간도 허비하지 말고 최선을 다해 그야말로 행복시작, 성공시작, 가장 멋지고 귀한 인생 살아보도록 합시다.

스물세 번째 법문

기도는
기적을 낳는다

🧧 망설이다 이십 년

세월 참 빠르다며 가는 세월을 아쉬워합니다. 가만히 살펴보면 무엇을 어떻게 할지도 모르고 우왕좌왕하는 사람들일수록 이런 말을 더 자주 하지요.

이 세상에 가장 소중하고 귀한 것은 다름 아닌 바로 나 자신이지요. "천상천하유아독존" 부처님께서 이 세상에 오시며 제일 먼저 그거부터 가르쳐주셨잖아요. 그러니 가장 소중한 내 자신이 하는 일이 이 세상에서 가장 큰일이 되겠지요.

누구나 찾고 있는 행복, 이 행복이라는 것은 우리가 날마다 마주치는 일들을 어떻게 지혜롭게 해결하는지에 달려 있지요.

부처님께서는 일을 해결할 때에는 중요한 것부터 해결하라고 조언하셨어요. 여기서 '중요한 것'이란 자신에게 닥친 일을 가리킵니다. 그러니 우선 자신에게 닥친 일부터 잘 해결하고 나서 남은 다른 일들도 내 일을 대하는 마음가짐으로 해결해야 해요. 우리 불자들도 대부분의 사람들처럼 살아가면서 무엇이 중요하고 무엇이 덜 중요한지 제대로 구분하지 못하는 사람이 있어요. 어떤 사람은 가장 중요한 자기 일은 팽개쳐 둔 채로 엉뚱한 데 가서 엉뚱한 짓을 하며 세월을 보내기도 하지요.

"저도 하면 될까요?" 며칠 전에 와서 또 물어보는 거예요. 이 불자는 20년 전부터 하지는 않고 하면 될까요, 하면 될까요, 물어보기만 하고 다니니 참으로 안타까운 일이죠. 20년이라는 세월을 그냥 보낸 거예요. 그래도 안 늦었어요. 지금부터라도 시작을 해야지요.

예를 들어서 신문을 백일 뒤에 읽겠다. 그러면 아무 의미가 없어요. 신문이라는 것은 그날그날 읽어야 되는 거예요. 이처럼 중요하지는 않지만 그때그때 해야 할 일이 많으니까 종이에다 적어 보세요. 뒤에서 설명하겠지만 이걸 '적자생존'이라고 해요. 중요하고도 소중하고 급한 일이 무엇인지 가려내는 과정을 갖게 되는 거지요.

우리 불자들의 대부분에게 기도라는 것은 중요하지도 않고 급하지도 않아요. 그냥 대충 취미생활 정도로 생각하는 사람들이 많아요.

기도가 가장 중요한 거예요. 자신에게 주어진 운명을 바꾸는 것보다 더 중요한 일이 어디 있겠어요. 모든 일 중에서 기도가 가장 중요하고 급하다는 걸 하루빨리 깨달아야 합니다.

공자님도 깊이 생각하지 않는 사람은 나도 어쩔 수가 없다고 했어요.

자기 문제를 자기 스스로 해결하고자 노력할 때, 즉 하늘도 스스로 돕는 자를 돕는다는 말씀이지요.

'나도 될까' 이런 걱정하지 마세요. 누구는 안 되고 어떤 특별한 사람만 되는 게 아니라 모두가 다 될 수 있는 거예요.

부처님 법을 연기법이라고 하는데 이 연기법은 굉장히 과학적이에요. 누구든지 똑같은 마음을 가지로 똑같은 행위를 하면 똑같은 결과가 나오는 게 연기법이에요.

한 불자가 와서 기도를 무지막지하게 한다고 해요.

그래서 내가 하루에 얼마나 하냐고 물었더니 "하루에 30분은 하지요."그러는 거예요. 착각을 해도 크게 하고 있는 거지요. 그래서 지장경을 한 독은 하라고 했더니 한 번 읽는데 시간이 얼마나 걸리냐고 물어요.

"처음에는 두 시간 정도 걸리지요."했더니 까무러치는 거예요. 두 시간을 어떻게 하냐고.

운명을 바꾸는 건데 두 시간도 안 하고 되겠어요.

많은 분들이 제게 와서 아예 단념부터 하고 이야기를 시작해요.

"스님, 제가 지금 안고 있는 이 문제는 절대 해결이 안 될 겁니다."

그렇게 생각하는 것이 범부중생이니 나무랄 수도 없어요.

부처님의 관점에서 보면 아무 것도 아닌 아주 쉬운 일이에요.

여러분의 관점에서 보면 기적이지만 부처님의 세계에서는 상식인 거죠.

그래서 기도하는 우리 불자들에게 "기적은 상식이다."고 하는 거예요.

그러니까 여러분들 관점으로 판단하는 것은 "나는 바보다."라고 하는 거지요.

우리는 불자니까, 즉 부처님의 아들 딸이니까 부처님의 위신력을 빌려 쓸 줄 알아야 돼요.

그게 바로 기도입니다.

다음으로는 자신이 할 수 있는 일과 할 수 없는 일을 구별할 줄 알아야 하는 겁니다. 할 수 있는 하고많은 일들을 놔두고서 할 수 없는 일을 붙들고 고생하는 사람이 있지요. 잘하는 사람에게 맡기면 금방 끝나는 일을 굳이 자신이 붙들고 끙끙거릴 필요 없어요. 그러므로 일이 있을 때 어떤 사람이 해결해야 가장 효율적인가를 판단할 줄 아는 지혜 또한 필요하다고 하겠지요. 어느 분은 "조상님들이 다 천도되기를 기원합니다." 이걸 10년, 20년 붙들고 있어요. 그건 여러분들이 할 수 있는 일이 아니에요. 저 같은 전문가에게 맡기면 2시간이면 끝나는 일을 왜 수십 년을 붙잡고 고생을 하느냐는 말이에요.

일상생활에서도 그래요. "저것은 꼭 해야만 하겠어." 하는 욕심, "내가 누군데 저깟 일도 하지 못할까?" 하는 교만, "저 일을 못 하면 평생 한이 될 거야." 하는 미련에 사로잡힌 나머지 일의 경중과 성패를 헤아리지 못하는 경우입니다. 할 수 있는 일부터 차근차근 해 나가세요. 그러다 보면 할 수 없는 일도 할 수 있게 될 겁니다.

여기서도 적자생존, 종이에다 적는 사람만이 살아남는다고 하잖아요. 자신이 할 수 있는 일들을 차례로 적어보는 거예요. 거기서도 힘과 자신을 얻게 되지요.

자신이 할 수 있는 일을 하라고 그랬지요. 그런데 남의 지혜를 빌려 쓸 줄 아는 것도 대단히 중요해요. 지혜 중에 가장 큰 지혜는 부처님 말씀에 있지요. 부처님 말씀을 통해 지혜를 빌려다 쓰는 거예요. 어떤 문제가 생겼을 때 부처님께서는 이 문제를 가지고 어떻게 말씀을 하셨을까 그걸 우리가 생각해 보는 거예요.

그렇게 해서 부처님의 지혜를 내 지혜로 삼을 수 있다면 이 세상에 무엇이 두렵고 안 되는 일이 어디 있겠어요.

"세상의 모든 남편들아, 아내에게 보석을 사줘라."

부처님 말씀이에요. 부처님은 우리의 세세한 부분까지 다 가르쳐주시지요.

우리는 하나를 들으면 들은 만큼 실천을 해보는 거예요. 그렇게 실천하는 것이 바로 부처님의 지혜를 내 것으로 삼는 거예요. 부처님 말씀대로 아내에게 패물을 사줘보세요. 그럼 어떻게 되겠어요. 가정의 평온이 뒤따라 오겠지요.

정리를 해볼까요.

부처님께서는 세상에서 가장 중요한 것은 자기의 일이고 그 일에는 단계가 있다고 하셨지요.

첫 번째는 중요한 것부터 해라.

두 번째는 내가 할 수 있는 것부터 해라.

다음으로는 자신으로부터 시작하라는 겁니다.

이 세 번째 '자신으로부터 시작하라' 여기에 우리가 반성을 할 게 많아요.

텔레비전에 할아버지 할머니 부부가 나와서 진행하는 프로그램이 있더군요.

사회자가 할머니에게 문제를 냈어요.

"할머니, 할아버지와 50년을 넘게 사셨잖아요. 그렇게 오랜 사신 할아버지와 할머니의 관계를 네 글자로 뭐라고 하지요?"

사회자는 천생연분이라는 답을 기대했겠죠.

그런데 할머니 대답이 뭔 줄 아세요.

'평생웬수'

다들 손뼉을 치고 웃으며 나자빠지는 거예요.

할머니가 정곡을 콕 집은 거지요. '평생웬수'라는 말에 자신들이 다 해당되니까 그렇게 박장대소를 한 거지요.

여기다 우리 절에 있었던 얘기를 한번 해볼까요.

칠십이 훨씬 넘어 보이는 노부부가 절에 왔어요. 부부싸움을 많이 한다면서도 그날은 절에 같이 왔더군요. 내가 그 할머니에게 물어봤어요.

"할아버지가 밖에 나갔다 들어오면 반갑고 기분이 좋지요?" 그랬더니 대답을 안 하시는 거예요. 그래서 내가 대신 답을 해드렸지요.

"할아버지가 띵동하고 들어오면 가슴이 철렁하지요." 그랬더니 이 할머니가 신이 나서 박수를 치며 좋아하시는 거예요.

딱 문을 열고 들어오면 신발이 왜 이렇게 정리가 안 됐냐는 잔소리부터 시작해서 밥상에 앉아서는 젓가락 숟가락이 반듯하지 않다고 시비를 건다는 거예요. 평생을 그렇게 살았으니 무슨 재미가 있었겠어요. 그저 가슴만 철렁거리고 저 웬수, 저 웬수 그러는 거지요.

내가 그 할아버지에게 우선 신발정리부터 본인 스스로가 해보라고 했더니 그렇게 하겠다고 약속을 하더군요. 그게 바로 자신으로

부터 시작하는 것입니다.

기도도 마찬가지예요. 자기부터 시작하면 그 훈김에 전부 다 들어오는 거예요. 상대방을 시키려고 하니까 '너나 해라' 그러면서 동참을 하지 않는 거지요.

가정 극락

사람과 사람 사이의 관계를 흔히 사이 '간間' 자를 넣어서 '~간'이라고 하는데, 일상생활에서 가장 중요한 간이 바로 부부간이에요. 부부가 기초가 되어 가정이 이루어지고 사회가 이루어지지요. "세상의 모든 남편들아, 아내에게 보석을 사줘라." 부처님께서 그렇게 말씀하셨다고 했지요. 가정을 지키는 것이 그렇게 소중하다는 말씀이지요.

그런데 근래 들어 부부간의 문제가 점점 더 심각해지는 것 같아요. OECD 가입 국가 중에서 우리나라가 1등 하는 종목을 살펴보면 부정적인 것들이 몇 개 있는데, 이혼율이 그 대표적인 것이지요. 금메달이 아무리 좋다고 하지만 이혼율까지 금메달이라니 참으로 부끄러운 일입니다.

'가정 극락 운동'에 대해 한 번쯤은 들어 보았을 거라 생각해요. 가정이 극락이면 세상도 극락이 되죠. 가정이 화목하면 저절로 해결되는 문제들이 많아요. 그래서 이번에는 부부간에 화목을 해치는 첫 번째 발단인 부부싸움에 대해 살펴보려고 합니다.

　결혼해서 해로하는 사이에 부부싸움을 아예 안 하고 살 수는 없어요. 그런데 부부싸움을 하게 되면 상대방을 확실하게 제압해서 이기는 싸움을 해야 집안이 편해지는 거예요. 그러므로 부부싸움에 지혜롭게 임해 확실히 이기는 방법을 알 필요가 있지요. 이런 얘기를 한다고 해서 '저 스님이 부부싸움을 권장하네!' 하고 생각하지는 마세요. 손자병법에서도 싸우지 않고 이기는 게 가장 좋다고 나오지요. 싸움은 원칙적으로 피하는 게 제일 좋지만, 피할 수 없는 싸움이라면 이기는 쪽이 지는 쪽보다 훨씬 나을 겁니다. 해서 이번 기회에 부부싸움의 필승 비결을 기억해 두면 나중에라도 꼭 도움이 될 거라고 믿어요.

　첫째, 싸움을 하기 전 양보할 것과 꼭 얻어 내야 할 것을 정리해서 노트에 쓰는 거예요.

　만일 남편이 술 마시고 늦게 들어오는 게 불만이라면 "12시까지 들어왔으면 좋겠다."라고 요구 사항을 정확하게 정리하는 거죠. 그리고 "12시까지 들어오면 용돈을 얼마 올려 주겠다." 하는 식으로 상대를 위한 반대급부도 준비해 놓으면 더 좋을 겁니다.

　둘째, 한 가지 주제를 정해서 거기에 집중하라.

　주제가 불확실한 상태로 싸우면 감정이 상하기 십상이지요. 그러다 보면 예전부터 서운하게 여기던 일들을 두서없이 끄집어내게 되고, 결국 왜 싸우는지 알지도 못하는 진흙탕 싸움으로 치닫고 마는 겁니다. 선택과 집중은 현대의 마케팅 분야에서도 아주 중요한 항목으로 주목받고 있어요. 어느 영화에서 나오는 인물처럼 "난 한 놈만 패!" 하고 나오면 상대는 움츠러들 수밖에 없는 거죠. 그러므로 한 가지 주제를 정하고 집중하는 거예요.

셋째, 나약한 모습은 피하라.

싸우다가 울거나 약한 모습을 보이면 우선 그러는 본인부터가 감정적으로 되어버려 준비한 것들을 제대로 사용할 수 없게 되지요.

또 당황한 상대는 지금 이 상황만 모면할 요량으로 마음에도 없는 감언이설을 늘어놓게 되고요. 그렇게 되면 문제를 근본적으로 해결할 수 있는 길은 멀어지고 말아요. 당당하게 싸워야 승리할 수 있다는 점을 명심하기 바랍니다.

넷째, 싸움이 끝날 때까지 현장을 떠나지 마라.

싸움 도중에 "당신하고는 말이 안 통해!" 하고 방으로 들어가 문을 걸어 잠근다든가 집밖으로 뛰쳐나가 버리면, 이건 속편을 기대하라는 얘긴지 원. 아무리 피할 수 없는 싸움이라도 장기화되는 것은 결코 바람직하지 않지요. 원칙적으로 볼 때 부부싸움의 전장은 한 군데를 벗어나지 않아야 가장 좋아요. 하지만 상대가 술에 취했거나 이성을 잃은 상태인데도 그 자리를 고집하는 것은 미련한 짓이에요. 병법의 대가 손자는 그 경우 이렇게 말할 겁니다. 삼십육

계 줄행랑이 최고라고.

부부싸움에 사용되는 무기는 오직 대화 하나여야만 해요. 물건을 집어던진다거나 몸싸움을 벌이는 것으로 번지면 그건 이미 부부싸움이 아니겠지요. 물리적인 폭력은 비극을 낳게 됩니다. 그런 사태는 절대적으로 피해야만 해요.

그러므로 부부싸움을 잘하기 위해선 대화의 기술이 필요합니다. "당신은 이래서 글러먹었어."라는 말과 "당신이 이렇게 했기 때문에 내가 이런 곤란에 처했어."라는 말을 비교해 보세요. 상대방만 주어로 삼지 말고 자신을 주어로 삼는다면 훨씬 매끄러운 대화를 이어 나갈 수 있을 겁니다.

감정을 가라앉히고 차분히, 그리고 정확하게 자신의 불만을 상대방에게 전달하세요. 이게 부부싸움을 필승으로 이끄는 마지막 비결입니다.

준비하고 점검하고 실천하라

적자생존이라는 말 다 아시죠. 한자로 쓰면 適者生存, 영어로는 '서바이벌 오브 더 피트스트' 이렇게 되지요. 진화론에서 나온 말로 환경에 잘 적응한 자만이 살아남는다는 뜻이지요.

이 말을 재미있게 달리 사용해 볼까요. "연필로 종이에다 적는 사람이 살아남는다. 적자생존" 어때요, 그럴듯하지요. 연필로 종이에다 적는다는 것은 생각을 구체화하고 실천하겠다는 의지를 확인하는 거예요. 부부싸움을 하면서도 싸울 항목을 적으라고 했지요. 그렇게 적어 놓고 시작하는 쪽이 이기는 거예요. 인생도 마찬가지예요.

우리는 뭔가를 생각하고 실천해야겠다고 다짐을 하지만 금방 잊어버리지요. 아무리 좋은 법문을 들으면 뭐해요. 법당 문을 나서는 동시에 다 잊어버리고 원상복귀 된단 말이에요.

우선 내가 왜 사는지 깊이 생각해 보세요. 그러면 답이 나오게 되어 있어요. 내게 중요하고 소중한 일이 무엇인지, 그 일이 얼마나 급한 건지도 알게 돼요. 아무 것도 아닌 하찮은 일에 매여서 이리저리 끌려 다니는 자신을 보게 되는 거예요.

자신의 운명이 무엇인지도 모르는데 그 운명을 이겨낼 방법을 찾을 수 있겠어요.

"자신의 문제를 해결하고자 하는 그런 마음이 있을 때 하늘도 스스로 돕는 자를 돕는다."

공자님이 하신 말씀이에요. 나 자신을 위해 무엇인가 하라는 말씀이지요.

전생에 복을 많이 지어 지금 좋은 환경에서 살고 있는 사람들도 마찬가지예요. 자기 자신을 늘 관찰하고 복 짓는 일을 해야지요. 천상 세계의 천신들도 복력이 다하면 오쇄현상이 일어나잖아요. 피부가 쭈글쭈글해지고, 겨드랑이에서는 냄새가 나고. 육신이 늙는 거예요.
그런데 인간으로 태어나 살만큼 사신 여러분들은 어떻겠어요. 시간이 없는 거지요.

이제 여러분들은 나하고 여기까지 왔으니, 가장 먼저 무엇을 해야 하는지 아시겠지요. 부처님을 믿고 따르는 기도를 가장 중요하고도 시급한 일로 생각해야 돼요.

제가 "기도는 기적을 낳는다."고 수없이 강조하는데도 많은 분들이 그 말을 믿으려하지 않아요. 대부분의 사람들이 기적이라는 말을 너무 크고 어렵게만 생각하니 그럴 수도 있다고 생각해요. 고엽제 후유증, 뇌졸중, 당뇨 이런 질환이 치료가 어렵지요. 그런데 기도 하나만으로도 해결이 돼요. 그럼 기도가 무엇을 한 거지요. 기적을 낳은 거잖아요.

얼마 전에 어느 분이 찾아와서 19년 동안 부처님을 믿었는데 되는 게 없다고 하소연을 해요. 절에는 몇 번이나 가냐고 물었더니, 정월 초하루하고 칠월 칠석, 이렇게 두 번 간다는 거예요.

타고난 운명을 바꿔주는 게 기도인데, 일 년에 딱 두 번 절에 가면서 뭘 바꾸고 뭐가 잘 안된다고 투덜거려요. 말이 안 되는 거지요.

불보살님을 감동시키고 싶으면 자기 자신부터 감동시키도록 하세요. 스스로 인생의 실패자라고 생각하지 않는 이상 그 누구도 나를 인생의 실패자로 만들 수 없어요.

우리가 불자로 태어나서 인생을 행복하게 건강하게 성공적으로 살지 못한다면 그건 진짜로 억울한 거예요. 기도를 하면 운명이 바뀌져요. 그게 어떤 특별한 사람만 그렇게 되는 것이 아니라 누구든지 모두가 다 되는 거예요.

부처님께서 정말로 우리에게 전달해주시려고 애쓰시는 메시지가 무엇인지를 알아야 해요.

우리가 잘 사는 거예요. 우리가 잘 알아듣도록 팔만사천 가지 법문을 하셨어요.

무엇이든 절대 안 된다고 생각하는 것은 우리 범부중생들의 마음이고 무엇이든 다 되는 게 부처님 법이에요. 우리에게는 기적이지만 부처님의 관점에서는 아주 일반적인 상식이에요.

적자생존. 하나하나 꼼꼼하게 적어서 실천하는 거예요. 그러면 주어진 환경을 극복하고 적응해서 살아나는 성공을 거두게 돼요. 적자생존!

답이 없다고 생각하는 한 답은 없습니다.
길이 없다고 생각하는 한 길은 없습니다.
그러나 답이 있다고 생각하면 반드시 답이 있습니다.
길이 있다고 생각하면 반드시 길이 있습니다.

스물네 번째 법문

불가사의한
불보살님의 위신력

연화장세계

우리들의 부끄러운 얘기를 또 꺼내야겠군요. 한국이 이혼율 못지않게 세계 최고 수준을 자랑하는 또 다른 종목은 바로 자살률이에요. 혼자 죽는 것도 모자라 가족들까지 함께 데려갔다는 내용의 기사를 접할 때면 가슴이 먹먹해지곤 합니다.

사는 일이 너무 괴롭고 막막하다 보면 때때로 이 세상을 떠나 버리고 싶은 충동도 느낄 거예요. 이 한목숨 끊어지고 나면 참으로 편안할 것 같은 생각이 드는 것이지요. 대체 이런 잘못된 충동, 잘못된 생각은 어디에서 비롯된 것일까요? 다 자기 자신의 아집과 허황된 욕심 때문입니다. 끊지 못하는 나 자신의 아집과 욕심이 내 소중한 삶을 어렵고 힘들게 만드는 가장 큰 적이요, 가장 높은 장애물이라는 얘기지요. 그래서 부처님과 선사님들은 '나는 없다'라고 강조한 겁니다. 나를 버리면 오히려 제대로 살게 되지요. 여기서 버린다는 것은 방기한다거나 목숨을 끊는다는 게 절대로 아니에요. 나의 아집과 욕심, 편협함과 악습을 버린다는 뜻입니다. 그렇게 하면 나의 나쁜 팔자와 운명까지 버리는 셈이 되어 불제자로서의 새로운 삶이 열리게 되지요. 불교에서는 버리고 버려 텅 빈 마음을 공空이라 이릅니다. 공은 바로 우주의 마음이며 부처님의 마음이지요. 그래서 《금강경》에서는 '무'와 '공'을 특히 강조하고 있어요. 그것들이 지혜와 자비의 바탕이 되기 때문입니다. 일상생활에 바쁜 재가불자들은 깨달음을 위한 공부와 기도로써 나를 차츰차츰 버려 나가는 습관을 길러야 해요. 내가 나 자신을 철저히 버리고 우주와 같은 마음으로 남과 더불어 살아갈 때에야 비로소 이 세상은 연꽃 속에서 피어나는 아름다운 불법의 세계, 바로 연화장세계蓮華藏世界로 변하게 될 겁니다.

기도와 공부는 양 날개

흔히 《금강경》은 두 가지 면에서 불가사의하다고 하지요. 첫째, 경전의 뜻이 불가사의하다고 하고, 둘째, 그 과보가 불가사의하다고 합니다. 불가사의란 사고나 논리로 파악이 안 되는 경우를 뜻합니다. 그러니 범부중생으로서는 《금강경》의 뜻과 과보를 제대로 파악하기 힘들 수밖에요.

기적이란 단어도 불가사의와 비슷한 뉘앙스를 담고 있어요. 사고나 논리로 파악할 수 있는 일을 가지고 기적이라 부르지는 않지요.

이 불가사의나 기적에는 절대적인 기준 같은 것이 없어요. 이해하기 조금 힘들 것 같으니 예를 들어 보기로 하지요. 누군가의 손끝에서 갑자기 불꽃이 확 일어나는 것을 보았다면 다들 "기적이다!" 하고 놀랄 겁니다. 하지만 여러분 중 누군가가 타임머신을 타고 원시시대로 갔다고 상상해 보세요. 원시인들 앞에서 라이터를 탁 켜서 불꽃을 일으키면 그들 또한 "기적이다!" 하고 놀라지 않겠어요? 우리에겐 상식이나 다름없는 것이 그네들에게는 기적으로 보이는 셈이죠. 기준이 절대적이지 않다는 말, 이제는 이해하시겠지요?

앞선 강의들을 통해, 우리가 경전을 읽고 간절히 기도하면 기적이 일어난다고 여러 번 말했어요. 하지만 그 기적이란 게 우리 범부중생들에게나 기적이지, 위신력 높으신 불보살님들에게는 그저 상식에 지나지 않아요. 그러므로 기도를 통해 기적을 상식으로 만든다는 것은 기도를 통해 불보살님의 위신력을 한 번, 두 번, 세 번, 이렇게 자꾸 체험하여 결국에는 완전히 생활화하는 것을 뜻하지요.

기도에 관해서는 여러 번 강조했는데, 불자로서 부처님의 법을 좇아 올바르게 살아가기 위해서는 기도와 병행해 공부하는 것도 무척 중요합니다. 기도와 공부는 참된 행복을 향해 날아가는 새에게 달린 양 날개라고 할 수 있어요. 한쪽 날개만 움직여서는 제대로 된 날갯짓을 할 수 없겠지요.

한데 가만히 지켜보노라면 우리 불자들은 한쪽 날개에만 치우치는 것을 좋아하는 듯 보여요. 기도하라고 하면 기도만 해야 되고 공부하면 큰일 나는 줄 알거나 공부를 시키면 죽어라 공부만 해야지 기도하면 큰일 나는 줄 알지요.

진정한 불자라면 기도와 공부를 병행할 줄 알아야 합니다. 기도에만 열중하고 공부를 게을리한다면 어리석음이 커져 삿된 맹신에 빠질 위험이 있고, 공부에만 열중하고 기도를 게을리한다면 그릇된 견해만 쌓여 헛똑똑이가 될 수도 있어요.

얼마 전에 80세 된 노교수님이 절에 오셨어요. 불교 공부를 많이 하시고 경전도 많이 읽으신 분 같았지요. 그런데 그분이 갑자기 내게 묻더군요.

"스님, 인생을 대체 어떻게 살아야 하는 겁니까?"

연로하신 학자분이 이런 질문을 하시니 이상한 생각이 들더군요. 그래서 왜 그렇게 물으시냐고 반문했지요. 그랬더니 평생을 나름대로 성실하게 살고 학문 이외에는 어떤 것에도 눈을 돌려본 일이 없는데 왜 이렇게 허무한 느낌이 드느냐는 말씀을 하시더군요.

문득 생각나는 바가 있어 그분과 꽤 긴 시간 이야기를 나눴지요.

아니나 다를까, 그분의 문제는 불교에 대해 아는 것은 많지만 믿음이 부족하다는 점이었어요. 아는 것이 힘이라는 말도 있지만, 거기에 믿음이 합쳐질 때만이 불가사의한 기적으로 인생의 복을 누릴 수 있는데 말이에요. 그래서 부처님을 진정으로 믿고 기도하시라고 권하니 그리하겠다고 선선히 응낙하시더군요.

그 후 어떻게 되었는지 궁금하신가요? 그 노교수님은 허무에서 벗어나 생기로 충만한 삶을 누리고 계시죠. 당연한 결과예요. 기도와 공부가 양 날개인데, 한쪽 날개는 이미 충분히 자란 상태니 남은 한쪽만 키워 주면 모든 문제가 깨끗이 해결될 수밖에요.

한쪽 날개로 나는 새는 그 날개가 아무리 튼튼해도 멀리 날아갈 수 없지요. 이 점을 명심하고 기도와 공부 양쪽을 병행하여 정진하도록 하세요.

경전을 읽는 방법

요즘 독서지도사라는 자격증이 있더군요. 하는 일을 살펴보니 자라나는 학생들에게 올바르게 책을 읽는 습관을 길러주고, 책과 더 가까워질 수 있도록 단계적인 프로그램을 구성하여 제공하는 거예요.

우리 불자들도 자기 수준에 맞는 경전을 선택해서 올바르게 읽어야 공부라는 한 날개를 완성할 수 있어요. 일본에는 불경 읽는 방법이라는 두꺼운 책이 있더군요. 공자님은 "독서백편의자현讀書

百遍義自見"이라고 했어요. 어려운 글도 100번쯤 자꾸 읽으면 그 뜻을 알게 된다는 말이에요. 그런데 만약 여러분이 어떤 책을 100번 읽었는데도 그 뜻을 모른다면 그 책은 여러분하고 맞지 않는 거예요. 다시 말하자면 유치원생이 박사과정 교재를 보고 있는 거나 다르지 않다는 말이지요.

"저는 《금강경》을 천 독을 했는데 '하이고, 수보리야' 요거밖에 생각이 안 나요."

많은 분들에게서 듣는 말이에요. 《금강경》은 아라한인 수보리존자가 아누다라삼먁삼보리를 깨달아 보살도로 넘어가는 과정에서 공부하는 경전이니까 사실 여러분은 해당이 안 되는 거예요. '하이고, 수보리야' 요거밖에 생각이 안 나면 일단 그 경전을 덮고 기초로 내려가서 다시 시작하는 게 좋아요.

《금강경》 천이백 독을 하고 아주 잘못된 분도 있어요. 비우라고 해서 다 비웠다는 거예요. 집안도 비워서 이혼하고, 잘 운영하던 회사도 비워서 부도가 났다는 거예요. 《금강경》 어디에도 그렇게 비우라는 얘기가 없어요. 요지는 내가 최선을 다 할뿐 결과에 연연하지 않으면 모든 일이 자연스럽게 성취된다는 거지요. 《금강경》은 육바라밀 법문인데 그걸 선입견에 사로잡혀 잘못 이해한 거예요.

직접 확인하는 불보살님의 위신력

이번이 스물네 번째로 마지막 강의가 되니 불보살님의 위신력에 대해 정리를 해드리지요.

저는 부처님 가피를 참 많이 받았어요.

관세음보살 3일기도로 7년간 앓던 폐결핵을 떨쳐버린 얘기는 여러 번 해드렸어요.

이번에는 지장보살님으로부터 받은 가피예요. 서기 2000년도에 중국 구하산이라는 곳을 갔어요. 신라시대의 고승이신 김교각 스님이 지장보살로 추앙을 받고 있는 곳이죠. 저는 거기서 지장보살님을 친견하고 나서 "영가를 눈으로 보는" 그런 능력을 갖게 되었어요. 지장보살님의 가피죠. 바로 지지난주에 89세 되신 노 불자님이 절에 오셨어요. 그런데 이 노 불자님의 뒤에 어린아이 둘이 따라 다니는 게 보이더군요. 얘기를 해 드렸는데 정작 이분은 그런 기억이 없다고 하데요. 그런데 일주일만에 전화가 왔어요. 61년 전에 세 살, 다섯 살 난 아이들을 홍역으로 잃었는데 지난 60년간 까마득하게 잊고 살다 이제야 기억이 났다는 거예요. 기억없이 살았다는 것도 불가사의하지만 그 아이들이 내 눈에 보이는 것도 불가사의하지요.

이번에는 관세음보살님을 친견한 얘기를 해드리지요.

불교포럼 참석 차 중국에 갔다가 보타산에서 새벽기도를 하는데 관세음보살님이 오셔서 저를 살펴보시는데 제 입이 그러니까 아랫입술하고 윗입술, 거기다 혀까지 실로 묶여 있더군요. 관세음보살님이 손수 그 실들을 잘라주신 거예요. 그러고 난 후로 말을 잘하는 재주가 생겼어요. 관세음보살님의 가피를 받은 거지요. 누가 어떤 질문을 하더라도 그 사람이 쉽게 알아들을 수 있도록 답을 해 줄 수 있으니 그게 재주가 아니겠어요. 얼마 전에 탄약지원사령부 사령관님이 와서 질문을 했어요. "한 달에 한 번 3천배를 하는 게 좋을까요, 매일 108배를 하는 게 좋을까요?" 제가 딱 한 마디 되묻자 그 사령관님이 벌떡 일어나서 3배를 하더군요.

"하루 날 잡아서 8시간씩 역기를 드는 게 좋을까요, 매일 아령을 들고 10분씩 하는 게 좋을까요?"

마지막으로 보현보살님을 친견한 얘기예요.

2006년도에 중국 쓰촨성 아미산에서 48미터나 되는 보현보살상을 모시고 점안식을 하는데 증명법사로 갔었어요. 점안식을 마치고 새벽에 새로 모신 보현보살상 앞에서 기도를 하는데 보현보살님이 나타나셔서 "참회진언을 많이 하라." 딱 한 말씀을 하시더군요. 참회진언은 우리가 알고 있는 것처럼 '내가 잘못했습니다'라는 의미가 아니라 '모든 부처님들과 보살님들이시여, 이루어주소서'라는 뜻이에요. 그때는 왜 참회진언을 많이 하라고 하셨는지 그 뜻을 잘 몰랐어요. 세월이 흐르고 나서 보니 이제는 알겠어요. "아~ 우리가 음식을 굉장히 조심하여야 겠구나." 조주선사가 말씀하셨지요. "고기는 안 먹을수록 복이다." 최근 들어 참회진언을 하며 그 뜻을 알게 되었어요.

이렇게 길게 제 체험담을 말씀드리는 것은 제 자랑을 하는 게 아니에요. 불보살님의 가피가 이렇게 분명하게 있고, 우리가 불가사의하다고 여기는 일들이 불보살님의 가피로 현실에 나타나는 것을 확인하고 확신을 갖고 기도 열심히 하라는 거예요.

여러분이 지장보살 기도를 하든, 관세음보살 기도를 하든, 아미타불 기도를 하든, 약사여래불 기도를 하든, 기도라고 하는 것은 철저하게 불보살님께 매달려, 불가사의한 위신력을 통해 현실의 문제들을 해결하는 가장 확실한 방법이지요.

불교는 현실의 고통을 치료하는 묘약

모든 불경은 그 뜻이 심오하여 수지독송受持讀誦을 하면 우리가 상상도 못 하는 복덕과 지혜가 옵니다. 그러니 불자가 되어 그것을 제대로 활용하지 못하고 산다는 건 안타까운 일이 아닐 수 없지요.

우리는 기도를 하든 염불을 하든 간에 목표를 세우되 결과에 연연하지 말고 최선을 다해 정진해야 합니다. 일단 어떤 목표를 세운 다음에는 자신감을 가지고 '나는 불제자다, 나의 기도는 부처님께서 틀림없이 다 들어주실 것이다, 부처님께는 불가사의한 능력이 있다'라고 믿고 기도에 들어가야 합니다. 그러면 진실한 소원은 하나도 빠짐없이 다 이루어 주시는 분이 바로 대자대비하신 부처님이세요.

기도와 공부는 새의 양 날개와 같다는 말을 반드시 기억하셔서 금생에 가장 소중한 인연인 불법과의 인연을 아름답게 키워 나가

시기 바랍니다.

이로써 스물네 번째 법문을 마치며 제 광고 하나 하지요. 우리 '안심카페'에 올라온 글이에요.

[21세기에 필요한 스님]

제가 불자가 되기 전에는 불교를 아주 단순하게 생각하고 있었어요. 불교는 마음을 편하게 하기 위해 모든 것을 비우는 것이고, 절은 수능시험을 앞둔 부모들이 가서 비는 곳이라고 생각했을 정도였으니까요.

어느 날 갑자기 집안에 우환이 생겼습니다. 허둥지둥하다 이름 난 점집부터 찾았습니다. 급한 마음에 점집에서 시키는 대로 했지만 나아지는 게 없었습니다. 그러던 중 우연히 찾은 절에서 2년 가까이 청년회 활동을 하며 일요일마다 법문을 들었습니다. 그런데도 제 급한 불이 꺼지기는커녕 누가 불교에 대해 물어오면 구체적으로 답해줄 수 있는 게 아무것도 없습니다.

어렴풋이 '기도'를 해야겠다는 생각을 하자 '부처님께 21일 동안 3천배를 올려 아들목숨을 구한 이야기', '관음정근을 매일 10만 번씩 하여 아내를 살린 이야기', '삼풍백화점이 무너졌을 때 극적으로 구출 된 이야기' 등이 눈에 들어오기 시작했습니다.

그렇다고 절에 가서 아무 스님이나 붙잡고 "우리 집에 이러이러한 일이 있어 기도를 해야겠는데 어찌해야 좋은가"라고 물어볼 수도 없는 노릇이었습니다.

어쩔 수 없이 혼자서 나름대로 방식을 정해서 '기도'라는 것을 시작했습니다.

그래도 시작하는 날은 정해서 했는데 회향이라는 말도 모르는 상태에서 그냥 기도를 했습니다. 어떤 날은 절을 300번 하고, 어떤 날은 관음정근을 하기도 하고, 새벽에 일어나 예불문을 읽고 다시 자기도 하고, 어떤 날은 바쁘면 빠지고. 시간도 들쭉날쭉. 마음대로 그야말로 '내 마음대로 기도'를 했습니다. 기도를 시작하자 가족의 반대가 만만치 않았습니다. 집에서 경전을 읽을 수도 없을 정도였습니다. 제 가족들은 불교와 경전을 무당과 같은 선상에서 인식하고 있었으니까요. 그러던 가족들도 제가 굽히지 않고 기도를 이어가자 서서히 변하기 시작하더군요. 하나, 둘 불교에 관심을 갖더니 법명을 받기도 하고, 108배를 운동 삼아 하는가하면. 지장보살 정근을 하는 가족도 생기더군요. 그러더니 차츰 원인을 알 수 없었던 집안의 어려운 일들이 실마리가 보이고 하나씩 해결이 되기 시작했습니다.

기도의 효험을 스스로 체험하게 되자 이제는 불교를 체계적으로 공부해야겠다는 생각이 일었습니다.

틈이 날 때마다 불교방송BTN 들어가 동영상 법문을 빠짐없이 들었습니다. 스님들의 법문을 메모를 해가며 듣고 또 들었습니다. 여기서 법안 스님을 만났습니다. 법안 스님의 '기도하는 방법' 그 법문을 듣자 제 눈앞이 환해지며 저도 모르게 '이제야 찾았다'며 크게 외쳤습니다.

법안 스님은 이 시대가 요구하는 큰 스승이십니다.

지금도 산속에는 수행을 열심히 하시는 스님들이 많이 계십니다. 그런데 이렇게 힘든 세상을 살고 있는 우리는 어느 산으로 가서 어느 스님께 조언을 구해야 하나요. 모두들 현실의 고통에서 벗어나고 싶지만 그 방법을 몰라 갈팡질팡하고 있습니다.

법안 스님은 우리들에게 고통에서 벗어나는 길을 명쾌하게 가르쳐주시고 이끌어 주십니다. '기도'를 어떻게 하라, 그러면 '운명'이 개선된다. '실패 끝, 성공 시작', '불행 끝, 행복 시작'으로 가는 방법을 개개인의 특성을 감안하여 정확하게 일러주십니다.

무엇보다 '기도하는 방법'을 구체적으로 알려주시니 우리는 그대로 따르기만 하면 됩니다. 어느 시간에 기도를 해야 하며, 어느 경전을 어떻게 읽어야 하며, 마음가짐은 어떠해야 하는지를 설명해 주십니다. 기도 성공 체험담까지 들려주시니 신심이 더욱 커집니다.

제 솔직한 심정을 따로 적어 봅니다.

부도가 나느냐 마느냐 당장이 급하고

재수를 거쳐 삼수를 하는 아들이 내일 모레 수능시험을 보는데

집에 갑자기 우환이 생겨 하루하루가 고통스러운데

부모님 병환으로 이 병원 저 병원 찾아 헤매는데

생활이 어려워 밤에 잠도 못 드는데…

참선하라.

모든 것은 마음하나 먹기 달렸으니 마음을 내려놓아라.

화두를 들고 이 뭐꼬를 생각해보라.

나는 누구이며 나는 어디에서 왔는지 고요히 생각해보라.

부처님이 기원정사에 계실 때…….

이런 말들이 어찌 귀에 들어오겠습니까?

참선, 화두, 진리도 중요하지만, 우리에게는 고통에서 벗어나는 방법, 운명을 개선하는 방법을 알려주는 실질적인 가르침이 더 절실합니다.

법안 스님은 항상 우리 곁에 계십니다. 법당에서, 불교방송에서, 인터넷에서 언제 어디서든 만날 수 있습니다.

저는 아직까지 법안 스님을 직접 뵌 적이 없습니다. 불교방송BTN에서 스님의 법문을 듣고 이 카페에 오게 된 회원에 불과합니다.

저는 8년 넘게, 거의 10년은 '기도하는 법'을 찾아 여러 길을 돌아왔습니다. 많은 시행착오와 방황 끝에 법안 스님의 법문을 만나 속이 후련해지도록 구체적인 기도 방법을 알게 되었습니다. 힘든 생활을 벗어 던지고자 노력하시는 분이라면, 제가 자신 있게 권해드립니다. 법안 스님의 법문을 들으시고, 스님이 가르쳐주시는 대로 기도를 실천하셔서 뜻하시는 바를 속히 성취하시길 바랍니다. 법안 스님의 기도방법을 알게 된다면 그것만으로도 아주 큰 복을 받는 것입니다. 법안 스님을 만나는 건 큰 행운이라 감히 말씀드립니다.

솔직한 이야기–닉네임을 밝힐 용기가 없어 익명으로 올립니다.

기도와 공부는 새의 양 날개와 같습니다.
가장 소중한 인연인 불법과의 인연을
아름답게 키워 나가십시오.

미술저작권 ⓒ 김미경

p.22	행복한 정원, 10M(53.0×41.0), Acrylic on Canvas, 2009
p.45	행복한 아침, 30M(91.0×60.6), Acrylic on Canvas, 2016
p.62	행복한 봄날, 4F(33.5×25.0), Acrylic on Canvas, 2015
p.80	행복한 왕자, 10M(53.0×33.3), Acrylic on Canvas, 2015
p.110	행복한 오후, 30M(91.0×60.5), Acrylic on Canvas, 2008
p.124	행복한 오늘, 4F(33.5×25.0), Acrylic on Canvas, 2015
p.154	행복한 우리, 10P(41.0×53.0), Acrylic on Canvas, 2016
p.171	행복한 나날, 10P(53.0×41.0), Oil on Canvas, 2016
p.200	행복한 공주, 10M(53.0×33.3), Acrylic on Canvas, 2016
p.231	행복한 친구, 1F(22.7×16.0), Acrylic on Canvas, 2017

걱정말고 기도하라

초판 1쇄 발행 불기 2561년(서기 2017년) 9월 23일
초판 2쇄 발행 불기 2563년(서기 2019년) 6월 26일

펴낸이 석법안 스님
펴낸곳 도서출판 안심
주소 서울특별시 강남구 논현로 8길 12
대표번호 02-577-4557
이메일 ansim56@naver.com

편집·인쇄 아름원 02-2264-3334

ⓒ도서출판 안심, 2017

ISBN 979-11-87741-11-4   93220
값 14,000원

※ 잘못된 책은 교환해 드립니다.